肖邦传

［美］詹姆斯·吉本斯·赫尼克 著

黄钰岚 杨楠 译

Chopin:
The
Man and His
Music

中国出版集团　研究出版社

图书在版编目（CIP）数据

肖邦传 ／（美）詹姆斯·吉本斯·赫尼克著；
黄钰岚，杨楠译 . —北京：研究出版社，2016.11
　ISBN 978-7-80168-993-1

　Ⅰ . ①肖… 　Ⅱ . ①詹… ②黄… ③杨… 　Ⅲ . ①肖邦
(Chopin, Fredreric Francois 1810-1849) —传记
Ⅳ. ① K835.135.76

中国版本图书馆 CIP 数据核字（2016）第 222490 号

肖邦传

作　　者	［美］詹姆斯·吉本斯·赫尼克　著	
译　　者	黄钰岚　杨楠　译	
责任编辑	刘姝宏	
出版发行	研究出版社	
地　　址	北京市东城区沙滩北街 2 号中研楼	
邮政编码	100009	
电　　话	010-64257481（总编室）010-64267325（发行部）	
网　　址	www.yanjiuchubanshe.com	
电子信箱	yjcbsfxb@126.com	
印　　刷	北京美图印务有限公司	
开　　本	880mm×1230mm　1 /32	
印　　张	10	
版　　次	2017 年 1 月第 1 版　2020 年 12 月第 2 次印刷	
书　　号	ISBN 978-7-80168-993-1	
定　　价	38.00 元	

目录
|Contents

第一部分　其人

Part I　The Man

第一章

波兰：青年时期的理想

　　悲观主义者、韵律散文大师古斯塔夫·福楼拜，曾力劝青年
作家进行苦修以保证其艺术生涯的狂放。肖邦的狂放是一种精神
上的狂放，是灵魂的苦痛与呻吟。鲜明粗放的冒险经历销迹于他
的平常生活。他的悲剧是源自内心的。这让我回想起莫里斯·梅
特林克[1]说过的话："我们绝大多数人的生活都远离血腥、哭泣
与兵戈，因而人类的眼泪已经变得无声无息、无踪无迹，隐匿于
性灵深处。"肖邦从波兰到法国，从华沙到巴黎，最终长眠于拉
雪兹神父公墓[2]。他经历了生，经历了爱，也经历了死亡。生活
之于他并不仅仅是危难、奖赏与对英雄事业的向往。他在自己的
灵魂四壁内征战——这一点我们可以在他的音乐中感受到。

　　他为外人所知的人生经历并非风平浪静，其内在的情感世界
更是充满惊涛骇浪；作为一个个体，沉默不语和深切的不安都能
为他的内心积蓄力量，一旦受到惊扰，狂暴的情绪便会倾泻而出。
有些经历对他的性情和作品产生了不可磨灭的影响：早年时期的
爱情，离别家乡，告别双亲的忧伤，华沙起义所带来的震惊，他

对乔治·桑的热爱，他父亲和挚友马突津斯基的去世以及和桑夫人的决裂——这些都是他一生中所经历的灾难。而其他一切在他在世羁旅期间都不值一提。

肖邦虽不是像福楼拜那样自傲又胆怯的隐士，却也过着超然的生活，因此他的艺术也是大胆而炽烈的。和李斯特不同，他很少探寻剧院之魅，也从未如他的女性崇拜者桑那样频频现身公众视野。他是弗雷德里克·弗朗索瓦·肖邦，作曲家，钢琴教师，也是顶尖的抒情天才。

近来，波兰钢琴家娜塔莉·雅诺塔再次就肖邦的出生日期提出了异议。据说肖邦于1809年3月1日出生在距离华沙6英里的热拉佐瓦–沃拉（Zelazowa-Wola）。这个地名有时也拼作Jeliasvaya-Vlia。乔治·桑的女婿克莱辛格[3]制作的肖邦坟墓浮雕和歌手卡塔兰1820年送给他的一块刻着"卡塔兰夫人送给6岁的弗雷德里克·肖邦"的表，这两件物品的真实性在权威人士之中仍有争议。肖邦的姐姐告诉卡拉索夫斯基，肖邦真正的出生年份是1809年，肖尔茨、斯文斯基和尼克斯也都同意卡拉索夫斯基的观点[4]。肖尔茨坚称保管肖邦心脏的华沙圣十字教堂的记录中写明了1809年3月2日。据亨利·芬克[5]回忆，1831年肖邦给他的老师埃尔斯纳写信时是22岁。1878年李斯特告诉尼克斯，卡拉索夫斯基所著的肖邦传记中记录的日期是正确的。那么我们再来看看雅诺塔的论述。根据她的证据，作曲家的出生日期是1810年2月22日，受洗日是同年4月28日。芬克将原文为拉丁文的洗礼证明书翻译过来，也在此作为引证。据说这份证明书是肖邦受洗的教堂出具的，其内容为：

> 上帝为证，2 月 22 日，我为一个双名男孩弗雷德里克·弗朗索瓦举行浸礼，他的父母分别为法国音乐家尼古莱·肖邦及其合法配偶贾斯蒂娜·德·克日扎诺夫斯卡。他的教父母分别为弗朗西斯卡斯·格伦贝基和热拉佐瓦－沃拉伯爵夫人安娜·斯卡贝科娃，两人均为音乐家。

在俄国作曲家米利·巴拉基列夫[6]的努力下，肖邦的出生地立起了一座纪念碑，于 1894 年 10 月 14 日揭幕，不过纪念碑上面镌刻的日期是错的。雅诺塔的父亲是华沙音乐学院的创办者。她告诉芬克，波兰其他一些地方的纪念碑上同样刻着较晚的那个日期。

因为肖邦的父母都不是音乐家，我就不能从格伦贝基身上追溯线索。我们知道肖邦的教母史卡贝克伯爵夫人不是一个音乐家，洗礼证明上的"音乐家"头衔在那时候可能是想体现一些褒扬的意思。而且波兰教士并不是一个明确的阶级。关于这一点，雅诺塔列举了更多的证据：在她和我 1896 那年的争论中，她引述了热拉佐瓦－沃拉布罗洽夫教区现任神父别拉夫斯基的话；这位神职人员参阅了相关记录，认为 1810 年是准确的。沃西基的《肖邦传》却与肖邦家属的说法相左。在这样的情况下，雅诺塔依然坚持她的立场，虽然权威的说法并不支持她。

自尼克斯叙述详尽的传记问世后，所有这些无关紧要的问题都引发了争论。他对肖邦的一切都十分确信，所以在注释里标注了那个错误的出生日期。也许这件事应该责怪的是作曲家本人；艺术家无论男女，都喜欢轻易遗忘自己的生辰，以此来变得更年轻，又或是把此归咎于登记时候的疏忽。肖邦家族当然不可能在那么重要的事情上犯错！关于肖邦的祖辈，也存在着一团疑云——他的父亲于 1770 年 8 月 17 日出生于洛林的南希——这一年也是贝多芬诞生的年份。有人称他流着波兰人的血。肖尔茨称肖邦的父亲是一位波兰贵族的亲生儿子。这位贵族跟随斯坦尼斯瓦夫·莱什琴斯基国王去了洛林，去掉了"斯佐彭"（Szopen），或"斯佐普"（Szop），留下了更像高卢人的名字肖邦。当弗雷德里克去巴黎的时候，他把名字从"斯佐彭"改成了肖邦，这在法国是司空见惯的事情。

　　肖邦的父亲受邀于一位做香烟生意的同胞，于 1787 年移民去了华沙。他的父亲是那个时代传统的法国人，知书达理，亲切友善，比一般人更有涵养。他在 1794 年的柯斯丘什科起义中参加了国民警卫队。在生意陷于停滞状态的时候，他只能去莱申基斯家族做家庭教师；其中有一个叫玛丽的学生后来为拿破仑一世所爱，成为法兰西第二帝国统治者瓦莱夫斯基伯爵的母亲。在热拉佐瓦－沃拉漂泊的日子里，尼古拉斯·肖邦寄居在史卡贝克伯爵家，做她儿子弗雷德里克的家庭教师。在那里，他结识了尤斯蒂娜克日扎·诺夫斯卡。她是一个落魄贵族，出生在一个拮据的家庭。他们在 1806 年结了婚，育有四个孩子：三个女孩，还有一个男孩弗雷德里克·弗朗索瓦。

　　在一个优雅博学、怀揣着波兰式政治情怀的法国父亲和一个可敬又怀有满腔爱国热情的波兰母亲的养育下，弗雷德里克成长为一个机智、活泼、顾家的小伙子。肖邦从来都不是一个健壮的小伙子，却也没有那么孱弱，小孩子容易生的各种病似乎都被他躲过了。他从来都不是很多传记作者笔下那个脸色苍白、多愁善感、杞人忧天的幼童。有力证据显示了他是个生活愉快、懂得享受、钟爱恶作剧的人。虽然他的父亲从不富有，他们家搬到华沙后却一直过着安逸的生活。这是个繁荣的国家，老肖邦在华沙中学谋得教授一职。他的孩子们是在极致简约、优雅和充满爱的环境下成长起来的。孩子的母亲真是完美，正如乔治·桑所说，她是肖邦"唯一的爱"。但我们之后就会发现，乔治·桑一直以来都很嫉妒这一点——她甚至对肖邦的过去也心怀嫉妒。他的姐妹们才华横溢又温柔可亲，总是宠着他。在尼克斯的传记中，他所有潦倒和困苦的部分都被删减了。

肖邦对音乐的热爱在早年初显的时候，他的父母就强烈地意识到了，于是请了教授小提琴和钢琴的波西米亚人沃伊切赫·日维尼来做老师。肖邦早年认识的朋友尤利乌斯·丰塔纳说，肖邦太早熟了，以至于在 12 岁的时候就有担当了。而这位朋友于 1869 年 12 月 31 日在巴黎自杀了。1818 年 2 月 24 号，肖邦在第一次音乐会上演奏了吉罗维茨的一首协奏曲。这次他对自己的新领结很满意，于是天真地告诉他的母亲："每个人都在看我的领结。"他的音乐天赋虽然没有像莫扎特那样夺人眼球，却也非凡卓著。这也让他和波兰贵族的关系更亲近了，并从那时起培养了对时尚社会的品味。在恰尔托雷斯基家族、拉齐乌家族、史卡贝克家族、波托茨基家族、卢贝茨基家族、康士坦丁大公和他的沃维茨卡公主的陪伴下，肖邦这个天才少年过着愉快的生活。之后他开始跟约瑟夫·埃尔斯纳学习作曲。这一期间所学的东西令其受益匪浅。埃尔斯纳看到了这是一个可造之材，精心教授，在保留肖邦个性的同时丝毫未扭曲他的个性。埃尔斯纳也受到肖邦的爱戴和尊敬，肖邦曾从巴黎写信给他询问向卡克布兰纳[7]学习的建议，并十分认真地接纳了他的建议。他曾这么说过："师从齐维尼和埃尔斯纳，就算最伟大的音乐家也会从中受益。"

每个名人都会有一些逸事——人们喜欢把它们叫作伟大音乐家的陈年旧事。在肖邦还是个婴孩的时候，他常常一听不到音乐就哭个不停，而莫扎特则对小号的声音异乎寻常地敏感。没过多久，这个波兰小伙的天赋就经常显现出来。另一则逸事则是关于他捉弄了一位犹太商人的。他总是神采奕奕的，和他纤弱的体格相比有些精力过剩。他是个模仿王，包括李斯特、巴尔扎克、波卡基、乔治·桑在内的很多人都觉得他会成为一个优秀的演员。他和妹妹艾米丽亚一起写了一些喜剧。那个时候的他，总体看来，若说不上才思敏捷，至少是个聪明的家伙。从他的书信来看，他并不是聪明绝顶，虽然文笔生动活泼却缺少了很多文学修为。

肖邦用敏锐的眼光捕捉他人的怪癖并加以嘲讽。这种特质在他以后的生活里更显著了，简直成了他性格中独特、具有讽刺意味的一点。也许正是这一点吸引了海涅，虽然他的嘲讽水平更高。

他这个时期的钢琴演奏已趋成熟精湛。与此同时，他已经开始尝试一些之后对音乐世界和键盘音乐具有变革意义的技巧和调性了。1826 年，体弱多病的肖邦和他孱弱的妹妹一起被送到了矿泉疗养地——普鲁士西里西亚的德鲁伊。他拜访了名为维索洛夫斯卡的教母和弗雷德里克·史卡贝克伯爵的一个姐妹——雅诺塔指出，这里提到的名字与之前的相左。这一年就这样过去了。1827 年，他结束了在中学的常规学业，投入到了音乐中。这段时间，他常常去乡间，听着农夫的歌声和小提琴声，这为他打下了作为民族作曲家的坚实基础。1828 年秋，他去了柏林，这段旅程给了他对于外部世界的一些体味。

1830 年，史蒂芬·海勒[8] 眼中的肖邦是苍白、体弱多病的，如同人们在华沙所说的"不会活很久"。这段时间一定是他人生的一个低谷期，因为他在柏林期间，精神状态一直都很好。他的妹妹艾米丽亚因为肺部疾病英年早逝，无疑弗雷德里克也是肺部疾病的易患者。他一直被亲友们告诫要扣紧大衣扣子。也许正如瓦格纳一样，生活中太多难以抑制的寻欢作乐和狂热幽默正是一个人的生命走向瓦解的迹象之一。比起书上所记载的时间，瓦格纳活得更久，而肖邦却在悲痛、失望的强烈感觉下屈服，折戟沉沙了。对一般感性之人的嗟叹蹉跎，他向来报以蔑视。他从不抽烟，事实上他也讨厌抽烟。在这一点上他的朋友桑和他截然不同。德·伦茨说过一件可悲的逸事：桑让肖邦拿火柴来点烟。"弗雷德里克，来根烟。"她命令道。肖邦遵从了她。菲利普·哈雷先生提到一封巴尔扎克在 1841 年 3 月 15 日写给汉斯卡伯爵的信。信中写道："乔治·桑去年没有离开巴黎。她住在皮加勒路 16 号……肖邦一直在那儿。她只抽雪茄，不抽别的。"哈雷先生称信中有斜体。关于德·伦茨和他（所讲的）关于雪茄的逸事就这么些了！

在这里，我想引述欧内斯特·纽曼[9]《瓦格纳研究》一书中的内容。肖邦精神上的高昂状态总是和烦躁不安、极度抑郁的情绪交替出现。这一点和纽曼先生笔下的瓦格纳很是相似："很少有人那么炙热地燃烧自己的一生。早年，他似乎总是和颜悦色，精力充沛。这就和海涅、尼采、埃米尔还有其他人被误认为身心健康的原因是一样的。在诸多天才们的一生中，总有一些可悲的异乎寻常之处。在有经验的人看来，风华正茂恰恰是一些神经紊乱的症状，是身体走向衰败的前兆。"瓦格纳一生都沉醉在大脑剧烈的运动中，这是一种症状，而非病症，对于肖邦亦然。但这在肖邦身上却还没有表现出任何凶兆。

在父亲的朋友亚罗茨基教授的陪伴下，肖邦前往柏林参加了一个重大的科学会议——在柏林的14天，充斥着难以抑制的欢乐。他们于1828年9月9日离开华沙，经过5天的长途跋涉来到了柏林。这是一段在悠闲中度过的旅行时光。这段时间内，肖邦遇见了斯蓬蒂尼、门德尔松、策尔特，还听了《魔弹射手》[10]。他参加了会议，还嘲笑了一帮科学家，亚历山大·冯·洪堡也在内。回家途中，他们在一个叫苏莱胡夫的地方逗留。肖邦即兴演奏的波兰风情音乐太美妙了，以至于迟迟无法结束演出，"所有人都鼓掌"要求再来一首。而这也是肖邦的辉煌逸事中的另一则。塔诺夫斯基伯爵回忆道："肖邦带着轻松的心情离开了华沙，满脑子都是有关名誉、幸福的念想。'我口袋里只有20个银币，'他在笔记本里这么写道，'但我现在却觉得自己比我刚才遇见的阿图尔·波托茨基还要富有。'除此之外，肖邦还有满脑子诙谐幽默的想法，整个人平静而欢快，比如：'希望你能允许我把自己纳入你的朋友圈。——肖邦。'又或是：'期待一个可以对你表达友情的时刻。——小职员肖邦。'再或是：'哦，我最亲爱的先生，我加入你的朋友圈实在是太兴奋啦。—— 一文不名的肖邦！'"

这些书信充满着米考伯的幽默风格[11]，也体现着肖邦爱开玩笑的性格。西科尔斯基讲了这个小伙在教堂即兴演奏的故事。他弹得太入神以至于把牧师、唱诗班和聚会的人群都忘了。

这两位旅者在拉齐乌亲王居住的波森逗留了几天后，于10月6日抵达华沙；在那里，肖邦私下演奏了几首。不管李斯特在《肖邦传》一书中怎么写，这位亲王作曲家虽然一直对肖邦关怀备至，却从来没有出过一分钱来培养这位年轻的音乐家。

胡梅尔[12]和帕格尼尼于1829年到访华沙。前者是肖邦有过一面之缘并敬仰的人，后者是肖邦崇拜的人。《纪念帕格尼尼》一曲即便不是发表于这一年的，至少也应该是在这一年创作的。据说这首曲子首先是在华沙期刊《音乐回声》的附录里发表的，调性是A大调。尼克斯在他的书中写道，他从未见过这首世间罕有的曲子的副本。帕德雷夫斯基[13]告诉我，他有这首曲子的谱子，曲子本身还有很多不足之处，只有一些历史意义。我找不到更多关于波兰诗人尤利乌斯·斯沃瓦茨基的资料，他和爱伦·坡死于同一年——1849年。塔诺夫斯基声称自己是肖邦最亲密的朋友，还说自己的诗歌是肖邦灵感的来源。

1829年7月，在两位同伴的陪同下，肖邦开始了音乐之旅，第一站是维也纳。传统之旅在愉快中度过。这伙人游历了这个国家的大半部分——加利西亚、上西里西亚、摩拉维亚——这些地方相当于波兰的瑞士。7 月 31 日，他们一行到达了奥地利首都。肖邦开始感受维也纳的艺术氛围，不再做井底之蛙。他的家庭生活是那样甜蜜而平静，这对他作为一个艺术家而言是有害的；在那里，他恃宠而骄，也就是在这个时期，他个性中的阴性特质被养成了。维也纳的生活和华沙比起来更愉快、更自由，充满了无穷无尽的艺术氛围。他结识了艺术界所有值得认识的人。他在那个时期的书信也满是绯闻和对故人的描写。但他对这一时期所遇见的人的描写中所加入的小小挖苦，毫无诋毁之意，这足以证明这个年轻人是相当风趣的。著名的卡诺特纳托剧院的承租人加仑贝格伯爵对他十分客气，出版商哈斯林格也对他彬彬有礼。他这时揣着自己写的《让我们携手同行》主题变奏曲[14]。这段时间对肖邦来说可谓顺风顺水，他被要求开一场演奏会。在他人的劝说下，肖邦克服了自身的胆怯，于 1829 年 8 月 11 日在这家剧院举行了在维也纳的首演。他在斯坦牌钢琴上演奏了《作品第 2 号变奏曲》。他的《勇士舞回旋曲》已被宣布列为音乐会曲目，可是他的这部分谱曲还没写清楚，所以就即兴演奏了。演出大获成功，他又被请回了舞台。他的即兴演奏波兰曲调《科麦尔》和《白衣夫人》的一个主题段落激起了在座的人的巨大热情，于是连怨声载道的交响乐团也加入了他的演奏。虽然肖邦此次演出在力度上有点弱，但是报道还是一片赞美之声。他的风格为公众所崇拜，亦因原创被称道——对此评论家的眼睛是雪亮的——然而却有一位女士评论道："真可惜，他的外表太平凡了。"这句话传到了肖邦的耳朵里，令这位病态敏感的作曲家在片刻间难受至极；但和很多波兰人一样，他很好地掩饰了这种不快的感觉。

1829 年 8 月 18 日，在首获成功后，肖邦在同一舞台上进行了第二次演出。这次他演奏了《勇士舞》。新闻报纸对他的作曲才华展开了讨论。有人说："他弹奏得让人很舒服，不像外行那样尖锐。""他的缺点是不遵守乐句开始时的重音记号。"那个时期的维也纳崇尚的是爆破式的重音和敲击式的钢琴演奏风格。有文章继续指出："他演奏的时候如同一棵自由自在的树，年轻美丽，芳香四溢，硕果累累。因此，他在作品中尽可能地展示出了他难能可贵的个性。新的音型、乐段和形式在乐曲中展现。"这段经尼克斯翻译的极端尖锐的评论来自 1829 年 8 月 20 日的维也纳《剧院报》。我们不能怪罪评论者们泯灭的好奇心和预知能力，也不能怪罪他们墨守成规，拒绝新事物。半瘫痪的听觉器官过早地戕害了音乐评论家，使他们对新事物产生抵触厌恶的情绪。肖邦没有从任何一场演奏会中得到什么钱。

这个时期的肖邦常常因其轻盈细腻的触键和原创风格被提及。这让公众不再误会他只是一个学生。他写信回家说："我弹琴的样子很受女士们的欢迎。"这种举止一直以来都深受女性观众的欢迎。肖邦的阴柔作风广为流传，这应该归咎于他演奏的范儿、性格脾气的反复无常和小傲慢。这个传闻很快就波及他的音乐，于是这个半真半假的传说就犹如野草般蔓延开了。当鲁宾斯坦[15]、陶西格[16]和李斯特弹到肖邦热情洋溢的乐段时，公众和评论家们都一片哗然。这些曲子透露的是转变了的了肖邦，转变后的肖邦作品充满男子气概，但这也是真正的肖邦。这个男人的举止是有一点女性化的，大脑却满是男人的阳刚，电力十足，灵魂也充满勇气。他的波兰舞曲、叙事曲、谐谑曲和练习曲需要强大的掌控能力，不仅仅是身体上的，也是精神层面的。

肖邦遇见了车尔尼。他对车尔尼的评价是："他是个好人，仅此而已。"车尔尼钦佩这位年轻钢琴家灵巧的双手，二次造访维也纳的时候还特地问他："你勤勉依旧吗？"车尔尼的大脑是一个永不停歇的钢琴练习曲孵化器。而肖邦却喜欢把技术层面的问题和诗意融合在一起。像老教育家车尔尼这样的性格自然很难吸引他。他认识弗朗茨、拉赫那和其他一些名流，似乎还和一位受欢迎的年轻钢琴家莱奥波尔德内·布拉黑特卡逢场作戏过，因为肖邦提到过一首作品是表达离开伊人的忧伤之情。

1829 年 8 月 19 日，肖邦和朋友们一同前往波西米亚，并在两天后到达布拉格。在那里他见识颇丰，还遇见了名声斐然的克连格，这人比莱比锡的雅达森还有名气。肖邦和克连格彼此惺惺相惜。3 天后这一行人来到特普利采，肖邦为贵族演奏了一场。8 月 26 日肖邦抵达德累斯顿，听了斯波尔的《浮士德》并遇见了音乐指挥莫拉奇——就是 1843 年 1 月 10 日瓦格纳接替他成为指挥的那个莫拉奇（参见芬克的《瓦格纳》）。在布雷斯劳短暂逗留后，9 月 12 日，肖邦又安全地回到了华沙。

这段时期，他和华沙音乐学院的一位学生歌手康斯坦莎·葛拉科斯卡坠入了爱河。尼克斯小心翼翼地描述着肖邦狂热的爱情和友谊——称之为"他生命中的一种激情",同时认为爱情之于他如同打开生活之门的钥匙。在书信中,有足够多的证据证明他和提达斯·沃伊奇夫乔斯基以及约翰·马突津斯基——他的"强尼"[17]之间浪漫的友谊。这些信件好似出自患了相思病的少女之手。但这些却让我们看到肖邦性格的单纯;在生活的百般磨砺下,他萎靡不振了。命运让他从结识乔治·桑和她的一班侍从开始几经磨难。对这个敏感的人来说,巴黎式的幽默就已经够讨厌的了,更不要说重口味的那些了。可以用小泉八云的话来形容他:"每个多愁善感的男人都比女人更女人。"龚古尔兄弟曾说过:"女性中没有天才,女性中的天才是男性的表征。"肖邦需要一个出口来排解他的多愁善感,而钢琴只是他排解的一个通道。读他孩子气的胡诌烂漫之词让我们感受到最多的是搞笑。

维也纳之旅结束后,肖邦精神不振,身体状况欠佳。由于没有鼓起勇气向他爱慕的人表白,华沙成了令他憎恶的地方。他在纸上写下了对她的爱意,用琴声弹奏出了爱慕之情,却没能说出口。这里我们看到了肖邦与生俱来的优柔寡断,他总是无力痛下决心。这让我想起福楼拜《情感教育》一书中的主人公弗雷德里克·莫罗[18]。这时的肖邦意志消沉,因为他既没有勇气求婚,也无法飞离华沙。他的书信充满了自责,这些信一定激怒了他的朋友们,甚至令人厌烦。如同很多其他天才,肖邦从早年开始就一直被怀疑性精神病折磨,而研究他的人则说,这是一个"精彩的案例"。这种犹豫不决和优柔寡断是他事业上的绊脚石,也在他的音乐艺术中反映得淋漓尽致。

1829 年 10 月，肖邦去了波森，在拉齐乌家深深地迷恋上了爱丽莎公主的才华和美貌。可惜公主早早地就去世了。乔治·桑注意到了肖邦容易在感情上沦陷，他可以在同一个晚上坠入爱河后又马上走出这段情感。一朵枯萎的玫瑰也可以让他蹙眉，亦可以让他反复无常地飞来飞去——显而易见这是一个纠结的年轻人。1829 年 11 月，他演奏了作品第 2 号变奏曲。1830 年 3 月 17 日，他第一次在华沙演出，选择自己的第一首 f 小调协奏曲中的柔板和回旋曲以及波兰音乐集锦作为他的音乐会曲目。评论说他的演奏太柔弱了—— 一直以来，这一点都深受诟病——但埃尔斯纳、库平斯基[19] 和其他一些音乐家们都对他的演奏表示满意。沃尔夫说，华沙的人并不理解肖邦"真正伟大的地方"。身为波兰人，在这一点上肖邦自然大受公众欢迎，但他们却完全没有把肖邦作为个体来加以品味。一星期后，在评论两极分化的情况下，他举行了第二场音乐会。这一次，他除了演奏与上次相同的协奏段落之外，还演奏了克拉科夫回旋曲并即兴加演了 f 小调第一协奏曲中的徐缓调，那段音乐其实就是在音乐中理想化的康斯坦莎·葛拉科斯卡形象。这场演出是成功的，两场演出下来，他从中获得了 600 美元，这在那时对一个默默无闻的大师来说不是一笔小钱。有人印了一首十四行诗来纪念他。在巴黎长大的钢琴家邓斯特热情地为他献上了香槟。他也因此举在钢琴演奏史上留了名。糟糕的是，奥罗拉斯基把肖邦的协奏曲主题演绎成了玛祖卡，并厚颜无耻地发布了这些作品。

一位音乐销售商竟然提出了购买肖邦肖像的要约，他拒绝了，这个要约对他来说是一个打击。他身体颤抖着说道，他一点也不想在奶酪黄油包装纸上看到自己的肖像。有一些评论热情洋溢，还有一些批评则一贯地荒诞。肖邦在写给提达斯的信中也同样狂放地抗议着，最后，他有板有眼地发牢骚道："我再也不看别人怎么写我了。"这和很多艺术家如出一辙，声称不怎么关心报道评论，却总在自己或对手音乐会结束后虔诚阅读评论。

肖邦听到亨丽埃塔·桑塔格唱歌的时候喜出望外。一直以来，他都是一位歌唱艺术的爱好者和鉴赏家。他建议年轻的钢琴家经常仔细聆听优秀歌唱家的作品。他仰慕钢琴家贝尔维尔和小提琴家利平斯基，只要他愿意，便可写出有模有样的评论。但是葛拉科斯卡却让他苦恼。"难耐的思乡之情"让他倍感羁旅异乡的惆怅。肖邦出席了葛拉科斯卡的首演，她在帕埃尔的歌剧《阿涅塞》中饰演同名角色。他同时将有关歌剧重要功能的完整描述写给提达斯。肖邦写这封信时，提达斯正住在肖邦偶尔造访的私家别墅里。

一怒之下，肖邦想到了去柏林或是维也纳，可最终还是在打情骂俏后留在了华沙。1830 年 10 月 11 日，在历经很多准备和情感曲折后，肖邦在华沙举行了第三场同时也是最后一场音乐会。他第一次在公众面前无序演奏了 e 小调协奏曲。第一乐章和后两个乐章按照那时的传统，由咏叹调隔开。之后，他又演奏了波兰曲调的《幻想曲》。葛拉科斯卡唱了一首罗西尼的歌。"穿着白裙，头戴玫瑰，美丽迷人。"肖邦这样描述她。他身上所表现出的所有细节都表明，他已深中丘比特之箭。"肖邦一定弹得很好。"他自言自语道。尽管自傲，他却总是谨慎地进行自省。在演奏会加演四重奏的时候，他的虚荣心和小女孩特质显露无遗。"相信昨天我一定是优雅地完成了演奏，因为布朗教过我怎么得体地做这件事。"这里，他说的并不是自己如诗般的演奏，而是自己对公众的鞠躬。如之前他对妈妈说他漂亮的领结一样，作为年轻人，他很注意自己的仪态。但这一切都是他身为艺术家的角色需要。试着挠挠艺术家，你会发现他们会像孩子般受惊。

无疑，康斯坦莎的歌声是美妙无比的。"她的低音 B 一出来就那么优美，杰林斯基说，单单这个音就值 1000 达卡银币。"哦，多么令人迷恋！ 1830 年 11 月 1 日肖邦没有表白就离开了华沙，前往维也纳。又或者是他被拒绝了吗？历史没有给出答案。他再也没有见到他的葛拉科斯卡，因为他再也没有回到华沙。那位小姐 1832 年结了婚，与其和前途缥缈的天才结合，她还是选择了一个更可靠实在的人——嫁给了约瑟夫·格拉博夫斯基，一个华沙的商人。据一位浪漫的传记作家沃德津斯基称，她的丈夫后来双目失明。不过也许和一个悲戚的钢琴家比起来，失明的乡绅更受欢迎。肖邦在 1831 年听说了这段爱情，自那以后，康斯坦莎的名字在他的书信中已无迹可寻。她的音容笑貌随着时间在他记忆中斑驳脱落。如果说她薄情寡义，他也是见异思迁，我们就不要再为这段恋情扼腕叹息了。为此，人们已经泪流成湖，墨洒成河了。

埃尔斯纳和一帮朋友陪着肖邦到了离华沙不远的沃拉。那里，华沙音乐学院的学生们唱了埃尔斯纳作曲的康塔塔。据卡拉索夫斯基回忆，宴会后，肖邦收到了一个盛满波兰泥土的银杯，并起誓无论到哪儿，永远不会忘记他的国家和朋友。肖邦满腹惆怅地离开了家乡、父母、朋友和"梦中情人"，告别了青少年时期。靠着仅有的武器——键盘和满脑子的优美音乐，走向了世界。

在卡利什·提达斯与他会合之后，提达斯陪他去了布雷斯劳，他们在那儿度过了4天。逛逛剧院，听听音乐。肖邦顶替一个双手颤抖的业余钢琴手，即兴演奏了他e小调协奏曲中的两个乐章。他们于1830年11月10日到达德累斯顿，在那儿享受音乐。肖邦参加了克雷西格博士的晚宴，满眼尽是在音乐节目间歇用最可怕的方式持织针的贵妇们。他听了奥柏和罗西尼的歌剧，还有意大利小提琴家罗拉的演奏，并愉快地欣赏了大提琴家多曹尔和库莫的表演——他一直以来都很喜欢大提琴这种乐器。伟大男高音的弟弟鲁比尼答应，如果他想来意大利的话会被隆重引荐。再一次看到克连格，他喜出望外。克连格告诉这个年轻的小伙儿，他的演奏很像约翰·菲尔德[20]。他还游览了布拉格，于11月到达维也纳。

在维也纳，他自信会和之前的演出一样成功，结果却以失望告终。哈斯林格冷淡地接待了他并拒绝印刷他的变奏曲或协奏曲，除非他愿意将其赠予自己。肖邦与令人痛恨的出版商第一次打交道始于此，他把这作为他的座右铭："付钱吧，你们这些畜生。"这是一条他严格遵守的信条。在钱的问题上，肖邦从不含糊手软。肖邦有大量书信曝光音乐出版商们的行径和诡计，"畜生"是他用来称呼出版商最温和的词，"犹太人"则是最常用的谴责语。

毕竟,肖邦是个很典型的波兰人。

肖邦非常想念好友布拉黑特卡一家,他们去了斯图加特。他本人的前途也不像以前那样看起来一片光明。除了不能保证有什么有利可图的合约之外,雪上加霜的是,对他了解至深的提达斯因参加波兰起义,于1830年11月30日离开了他。他这个时期的书信反映了精神上的愤怒和对家人安全的忧心。他已经一千次地想背弃自己的音乐理想,奔赴波兰为祖国而战,却迟迟没有这么做。他的优柔寡断——不是懦弱——对我们却是有益的。他把自己的爱国热情、愤怒和英雄主义注入到了他的波兰舞曲里。尽管这些曲子是某些俄国人攻击的目标,对我们来说却可亲可贵。肖邦在精神上是勇敢的,因此我们也完全没有必要对其乐曲精巧的组织方式吹毛求疵。

在写给父母和马突津斯基的信中,肖邦并未流露出绝望——至少他的父母是这么想的。他假装很快乐并对未来充满希望,因为他完全由父亲供养。康斯坦莎的消息让他倍感欣慰,于是他决定去意大利。但是1831年初的起义却让他去了法国。马尔法蒂博士对他很好,也很鼓励他,在那里肖邦参加了很多社交活动。

这段时间的书信非常有趣。他听了莎拉·海内费特的演唱,也听到塔贝格演奏了自己协奏曲的一个乐章。塔贝格比肖邦小3岁,已经很有名了。肖邦却并不欣赏他:"塔贝格虽然很有名,却不是我的菜……他演奏强音和弱音时靠的是踏板而不是双手;弹奏十度音如同我弹八度音那么轻松,还佩戴镶钻铆钉。"

在肖邦看来,塔贝格不仅在音乐上太技术化了,还是一个成功的犹太人。这激起了肖邦诗人的一面和波兰人一面的抗拒。

胡梅尔拜访过弗雷德里克，我们却没有听到他对这位前辈以及他的音乐的任何评述。考虑到肖邦或多或少继承了胡梅尔的风格，不禁令人心生疑惑。也许正因为肖邦借鉴了胡梅尔的风格，所以他才保持沉默。正如瓦格纳借鉴了梅耶贝尔[21]的《新教徒》，所以才不喜欢他。肖邦听了阿罗伊斯·施米特的演奏，用海涅式的幽默呢喃道："他已经过了 40 岁，却写着 80 岁那么老的曲子。"这些话来自一封给埃尔斯纳的信。有时候我们的肖邦会出乎意料地挖苦别人。他认识小提琴演奏家斯拉维克、大提琴家默克和所有的音乐出版商。1831 年 4 月，他现身于加尔西亚－维斯特丽丝女士的一场演奏会上。同年 6 月举行了一场自己的音乐会。那场音乐会上，他一定演奏了自己的 e 小调协奏曲，因为音乐报纸上对此有所提及。在此期间他学习了很多。1831 年 7 月 21 日离开维也纳前，他经历了第二次也是最后一次彻底挫败的探访。

肖邦拿到了去伦敦的护照，上面用法文写着"允许经过巴黎和伦敦"，他还从俄国大使馆那里获准去慕尼黑。霍乱给他添了一些麻烦，因为他必须拿出健康证明，不过最后他也解决了这个麻烦。有一个浪漫的故事是这样说的："他只是途经巴黎。"在几年后的报道中，他曾说过，这段经历无情地蹂躏着他敏感的内心。在慕尼黑，他演奏了他的第二协奏曲并大受欢迎。但是他没有在巴伐利亚的首都逗留，而是急急忙忙地跑去了斯图加特。在那里，他听闻 1831 年 9 月 8 日华沙被俄国占领的消息。据说这是他伟大的作品第 10 号 c 小调练习曲的起源，这首曲子有时候也叫《革

命》。肖邦在 1831 年 12 月 16 日的信中声称："这一切让我感到无
比痛苦——谁能够预见这一切！"在另一封信中，他写道："我没
有回去，妈妈会多么欣慰。"塔诺夫斯基伯爵在回忆录里印刷了
据说是肖邦自己保留的日记里面的一些片段。根据这些证据，我
们可以想象得到他有多愤怒。这里有几个例子：

> 我可怜的父亲，我最亲爱的人！也许他们正忍受着饥
> 饿？也许他已经没有任何东西来给妈妈买面包了？或许我的
> 姐姐妹妹们已经在俄国军人的怒气下沦为受害者了？哦，爸
> 爸，难道这就是你年迈时的慰藉？妈妈，我可怜的正在经历
> 磨难的妈妈，难道你活得比你的女儿长久就是为了这个？

> 我这里没有被占领！却两手空空！有时候我用钢琴表达
> 我的呻吟、磨难和绝望！哦，上帝，动摇大地吧，吞噬本世
> 纪的人类吧！让最残酷的厄运降临法兰西吧，他们根本就没
> 有向华沙伸出救援之手。

这些书信听起来都有一些滥情，一点儿也不像肖邦。

他没有回到华沙，却在 9 月末启程去了法国，并于 1831 年
10 月上旬抵达。波兰的沦陷虽然使他更加远离祖国，却也将他从
麻木不仁的状态中唤醒。正如李斯特所说，这次旅程"决定了他
的命运"。肖邦到巴黎那年 22 岁。

第二章

登峰造极

　　以下是尼克斯叙述的肖邦接下来18年生命之旅的行程：从巴黎蒙马特大道27号到安廷街的5号和38号，再到亚琛、卡尔斯巴德、莱比锡、海德堡、马伦巴、伦敦、马略卡岛、特朗切特街5号、皮加勒街16号、奥尔良广场9号，再到英格兰、苏格兰，又一次到奥尔良广场9号，然后到夏乐街和旺多姆广场12号，直到长眠于肖邦最后的安身之处——拉雪兹神父公墓。也许我们会觉得肖邦的个性虽然不至于不羁，却也是不安分的。在往后的日子里，他无法在一个地方安顿的特性给自己落下了疾病的烙印——肺病患者经常如此。

　　1831年的巴黎，到处洋溢着文艺气息，对于文化爱好者来说，是世界上最有魅力的城市之一。欧洲知识分子终日沉浸在激情灼热的浪潮和浮华之风中，其中也包括领军人物浪漫主义王子维克多·雨果。紧接着的亨利·海涅——跨越莱茵河离开德国的海涅、笔尖沾满了蜂蜜和苦胆的海涅——在同一个对句里一边嘲讽一边悲叹。古典主义的新星似乎已经浮出。在诸多天才中互相较劲的还有戈蒂埃、舒曼等人。所有的作品都浪漫、梦幻而热情。年轻的人们听到月光唱出了银白的色调——曾记否？德·缪塞！——树叶沙沙作响敲击着恋人的心跳。"和灰胡子一起走吧"。他穿着猩红色背心呐喊道。所有法国人都鼓掌呼喊"埃尔纳尼"[1]。可惜的是这个浪漫主义婴孩因智力贫血夭亡了，留下了自伯里克利的雅典城以来最有才华最惊艳的遗产——一群天才的记忆和作品。

1848 年，法国革命始于草根底层。回望过去，福楼拜满怀心酸地凝视着迦太基[2]，写下了法国资产阶级的史诗。佐拉之流陷入了道德困境，世人开始对他们感到厌倦。之后，淡淡的浪漫主义褪色之花渐渐载入史册，各种微妙的说法与和谐之美淡出了人们的回忆。柏辽兹，发疯地带着燃烧着的锁链的艾克托尔[3]，他的管弦乐仿佛一股清新的空气，振兴了瓦格纳和李斯特的创作，然而他自己却开始变得华丽、空洞、肤浅。即使到今天也难以将"这只巨大的夜莺"分门别类。毫无疑问，他拥有浪漫的气质。拿他和舒曼还有真正顶尖的浪漫主义大师相比，他的音乐从音色、气息和精彩程度来看从来没有真正构成过浪漫的主题。

在我看来，柏辽兹是一个被夸大的大师。他的管弦乐在技术上是卓越的，但是他的音乐却没有进入我的灵魂。它刺透我的神经，满足无形、奇异、庞大的感官追求，却有些离奇，如同某种史前巨鸟，可怕的翼龙瞪着眼睛，有着恐怖的鼻子和可怕的尖叫声。柏辽兹和波德莱尔一样，有令人不寒而栗的力量。如约翰·阿丁顿·西蒙兹[4]所写："古典主义之虚伪，浪漫主义之痉挛都会被时代抛弃。那一代的诗人既无法再对希腊的帕那索斯山顶礼膜拜，也不能满足于机械呆板的照抄照搬。艺术家们率性而发，在被自然之光笼罩的世界上自由前行。"所有这一切都发生在这位波兰魔术师为病态巴黎饥渴的灵魂蒸馏灌糖艾草——这甜蜜中夹杂着愤怒的毒药之箭。

由于肖邦的才华，他被惊如天人，很快就得到了广泛的承认。想想这个初来乍到者所结识的人物吧：

——雨果、拉马丹、拉梅内。啊！在《一个信徒的话语》中，那些困难的日子是多么受恩膏膏抹啊！

——夏多布里昂、圣西门、梅里美、戈蒂埃、李斯特、维克多·古桑、波德莱尔、阿里·谢弗[5]、柏辽兹、海涅。海涅总是调侃这个波兰小伙，对他的缪斯"大笑女神"问长问短："她是否一直用她的银色面纱遮住一绺绺飘逸的绿发，诱人地卖弄着风情？白胡子老海神是否一直滑稽地爱恋追求着这个淘气的侍女？"

——德·缪塞、德·维尼、罗西尼、梅耶贝尔、奥柏、圣-伯夫、阿道夫·诺里、费迪南·希勒[6]、巴尔扎克、大仲马、海勒、德拉克罗瓦（画家中的雨果）、米什莱、基佐、梯也尔、聂姆策维奇和密茨凯维支这些波兰诗人和乔治·桑。

他们都是巴黎艺术和文学的精华。

李斯特所写的《肖邦传》一书中最精彩的部分描述的是老佛爷街的一个夜晚，作品充分展现了匈牙利人的文学天赋和遣词造句能力。我对描述肖邦公寓的那段"措手不及的入侵"十分着迷，它有一种令人渐入佳境的作用。在李斯特的梦幻之笔下，房间独特的陈设栩栩如生地跃入读者眼帘。更值得玩味的是他的另一番评论："如同在一道甜点中，糖霜覆盖了水果的甜，精英的恩宠也被糖渍覆盖了……肖邦对此肯定很不满意！"虽然在肖邦死后，李斯特试图把肖邦理想化，但对我们来说，他却是这个时期的肖邦最可靠的见证人。

肖邦在李斯特眼里是完美的，他没有给我们留下任何有关肖邦的缺陷的记载。这个波兰小伙疑心重重，容易被激怒；他不喜欢民主，事实上，大多数人都令他目瞪口呆。他不能征服公众的另一个原因是纤弱的体格。塔尔贝格[7]却可以做到；他贵族般的气质，沉稳而大气，优美的触键和美妙的演奏技巧赢得了观众的心。李斯特从不摧眉折腰地讨观众欢心。我至，我见，我征服。这些肖邦都知道，他也知道自己的弱点并试图克服它，却以失败告终。这也是这个过度敏感的人人生中另一种幸运中的不幸。

李斯特提及的第一件关于肖邦的逸事，就是一次晚饭后，肖邦遭鲁莽施压而拒绝演奏的事。肖邦给出的理由是："啊，先生，我吃得太少了！"即使主人蠢钝至极，我们也不能否认这反驳很无礼。

肖邦会见了奥斯本[8]、门德尔松、小提琴家白洛特和大提琴手法兰肖梅——门德尔松真的很喜欢肖邦，而法兰肖梅则和肖邦建立了长久的友谊，并经常与他一起演奏二重奏，还写了 g 小调大提琴奏鸣曲给他。他拜访了当时的头牌钢琴家卡克布兰纳。肖邦新奇惊人的演奏令卡克布兰纳感到困惑。在听过赫兹和希勒的演出后，肖邦并不惧怕为他演奏 e 小调协奏曲。在他写给提达斯的信中，肖邦告知了这次见面的全部内容；"你是菲尔德的学生吗？"卡克布兰纳提问道。他评论说，肖邦的演奏有克拉默的风格和菲尔德的触键。当时还没形成一个标准用以评估这种新的演奏风格，卡克布兰纳只能参照他所熟知的人考量评估肖邦的演奏。之后他恳求肖邦花 3 年时间来跟他学习——只有 3 年！——但埃尔斯纳写信恳劝肖邦不要冒这个险，因为这有可能影响到他的原创风格。

事实上肖邦参加了卡克布兰纳的教学课程，却很快退出了。因为在这个傲慢、吝啬的钢琴家这里，他实在学不到什么。希勒所讲述的门德尔松、肖邦、李斯特和海勒如何在意大利大道上戏弄这个暴躁的老家伙的故事值得一读，即便那并非完全真实。然而，尽管肖邦讨厌老家伙老生常谈的方式，却钦佩他成熟的技术。海涅曾说过——或者说曾引述过科雷夫的话——卡克布兰纳看起来就像是泥地里的夹心糖。尼克斯认为肖邦可能在技术上汲取了卡克布兰纳的一些经验。在公众场合，肖邦对自己的造诣是十分谦虚的，认为自己全靠自学。他说道："我不会开创一个新的流派，因为我不了解以前的流派。"他的音乐中所缺少的循规蹈矩既是一种力量，也是一个弱点。而事实上他技术上的导师是胡梅尔。

他于 1832 年 2 月 26 日在巴黎首次出演了 c 小调协奏曲和一些比较短小的作品。虽然卡克布兰纳、白洛特还有一些其他音乐家也出演了，肖邦却是当晚的主角。这场音乐会没挣什么钱，观众大多是波兰的达官贵族。门德尔松不喜欢卡克布兰纳，对他傲慢地要求肖邦随他学习的事情感到很愤怒，并"愤怒地鼓起了掌"。"这事以后，"希勒写道，"再也没有人评论肖邦技术欠佳。"有关他的评论都是一片叫好。1832 年 5 月 20 日，肖邦参加了莫斯科亲王组织的慈善音乐会。他在巴黎社交界大受追捧。他在写给提达斯的信中提到，他的心如同切分音一样跳动，对各种阿谀奉承、令人激动的社交活动和快节奏的生活很是兴奋。但在信中，他还是对提达斯感性地表达了一番，并在巴黎祝他安好。

　　肖邦与驼背钢琴家皮克西斯[9]的养女弗朗西拉·皮克西斯的一次无足轻重的暧昧却引发了老皮克西斯的嫉妒——这情景被肖邦残酷地模仿了一遍。肖邦对此感到高兴，因为他只是在玩微妙的恶趣味。"你怎么看这件事？"他写道，"我是个危险的勾引者么！"卡拉索夫斯基回忆道，他在巴黎写给双亲的信不幸在 1863 年 9 月 19 日被驻守华沙的俄国士兵烧毁，与之一起焚毁的还有阿里·谢弗为他画的肖像和他的第一台钢琴。损毁的信件是难以弥补的。卡拉索夫斯基看到过一些信件，说它们承载着淡淡的忧伤。

　　尽管在艺术上肖邦是成功的，但是他需要钱，并开始重新考虑他筹划过的美洲之行。幸运的是他在大街上遇见了瓦伦丁拉齐乌王子，并被说服去罗斯柴尔德晚会演奏。从那一刻开始，他的前途一片光明，因为他能够保证有学生付学费给他。尼克斯这个刨根问底之辈查明了故事真相，发现它是建立在子虚乌有的浪漫之上的。虽然这是肖邦的陈年旧事，李斯特、希勒、法兰肖梅和索文斯基却表示闻所未闻。

　　在这样一个意气相投的艺术氛围里，肖邦必然在精神上和音乐上大大拓宽了视野。他到处走动，和贵族们亲密交往，这毫无疑问地影响到他的作曲。他在变得国际化的同时也更做作了。有一段时间，他一度泡在芳香优雅的沙龙氛围里，这差点毒害了他的天赋，让他忘却更崇高的志向。幸运的是，生活这个"超级雕塑家"打断了这些安逸，生活的磨砺改变了他的性格，他写的乐句开始变得更具悲剧性、更宽广、更有激情。1832 年到 1833 年，他和希勒、李斯特、赫兹、奥斯本频繁地出席公演和私演。

琴坛总有一些竞争。肖邦、希勒、李斯特沉浸在友谊赛中。每每尝试波兰音乐，肖邦总会成为赢家。他很喜欢模仿他的同僚，特别是塔尔贝格。阿道夫·布里松曾说起桑、肖邦和塔尔贝格聚会的逸事：马蒂亚斯说，桑小姐"像喜鹊一样喋喋不休"。肖邦赞扬了塔尔贝格恢宏精湛的技艺后，塔尔贝格也出于礼貌一连回敬了很多话。无疑，塔尔贝格把这个波兰小伙的赞扬当真了。可是在背后，在键盘上肖邦却嘲笑他。这时肖邦才告诉桑自己的学生乔治·马蒂亚斯[10]说的话："他真是个傻瓜。"塔尔贝格施尽所能予以报复。在肖邦的一次演奏会后，他一路咆哮回家，让希勒大为震惊。在回答为什么这样做时，他狡猾地说，音乐会上他整晚听到的都是弱音，他需要一个强音！

肖邦从来都不是浪漫主义运动的忠实拥护者。这场运动所蕴含的浮夸，错置的湍流激情和对教会、国家、传统的冲击搅扰着这个波兰小伙。这段时期的噪音、喧闹和沽名钓誉让他寒心、厌恶。他希望自己是波兰的乌兰德[11]，却反对当红的偶像，也不愿意在阴沟里跋涉以实现自己的理想。他不是一个战士，然而人们在回顾过去半个世纪的喧嚣时却发现是他发出了自己的微弱之声，那声音不是那个时代文艺青年煽动式的咆哮，而是诗人般的金嗓子。李斯特影响、激励着肖邦，但肖邦也对李斯特产生了很多有益的影响。读一读舒曼，我们会发现 1834 年肖邦去亚琛参加了下莱茵河音乐节，在画家沙多那里遇到了希勒和门德尔松，并奉上了精彩的即兴演奏。希勒这样写道，在回家前，肖邦和希勒拜访了科布伦茨。

尼克斯教授是个深藏不露的幽默之人，他的幽默很少像这样喷涌而出。他评论道："肖邦的朋友马突津斯基来巴黎定居，这一定让他感到满意。因为他太需要一个人在自己怨声载道的时候倾听他。"这个典型的典故也在肖邦对待乔治·桑的态度中得到了印证。在一个独立的章节中逐字逐句泄露了乔治·桑的私隐后，他在结尾处庄重地承诺他的作品不"做出任何论断，因为现有证据不允许我这么做"。这真是有趣啊。

当我于 1896 年在拜罗伊特遇到这位传记作家时，我告诉他我很欣赏他的作品，并表示这部作品对重塑肖邦有着不可或缺的作用。尼克斯教授和蔼地凝视着我——他极其友善，酷似学者——评论道："你不是唯一这么说的。"也许他正想着很多求助于他的人，因为他手上有关于肖邦的一些文件。但尼克斯却于 1888 年在卡拉索夫斯基、李斯特、舒曼、桑和其他人的基础上写了更多。撰写《肖邦传》注定是一件会一直持续下去的事情，因为自 1888 年以来，已有大量文献撰写肖邦，也有很多推测。

在那些和马突津斯基在一起的日子里，肖邦更高兴了。他诚挚地爱着他的祖国，尽管总是调侃自己的同胞，却也还是喜欢他们的。他从来都不是一个奢侈的人，也总是资助着波兰同胞。

1834 年至 1835 年之后，他作为钢琴家出现在公众视野的活动开始减少。他总是不被理解，也没有受到理应得到的追捧；在一次音乐学院的音乐会上，他演奏了他的 f 小调协奏曲小广板遭冷遇，这令他很恼火。尽管如此，1835 年 4 月 26 日，他还是出现在阿柏内克的慈善音乐会上。报道一片叫好。可是随着一次次的公开演出，他的怒火也越来越旺。这段时间，他认识了贝利尼。他对贝利尼多愁善感的旋律有一种特殊的偏爱。

1835 年 7 月，肖邦在卡尔斯巴德见到了父亲。然后他去了德累斯顿，之后又去莱比锡私下为舒曼、克拉拉·威克、文策尔和门德尔松演奏。舒曼对着肖邦滔滔不绝，但肖邦却从未回报舒曼的友善。返回巴黎的路上，肖邦参观了海德堡，在那里他看到了他学生阿道夫·古特曼的父亲，并在 10 月中旬来到了文明世界的首都。

这段时期，身在德累斯顿的他满脑子都是关于爱情的事儿。1835 年 9 月，肖邦遇见了他的老同学，乌金斯基家族的人，他们曾在他父亲的学校学习。他爱上了他同学的妹妹玛丽亚·乌金斯基，还和她订婚了。他把这件事告诉了父亲，那段时间他淡忘了巴黎，也忘却了自己的抱负。他沉浸在自己编织的一个短小的美梦里，梦想着结婚，梦想着安顿在华沙附近，教教书，作作曲——活跃的艺术家大都偶尔会寻求安逸的梦，这种梦安慰着他们，让他们真以为在喧闹的世界中有一个桃花源。

可是，这一次神明又为了音乐的缘故中断了这场美梦。女孩的父亲因为肖邦的职业和社会地位反对他们在一起——那个时期身为钢琴家的肖邦和帕德雷夫斯基家族在社会地位上还是有所不同的——虽然女孩的母亲非常赞同这段浪漫的爱情。乌金斯基家族是贵族而且很富有。1836 年夏天，肖邦在巴伦马再次遇见玛丽亚。1837 年，他们的婚约取消了。第二年，这个见异思迁的美人儿嫁给了肖邦的教父弗雷德里克·史卡贝克伯爵的儿子。由于婚姻失败——也许是因为她弹了太多肖邦的作品——随即又离婚了，之后她又嫁给了一个叫奥齐思泽斯基的人。乌金斯基伯爵写了《三篇关于弗雷德里克·肖邦的小说》。他在书中断言他的妹妹于 1836 年在马伦巴拒绝了肖邦。

肖邦却在这次打击中振作起来。他回到巴黎，并于 1837 年 7 月在卡米尔·普莱耶尔[12]夫人和斯坦尼斯瓦夫·科兹米安的陪同下第一次游览了英格兰。他在那边仅短暂停留了 11 天。他的肺病也是从这时开始的。肖邦由卡米尔引见给弗里茨先生，在钢琴制造师詹姆斯·布罗德伍德家演奏；但在那里的演奏却和他自己的风格大相径庭。他的音乐为业余爱好者所赏识，然而收到的专业评论大多是负面的。

与乔治·桑的风流韵事是出于一些险恶的动机，我们现在第一次谈到它。本着尊重哈多[13]先生的精神，我不能把它叫作私通，因为这并不是庸俗意义上的事情。肖邦也许真的很小气——这是男性艺术家的通病——但他在言语或行为上却从来没有粗俗过。在遇见她之前，他不喜欢"眼神阴郁的女人"。尽管乔治·艾略特、马修·阿诺德、伊丽莎白·巴雷特·布朗宁夫人等人认为她是个受了伤的圣人，她的名声却并不好。哈多先生愤怒地否认任何对肖邦和奥罗尔·杜迪凡（乔治·桑的本名）不寻常关系的捕风捉影。如果他真的相信同时代的人都在信口开河，而那个女人的话是可信的，那么就让这位评论家待在他自己的乌托邦里吧。苏格兰女王玛丽也有她的梅兰内，桑为何就不能有一个自己以外的人为她的一生辩护呢？我并不是因为愤世嫉俗才故意这样说，我也不想再仔细讨论那些被翻来覆去八卦遍了的浪漫情节了。理想主义者会将此看作灵魂的结合，而现实主义者——也就是 1837 年到 1847 年间在巴黎记录记叙这件事的一大帮人——将此看作八卦。而真相则是介于两者之间。

神经质的肖邦遇到了推崇一妻多夫的桑。尽管她极富天赋，却是一个践踏所有社会道德公约的女人。肖邦虽然起初有些反感，但最终还是臣服于她殷切的热情之下。她比肖邦年长，所以可以以母性关怀掩盖她的真实目的。与肖邦相比，她在智力上更胜一筹，也更有名望——肖邦在许多人的眼中不过是个钢琴家——于是桑就这样用她的吸引力得到了她想要的男人。

在巴黎这个充满艺术氛围的城市，这样的情况屡见不鲜。李斯特对为他生儿育女的阿古伯爵夫人科西玛·冯·彪罗·瓦格纳倍加保护。巴尔扎克作为波拿巴和拜伦的集大成者、海盗和诗人的集合体，看似过着圣人的生活，但他最细心的学生，子爵斯佩博埃尔什·德·洛旺茹尔——这显然是个巴尔扎克式的名字——却告诉了我们一些不同的故事。古斯塔夫·福楼拜，鲁昂的苦行巨人，和路易莎·柯蕾夫人有过一段风流韵事。柯蕾是一个平庸的作家，模仿桑的作品。据埃米尔·法盖回忆，除此之外，福楼拜和阿古伯爵夫人，这个法兰克福的犹太女人也有染。大家都叫她"丹尼尔·斯特恩"。他们之间的关系从1846年一直持续到1854年。这之间有一个关乎善恶另一面的媒介，尼采会把它说成是道德体系的重塑。弗雷德里克对这段关系表示谴责，因为理论上他是个天主教徒。难道他从没有反感李斯特和其同伴在他不在时拜访他的公寓吗？事实上，肖邦应该被称为一个真正意义上的道德模范。在罗马天主教的精心熏陶下，他死去的时候，皈依了天主教。除了桑这段插曲，肖邦一生并未离经叛道。他痛恨庸俗并试图向父母隐瞒这段痴情。

虽然这种亲密关系发展到最后带来的是无可避免的忧伤和心痛，但这段关系却无损于这对情侣的艺术作为。肖邦必须有人来照顾——他需要照顾——他在这个光芒四射的法国女人的社会关系中大放异彩：他最好的作品可以追溯到诺昂和马洛卡岛时期。桑自己也受益于这段关系。1833年，和阿尔弗雷德·德·缪塞痛苦地分开后，她一直很寂寞。她和帕席罗的插曲也没有持续太久。德·缪塞和桑的故事直到1896年才公开。同样，这件事必须咨询斯佩博埃尔什·德·洛旺茹尔先生，因为他有一大堆乔治·桑和《两个世界评论》的编辑布洛兹在1858年期间写的信件。

1833年秋天，德·缪塞和桑一同前往威尼斯。德·缪塞的母亲给他们提供了避孕措施和生活资助。这个故事被进一步借题发挥，散发着高卢人的共鸣情怀。德·缪塞一个人回来了，身体和灵魂饱受疾病困扰，此后一直酗苦艾酒寻求安慰。有一些含糊不清又令人不安的说法，说桑突然深深地迷上了一个姓帕席罗的医生。虽然她否认这点，但德·缪塞的哥哥清楚地暗示，他弟弟阿尔弗雷德的病情日益严重的原因之一就是无意间看到桑和被叫来开药的年轻医生打情骂俏的场景。1896 年帕席罗医生在巴黎接受了《费加罗报》卡巴内斯的采访，以下是他所叙述的 1833 年发生的故事。这个故事可以解释这个"非同寻常的女人"后来对肖邦所做出的行为。

　　一天晚上，乔治·桑在写了 3 页充满诗性和灵感的散文后，拿了一个没写地址的信封，把诗意的表白置于其中，并把它交给帕席罗医生。他看到信上没有地址，所以并没有理解或是假装没有理解信是要给谁，便问乔治·桑要怎么处置这封信。她从他手中抢过信，在信封上写上，"致傻瓜帕席罗"。几天后，乔治·桑向德·缪塞坦诚说从此以后只能做朋友了。

　　德·缪塞于 1857 年去世，他死后桑以她的著作《她与他》在巴黎一鸣惊人。这本书显然是在回应《一个世纪儿的忏悔》，后者表达了德·缪塞对两人分手的看法，带有自贬的意味。诗人的哥哥保罗也整理了自己的回忆，发表了《他与她》，连路易莎·柯蕾也携着自己的垃圾小说《他》，大胆地参与到这场闹剧中。这场口水战的始作俑者却安静地生活在意大利小城镇贝卢诺。由于扮演了乔治·桑的约瑟夫的角色，朱塞佩·帕席罗医生将被载入所有的文学史之中。

现在，你该知道为什么我会相信乔治·桑厌倦了肖邦离他而去。引文中的"几天后"三个字提供了重要的线索。我把帕席罗的故事放在这里不仅因为这是件新鲜事儿，更是想提醒读者，乔治·桑在恋爱时总是扮演男性的角色。他把肖邦看作孩子，视如玩具，也把他当作文学作品中的现实人物参照——乔治·桑对待肖邦的这种态度让哈多很伤心！——在榨干了肖邦所有的感情后，乔治·桑抛弃了他。即使是在缓解自己对人心的渴望时，她也真实面对自己。别忘了这是一个用"心"和"母性情怀"抒写人生的女人。"如果我再也不相信任何眼泪，是因为我看到你哭了！"肖邦大声说道。乔治·桑是异常力量的产物。她自己首先就是个不寻常的个体。她的精神活动虽然没有在她的文学作品中树立固定的人物类型，却也十分不同寻常。她主导着肖邦，就如同她主导儒勒·桑多、铜板雕刻家卡拉马塔、德·缪塞、弗朗茨·李斯特、德拉克罗瓦、米歇尔·德·布尔——我并没有严格按照时间顺序排列——之后又是福楼拜。在这个被偏爱的女人的一生中最可爱的一件事是她年老时与古斯塔夫·福楼拜的风流韵事——纯粹的柏拉图式的恋爱。信件证明她到最后都是充满母性关怀的。

最近出版的奥诺雷·德·巴尔扎克所写的《给一个外国人的信》中对乔治·桑的评价是非常中肯的。1838年3月，汉斯卡夫人去诺昂拜访了乔治·桑，她说：见到她真是太好了，我们就桑多相互吐露了秘密。我曾指责她最后抛弃了他，现在对她却只剩下了深切的同情。当你了解我们是在和什么样的人交往时，也会这样同情我。桑多之于她是爱，之于我是友情。但她和德·缪塞有过更多不快。所以她远遁至此，谴责着婚姻和爱情，因为她发现这两者只是妄想。

当我告诉你她对这两个男人默默巨大的付出时，你就会同意，天使和魔鬼毫无共同之处。在拥有伟大而美丽的灵魂的人眼里，她所做的所有傻事儿都是荣耀的。她曾因多瓦尔、波卡基、拉梅内等人而为情所困，同样也为李斯特和阿古伯爵夫人而为情所惑。

所以，让我们不要像巴尔扎克一样有太多质疑，接受乔治·桑和肖邦持续到1847年的关系，并细细品味其曲折历程。

1837年，肖邦在一日场音乐剧上遇见乔治·桑。尼克斯已经否定了所有口头流传或印刷成文的浪漫故事。他通过法兰肖梅的口述得到以下事实。乔治·桑和肖邦格格不入，但她征服男性羞怯的能力如肖邦对键盘的驾驭能力一样有其独特的方式。不久，人们就看见他们在一起了，到处都是他们的身影。她不擅器乐，也不是一个受过训练的音乐家，但她对一切艺术形式都很欣赏，很包容。她不是一个美丽的女人，人黑黝黝的，体格也壮。但这就是她，爱德华·雷尼尔眼中的她：

> 她体型小而粗壮，但她的脸却吸引了我所有的注意力，特别是眼睛。虽然有些过于聚拢，却是双无与伦比的眼睛。饱满的眼睑下是深黑的大眼睛，却一点儿也不闪耀。它们让我想起了粗糙的大理石，或者更确切地说是天鹅绒。这让她的面容看起来怪异，沉闷而冷漠。她那美丽的眉毛和波澜不惊的双眸看起来充满力量和威仪。而下半部分脸庞却没有证

明这一点。她就有这样的气质。她的鼻子相当宽，稍稍有些不匀称。她下巴小小的，嘴巴也不精致。说起话来言简意赅，举止优雅。

她以她的霸气吸引了所有她遇见的人。李斯特曾一度为此着迷——有传言说肖邦嫉妒他。能够征服早年的弗朗茨·李斯特的女人一定是个女巫。李斯特自己也是个善变的人。

1838 年，桑的儿子莫里斯生病了，她提议去马略卡。肖邦一行于 11 月启程。在桑《我的一生》一书中，详细记叙了地中海之旅、抱恙的肖邦、恶劣的气候、所有不适，等等。这是一段令人煎熬的时间。桑说："肖邦是个可恨的病秧子。"所以他们 1839 年 6 月就回到了诺昂。他们花了几天感受 5 月的热那亚，但这也是肖邦到达过的最远的梦想之地了——他曾在一段时期里对意大利满怀热忱。桑在踏进 6 年前和前情人瑞秋来过的城市那一刻，真正地感受到了一丝女性的快感。

1839 年，肖邦的健康状况给他自己和朋友们拉响了警报。在马略卡岛和马赛时他曾病危。发热和剧烈咳嗽被证实是十年后置他于死地的疾病的可怕预兆。他被迫非常注意自己的生活习惯，多休息，少授课，少在私人或公共场合演奏，控制情绪。虽然桑从未停止把自己想象成一个充满爱心的姐姐、一个母亲和密友这般光辉动人的形象，但此时的她却开始冷淡肖邦。所有角色都融合为一个多愁善感的综合体。她一方面想着这个病秧子，但另一方面像她这么个身心活跃的人，一定会厌恶听命于一个喜怒无常的病人。她已经告诉我们肖邦在诺昂作曲这段时间里有关于他的一切。他怎么呻吟着作曲，不断重写然后又把草稿撕得粉碎。这让我想起另一个饱受文体摧残的人——古斯塔夫·福楼拜，40年以来他一直住在克鲁瓦塞特靠近鲁昂的一所房子里，一直走火入魔般地斟酌着语法和修饰语。肖邦是个神经紧张的急性子。他更特别的地方是可以承受无限的苦难。如巴尔扎克一样，他从来都不会满足于最后的"修改"。他收尾的地方必须达到预想的目标。

他这段时期的信件对研究肖邦的人来说颇具趣味，但信中大多数内容还是他向他的学生丰塔纳、古特曼等人提出的请求，比如要他们去跑出版商，帮他找新的公寓，给他买很多东西。和这个波兰小伙比起来，瓦格纳倒还没有像他那样纠缠威胁别人，肖邦简直连物质享受和生活必需品都要依赖他人。他污蔑朋友和资助人，例如莱奥家族和其他人等，这一切反映出他本性中缺乏真诚和坦率。如果有什么人惹到了他，他会毫不犹豫地把他们全叫作"猪"或"犹太人"。钱是肖邦在巴黎和马略卡岛时期书信的主题。桑是一个挥霍无度的人，肖邦不得不经常为她的挥霍买单。他一节课收20法郎。但他终究不是一台机器，一年里有4个月他的收入几乎为零。因此，他急着靠作曲尽可能多赚钱。天才们有时候在经济上是锱铢必较的，但这又有何不可呢？

1839年，肖邦遇见了莫谢莱斯[14]。他们 起出现在圣克卢，为王室演奏。肖邦得到了一樽金杯，莫谢莱斯得到了一个旅行箱。我们可爱的弗雷德里克幽默地说："国王给了他箱子是为了让他快点消失。"

1841 年和 1842 年有两场公开音乐会，第一场于 1841 年 4 月 26 日在普莱耶尔音乐厅举行，第二场于 1842 年 2 月 20 日在同一个大厅里举行。尼克斯为公众展现了一个引人入胜的章节来描绘肖邦的大体演奏风格，此后他还费了更多笔墨来赘述。从 1843 年至 1847 年，肖邦在诺昂授课、度假。这个迷人的度假胜地曾吸引李斯特、马修·阿诺德、德拉克罗瓦、查尔斯·罗利纳和其他许多人前来。那段时期的他明显是快乐的。他和这个波希米亚家庭里"淘气的孩子们"莫里斯和索朗在一起，一边作曲一边自娱自乐。据报道，在那段时期肖邦和李斯特一直友好竞争——两个钢琴家真的能友好吗？——李斯特曾模仿肖邦的风格演奏。有一次在黑暗中他们交换了座位，成功地愚弄了听众，不过李斯特矢口否认此事。还有一个故事是他们其中一个曾亲自修理钢琴踏板上的钎。李斯特对此同样一笑了之。他也回忆不起为在城堡露台上唱歌的维亚尔多－加西亚[15]伴奏的事情。加西亚也很快忘了这件事。罗利纳、德拉克罗瓦和桑写过很多有关诺昂及其上流社会的聚会往事。所以让我们不要试图抨击《肖邦传》中的一些细节了，这会让这个传说中的人物指着自己惨白的额头，难堪地咳嗽。我们应该向德·伦茨了解这一时期发生的事情；他会为故事的收尾增添一丝不真实感，但这或许正是我们需要的。

肖邦结识了巴黎的所有名流，可以自由进出最高端的沙龙。他的一些同行会毫不犹豫地把他形容为一个有些势利的人。因为在他生命的最后 10 年里，普通人很难见到他。但我们也要考虑到他孤僻的天性和多疑的斯拉夫气质，还有那纤弱的体格！只要有一个人斥责他的冷漠和自私，就会有十个人称赞他不变的友善、慷慨和宽容。一直以来他都是一个和蔼可亲、循循善诱的老师。一发现学生的天赋，他就兴趣倍增。你能够想象这位钢琴诗人给一帮无趣之人上课的情景吗！在一群魅力迷人的伯爵夫人的簇拥下，被致命的甜言蜜语和奢华围绕，在这样的地方肖邦更像他自己。他定期授课，看上去还挺喜欢这工作的。他对文学没什么品位。虽然除了波兰文字他几乎不看其他文字的书，却喜欢伏尔泰——他真的欣赏桑的小说吗？——当他被问及为何不写交响曲或歌剧时，他回答他专攻钢琴，坚持创作钢琴作品。他的法语带着波兰口音，还会说德语，但除了巴赫和莫扎特，他几乎不关注德国音乐。至于贝多芬，除了 c 小调和几首奏鸣曲，其他并不怎么合他的口味。他觉得舒伯特太粗糙，韦伯的钢琴作品太歌剧化，对舒曼则不予置评。他告诉海勒，《狂欢节》根本就不是音乐。这句乐评是一桩音乐轶事奇闻。

肖邦在与人闲聊、散布小道消息、模仿别人、搞各种小恶作剧的时候是很欢乐的。他会抛开一切做作，像瓦格纳一样倒立起来。也许这泄愤式的愉悦有些过于狂热。但不知为什么，这样的情绪比起《华沙赛迪斯》那种对于波兰曾经的辉煌与幸福而感到的忧伤和惋惜，反倒更符合人性，也接近永恒——而那份辉煌与幸福却已不在。肖邦不喜欢书信往来，宁愿走几英里路亲自去应答别人。他没有特别讨厌的人，因为他对所有人和政治事件都毫不关心——除非与波兰有关。从理论上说，肖邦讨厌犹太人和俄国人，实际上却与他们都有交往。和他的音乐一样，他徘徊在不可调和的逃避与肯定之中，永远无法在任何人那里或任何地方得到满足。他曾经这样形容自己："在世上，他就如同低音提琴的 E 弦。"这"与生俱来"的不满把他引入极端：他幻想朋友们冒犯他，因此而蔑视他们；对偶尔来拜访的艺术家们冷漠以待。他对李斯特产生怀疑，10 年来虽然从未与李斯特在公开场合吵过架，却也没有亲密无间。

肖邦和桑之间的裂痕明显扩大，终于在 1847 年变得不可调和，两人也在这一年永别。有一部文学作品根据这一题材问世。对此，肖邦寡言以对，桑却有许多话要说，肖邦的学生也同样喋喋不休。他们指责桑扼杀了他们的老师。这段关系必须破裂，这段友谊终将走向尽头。自由恋爱的动力还需要培植。我们当然知道：这样的两个人不可能完全融合到一起。当新鲜感消退，感情中占强势的一方——也就是爱得较少的一方——往往会跨出第一步。是乔治·桑主动追的肖邦。他不会有勇气也不会愿意先踏出第一步。

他们之间的感情破裂的最终原因乏趣可陈。尼克斯筛选了所有证据，呈现到由恶意中伤者所组成的法庭和陪审团面前。主要的争议来自桑之女索兰奇·桑和雕塑家克莱辛格的婚姻。桑并不反对他们在一起，但之后却又对克莱辛格的表现感到不满。她说："站在岳母角度看这个女婿，他既粗俗又暴力。"

肖邦在诺昂接待了这对年轻的夫妇，撞见这可怕的一幕后，他们分手了。这的确是一个很好的借口。这几年来，她已经对他感到厌倦了。这几年中他完成了他在世期间所有的艺术作品，除此之外也没什么好研究的了——大概可以由此绘出他的心理肖像——乔治女士把他甩了。至于那些出于母性的嫉妒心所引发的阴暗故事——肖邦对索兰奇的偏爱，门房的妻子造访肖邦向他抱怨她的女主人与她丈夫的不齿行径，我都不予置评。我觉得这是一段悲哀的恋情，毋庸置疑，这对肖邦纤弱的体质产生了影响，怎么不可能呢！

动物也会心碎而死。很有可能正如德·伦茨所说的那样，这个感情脆弱的波兰人在痛失爱情、家园和呵护之后，死于心碎。最近有流言说，桑嫉妒着肖邦的友情——这样想真是愚蠢。

英国戏剧评论家沃克利先生说他宁愿活在巴尔扎克时代的巴黎，他接下来以娱乐读者的口吻继续写道：

> 也许有人可以有机会透过乔治·桑纷繁复杂的恋情看到真实的她。至于我，和本丢·彼拉多相比，我更愿见到她。福楼拜、龚古尔兄弟戈蒂埃——这些和晚年的她有交往的人——给我们留下了大量史料，有关她年老时的古怪相貌，总是抽着烟的场景和在诺昂的古怪生活。但那时的她只是一座"死火山"；她完全爆发时一定更有趣。在她的早年生涯里——与德·缪塞和帕席罗交往时期——她在她的作品《她和他》中告诉了我们一些事情，在大约一年前发表于《巴黎杂志》的书信里有更多叙述。但是在我的记忆中，桑的过往中最令人神往的篇章还是肖邦这一章。这段恋情记叙了她之后 10 年间的事情，或粗略地说，记叙了她"40 多岁"的时光。她从自己的视角出发，在《卢克雷齐娅·弗洛利亚妮》（1847 年）一书中反映

了这段时期的一些事情。乔治·桑最臭名昭著的一点是她把自己的爱情复制进文学作品，无一例外。这位女士作品中所融合的激情与笔墨肯定是有史以来最对美食家味蕾的奇异混搭。

但这一笔却让这个老太太在后辈心目中有了一个不太公正的优势。在这件事上我们从她那边听了太多，特别是她和肖邦的关系。和德·缪塞在一起时，她不得不去考虑一个和自己同为作家的人。我们可以把德·缪塞的《一个世纪儿的忏悔》搬出来与她的《她和他》分庭抗礼。但可怜的肖邦，身为一个音乐人，并不擅长"复制"。她倾泻给他的情感，他只能通过音乐来释放，虽然听起来如此愉快，却很不幸地如同文学"资料"般含糊不清。人们是多么想全面、真实、详尽地了解他与乔治·桑在马略卡岛度过的六个月！皮埃尔·米勒刚刚在《蓝色杂志》发表了肖邦的一些书信（首次刊印似乎是在一家华沙报纸上）。这些书信让我们相信这位女子在感情中真的是充当着男性角色。

我们要理解的是，在这段感情关系中，哭泣、噘嘴、"作"的那个人是肖邦，而安慰、蔑视和保护另一半的人是乔治·桑。李斯特已经向我们展示了马略卡岛时期一件典型的逸事。从中我们可以读到乔治·桑精力旺盛、活力四射地在暴风雨中四处游荡，而肖邦总是待在家里，通过写前奏曲来发神经，宣泄他的焦虑（哦，是"艺术家的脾气"），然后精疲力竭地倒在安然归来的桑脚下。毫无疑问，桑受够了自身的阳刚之气，于是很快就对肖邦厌倦了。特别是当可怜的肖邦整天咳嗽、昏倒的时候，就更是意料之中了。但她并没有马上离开肖邦，而是还装作爱着他，虽然这种爱更偏向母亲对一个生病的孩子出于保护的怜爱。

发表的信件已经清晰地展现了很多内容，很多信都是发自诺昂，但是这些信本身读起来味同嚼蜡。肖邦擅长用钢琴键盘谱曲，但用笔墨他能做的很有限。也许他的情书都很呆板，而乔治·桑在情书方面是一个那么挑剔的评论家。她收到过许多情书，也写过许多！无论如何，肖邦并不像德·缪塞那样写那么多满腹牢骚苛责的话。他对桑的真实看法我们永远也不会知道——你可以觉得这和我们毫无关系。有一次她说出了一个事实（虽然对肖邦来说已经太晚了）："有太多事情只有恋爱双方才能评判。"

1848 年 2 月 16 日，肖邦在巴黎普莱耶尔音乐厅举行了他的最后一场音乐会，虽然抱恙，却还是出色地完成了演奏。奥斯卡·科梅唐特说他在艺术家休息室晕了过去。桑和肖邦在这之后仅见了一次面。她握着他"颤抖而冰冷"的手，他却不辞而别。1848 年 11 月 17 至 18 日他在伦敦给葛利兹马拉写了一封信，书信中说了桑的一些不是："我从未诅咒过任何人，但现在的我疲于奔命，真想诅咒卢克雷齐娅。但她也经受着磨难。她会越来越倍受煎熬，因为她越老越坏。索兰奇真可怜！天哪！这个世界是怎么回事！"我不知道哈多先生对肖邦这么看桑会怎么想！

"索兰"是索兰奇·桑，她因遭虐而被迫离开丈夫。她的母亲曾在诺昂抽了克莱辛格一个耳光，索兰也效仿桑做了同样的事情。为了解决这个问题，桑曾绝望地和她女儿吵了一架。那个"解放了的女人"的精力旺盛的后裔和那个意大利诗人的侄子阿尔菲里侯爵在文学上形成了统一战线。她办的沙龙和她妈妈一样时尚，但品味却趋向政治——革命性质的政治。她结交了甘贝塔、朱尔·费里、弗罗奎兹、丹纳、埃尔韦、《辩论》的评论家魏斯、亨利·富基埃和其他许多人。她有着"和她母亲一样弯弯的希伯来鼻子和乌黑的头发"。索兰奇在蒙特吉夫赖的城堡逝世，并于1899年3月20日葬在诺昂。同样是在诺昂，据我的线人说："她母亲死于过度吸烟。"她是个聪明的女人，写过《面具与小丑》。莫里斯·桑于1883年过世，而他的母亲乔治·桑则于1876年6月与她的异族祖先合葬。

在文学上，乔治·桑就像是女性版的让·雅克·卢梭，作品中充斥着难以消化、困惑、骚动的社会、政治、哲学和宗教猜测及理论。她描绘了风景如画的法国，流畅、流动而富有色彩。她笔下的大自然和乡村生活都欣欣向荣，但她笔下那些拜伦式的追求激情的女性又销迹何方了呢？莱利亚、印第安纳、鲁多尔施塔特她们去了哪里？

正如亨利·詹姆斯先生所说，桑并没有人物塑造方面的天赋。也正如福楼拜所写的："尽管你有着狮身人面像般的大眼睛，却一直在纸醉金迷中看这个世界。"她总是用模糊的笔调描写众多人物，比如《卢克雷齐娅·弗洛利亚妮》中的卡扎尔王子（无疑是以肖邦为原型的）就有些像是对现实生活中的人物的滑稽模仿，难怪当肖邦被乔治·桑的孩子们问"亲爱的肖邦先生，你有没有读过《卢克雷齐娅·弗洛利亚妮》？妈妈把你写了进去"时，他大为光火。

　　桑比任何人都更愿意把她朋友真实、富有同情心的一面展示给世界。她理解肖邦，却无力把他放在一本书中。如果福楼拜，或者最好是皮埃尔·洛蒂，可以和肖邦走得再近一些，我们应该可以拥有一本回忆录，其中记录着每一次情感的震颤，每一片阴影，所有一切都可以用精确的形容词、精美的短语来描述。

第三章

从英格兰、苏格兰到拉雪兹神父公墓

　　在余下的岁月里肖邦孑然一身。他的父亲于 1844 年死于心胸疾病，妹妹艾米丽亚死于痨病——这些都是厄运的前兆。不久后肖邦的朋友约翰·马突津斯基也逝世了。提达斯·沃伊奇夫乔斯基则远在自家的波兰庄园。肖邦只能与葛利兹马拉还有丰塔纳互诉衷肠；虽然肖邦对身为波兰人的葛利兹马拉和丰塔纳偏爱有加，但肖邦的外交天赋足以让人难以察觉这一点。法兰肖梅和古特曼曾在不同时期悄悄告诉尼克斯自己是肖邦的灵魂、肖邦的另一个自我。他对朋友们看似真诚却往往只是表面关心。在精神状况良好的时候，他有欺哄的一面，也有风骚、嬉皮笑脸的一面。这对他来说毫发无伤。比起对他人付出爱，他更多时候是在被爱中度过的。这是这个男人的另一个特质。再加上他挑剔，精神上很粗暴，所以真的很难去解读这个人。痛失挚爱乔治·桑让他的痛苦雪上加霜。1848 年 4 月 21 日，他第二次也是最后一次来伦敦时，我们发现他身体抱恙。

　　霍普金[1]先生是最了解肖邦此次造访英格兰详细情况的权

威人士。弗朗茨·许弗、班内特·约瑟夫和尼克斯都要好好感谢这位绅士。作为一位和蔼可亲又精通钢琴的作家，他为他们提供了大量史实。从这些史料中，对肖邦感兴趣的人可以知道很多。这段时期的故事并不是特别值得一提，主要内容是肖邦疾病缠身、满腹牢骚、阴郁悲沉，没有任何著名的艺术成就。

音乐界因为肖邦掀起了小小的波澜。针对肖邦的评论混杂着纯粹的恶意和愚蠢。肖邦对这些评论感到气愤，却因病得太重而无暇关注。他因一个晚宴错过了与麦克雷迪[2]的晚餐。在那里他本可以遇见萨克雷、柏辽兹、普罗克特太太和朱利叶斯笃先生。他曾和朱利叶斯笃一起在萨瑟兰公爵夫人府邸弹奏过莫扎特二重奏。至于他有没有在宫廷弹奏，我们从尼克斯那儿无从知悉，只有女王知道。他遇见了珍妮林德－施密特。如同所有幸会她的男人一样，肖邦也对她喜爱有加。在桑的事件上，她一如女人般站在了肖邦那边——这件事情的后续穿越海峡——1849年珍妮林德－施密特去巴黎拜访了他。肖邦分别于1848年6月23日和7月7日在阿得雷德·肯保家和法尔茅斯大人家举行了两场午后场的演出。这两场音乐会都大受追捧。维亚尔多－加西亚是音乐会的演唱嘉宾。作曲家肖邦的脸庞和轮廓在疾病侵蚀下日渐憔悴。所罗门先生也谈到了他"日渐纤弱的手指"。他赚到了对他来说至关重要的一笔钱，因为医药费和生活费已经耗尽了他的积蓄。有传言称他曾经想在伦敦安定下来，但是那里的气候对艺术家来说都是致命的，更别说音乐氛围了。就连像瓦格纳那样坚强的战士都败给了这两点。

1848 年 8 月，肖邦去了苏格兰，在他学生斯特林小姐的府上逗留。她的名字对肖邦的学生们来说很熟悉，因为作品第 55 号的两首夜曲都是献给她的。他险些沉溺于溺爱却又不断在溺爱中悲叹自己的存在。他在爱丁堡期间，住在一个叫雷斯欣斯基博士的波兰人家里。那时候的他太虚弱了，连上下楼梯都要人抬着。当医生的贤妻问他："乔治·桑是你的知己吗？"肖邦是这样回答的："并不是。"我们是不是该因他逃避恼人的过去而指责他呢？他承认由于过分瘦弱，桑曾把他叫作"我亲爱的僵尸先生"。这个故事很动人吧？毋庸置疑，斯特林小姐与肖邦陷入了热恋，恰尔托雷斯卡王妃还跟着肖邦去了苏格兰，看看他的健康状况有没有好转。所以他并没有完全被女人们抛弃——事实上他离不开她们的奉承和关心。可以很稳妥地说，对于肖邦来说，女人总是随叫随到。

8 月 28 日，他在曼彻斯特进行了演奏。但他在场的朋友奥斯本先生却说："我真的为他的演奏感到遗憾，因为他弹得太柔弱了，没有丝毫激情。"他回苏格兰后和萨利斯·舒瓦布夫妇待在一起。

卡斯伯特·哈登先生几年前在格拉斯哥《先驱报》上报道了肖邦 1848 年造访苏格兰的事情。这位音乐诗人虽然健康状况极差，却以特有的坚忍毅力完成了音乐会的演奏并拜访了他的仰慕者们。哈登先生在格拉斯哥《信使》的备份文件中发现了以下通知：

> 肖邦先生很荣幸地宣布他的日场音乐会将于 9 月 27 日周三在格拉斯哥招商大厅举行。音乐会将于 2 点半开始，票

数有限，每张价值半个畿尼，详情请咨询布坎南街42号的缪尔·伍德[3]先生。

他继续写道：

这场音乐会的净利润听说是60里弗尔——和后来的演奏家相比，这真是一个低得可笑的数字；不仅如此，更可笑的是，当我们回顾帕格尼尼16年前在格拉斯哥举行的两场音乐会后我们发现，那时候的净利润也有1400里弗尔。已逝的缪尔·伍德曾说过："虽然格拉斯哥对当时的我来说稍稍有些陌生，但人们却告诉我，从来没有那么多私人马车出现在城里的任何音乐会上。而事实上那些都是郡里的人，还有一些格拉斯哥上流社会的精英人物。音乐会在白天举行，市民们又很忙，半个畿尼对市民们的妻女来说也是一笔很大的数字。"

格拉斯哥已故的杰姆斯·海德维克博士[4]在回忆录中告诉我们，当时进入音乐厅的时候，整个场馆只坐了大约三分之一的人。很多明显是肖邦的朋友。海德维克博士一眼就认出这个"瘦小、纤弱的人，穿着浅灰色的西装和同样色调质地的长礼服。他在人群中走动，和不同的人群交谈着，时不时看看手表"。这块手表看上去"并不比市政议员食指上带的玛瑙石大"。他胡须稀少，一头金发，脸色苍白，面容消瘦，他的外表"有趣而引人注目"。"最后看了一眼他的小表后，他登上了舞台来到乐器旁，立马成为众目所归。"海德维克博士说那天他弹的只是会客厅里打发时间的音乐，虽然不时也会有充满力量的恢宏篇章，但多数是轻奏而不是强音。显而易见的是，肖邦已经出现了早衰的迹象。

目前可以肯定的是，1848 年观看了格拉斯哥的那场音乐会的人中只有两个人还活着。其中一人是朱利斯·塞利格曼，格拉斯哥音乐家协会的资深主席。在回应这个问题时，他写道：

> 音乐会之前几周，肖邦应一众朋友或学生的邀请住在附近的一些郡里。我觉得肖邦的一般事务是由他的学生简·斯特林小姐安排的，音乐会的特别事项由缪尔·伍德安排。我还清楚地记得他说过，从来没有安排过像这次一样这么困难的音乐会。肖邦不断改变主意。伍德只能几次去约翰斯通附近的米利肯公园的纳皮尔上将府拜访他。当召唤他回来作些改变的时候，他也很少回到格拉斯哥。音乐会在哈奇森街道的招商大厅举行，此处现在是县城大厅。大厅的上座率约为四分之三。
>
> 肖邦弹琴的间隙，有阿德拉西奥·德·玛格丽特女士献唱，她是伦敦一位著名的医生的女儿。缪尔先生为她伴奏。肖邦明显已经疾病缠身了。他的触键非常无力。然而音乐会结束时，他的演奏所展现的优雅和细腻深为观众所仰慕。力量的缺乏让他的演奏变得有些单一。我不记得整个节目单了，只记得他被要求加演著名的降 B 大调玛祖卡（作品第 7号第 1 首）。他重复弹奏了这首歌，在细节的处理上和第一

次大不相同。观众都是名媛贵族，其中大部分都是女士。阿盖尔公爵夫人和她的妹妹布兰太尔夫人出席了这次演出。

另一个可以告诉我们肖邦这一时期经历的人是乔治·罗素·亚历山大，他是邓禄普街皇家剧院老板的儿子。在给本书作者的一封信中，他特别提到肖邦僵尸般苍白的样貌。他说："我的情绪起伏如此巨大，有两三次都不得不离开包厢去恢复。我领略过乐坛所有最好、最著名的明星，却从来没有一个人能像肖邦那样给过我那么深的印象。"

肖邦于1848年10月4日在爱丁堡进行了演奏，拜访多地后于11月返回伦敦。我们曾听闻他在一场波兰舞会和音乐会上演奏，但并不成功。1849年1月他离开了英格兰并由衷地高兴。在去巴黎的途中他问道："你看见这块草坪上的牛了吗？""它们可比英国人聪明多了。"这种说法并不友好。肖邦对着方涅季维茨基说了这番评论。而方涅季维茨基把这番话全当胡说八道了。也许——他真的不喜欢英国和英国人。

现在要揭开肖邦一生最后的沉闷一幕了。肖邦的一生从来不是英雄式的，却在污秽庸俗的土壤中活出了他自己的光芒和自由。儒勒·亚宁说："他奄奄一息，却奇迹般地活了10年。"据我们所知，他的仆人丹尼尔总是要将他拖到床上。10年来，他病得如此之重，以至于没有人注意到他旧病复发了。他的死讯一开始为公众所怀疑。因为，正如史蒂芬·海勒所说，报道他死讯的新闻出现得太频繁了，所以当他真的逝世的时候，公众都对此表示怀疑。

1847 年，肖邦的双腿开始肿胀。马蒂亚斯这样形容他："看到他真令人痛心。这个人佝偻着背，低着头，筋疲力尽——虽然已经到了这步田地却依然和蔼可亲，异于凡人。"他的钱包瘪瘪的，房东只在这个心高气傲的男人面前说了他在夏洛特街实际房租价格的一半——俄国的奥布列斯科夫伯爵夫人支付了剩余的房租。斯特林小姐给他寄了两万五千法郎。这如同罗曼史一般，却真真切切地发生了。这个高贵善良的苏格兰女人通过肖邦的学生卢比奥夫人得知了肖邦的需要并捐助了这笔钱。装着这笔钱的包裹不知道是被肖邦住所的看门女人放错了地方还是丢了。她被指责私吞了包裹，但后来包裹却又被找到了。

肖邦有了这笔钱，未来有了保障，搬去了旺多姆广场 12 号并逝于斯。她的姐姐路易丝从波兰赶赴巴黎探访肖邦。10 月初，他已经不能自己坐起来了。古特曼、德尔菲娜·波多茨卡伯爵夫人、肖邦的姐姐以及加瓦尔小姐都一直和他在一起。屠格涅夫说，欧洲有五十来位伯爵夫人声称肖邦死在她们的怀抱里。而事实上，他是握着古特曼的手，把它放到嘴边，喃喃低语着"亲爱的朋友"与世长辞的。索兰奇·桑也陪伴在左右，她母亲却没有来。传闻说桑来过但没有被接纳。古特曼否认不让她来的说法。另一方面，如果她真的来了，肖邦的朋友们也会让她远离肖邦。肖邦死前两天告诉法兰肖梅："她曾经对我说，我只会死在她的怀抱里。"当然啦——除非她极其自私，事实上并非如此——乔治·桑在听到这段话的时候并非毫不动容，她落泪了，深感遗憾。啊！对于那些选择等待的人来说，一切都来得太迟了。

塔诺夫斯基回忆说，肖邦在弥留之际提出最后一个要求的时候神志完全清醒。他求姐姐把他所有不好的作品都烧掉。他说："我只发表好的作品，要不愧对公众，也愧对我自己。我一生都决志这么做，直到现在我也希望能够做到这一点。"这个愿望并没有得到尊重。在他死后被发表的大多是些有气无力的作品。

在对儿时好友杰洛维奇神父做完最后的忏悔后，肖邦于1849年10月17日凌晨3点到4点间逝世。加瓦尔小姐回忆说，当被问及有没有痛苦的感觉的时候，他留下了在世的最后一句话："很多。"至于前一天在病榻前动人又略微有些煽情的一幕——德尔菲娜·波多茨卡唱着斯特拉德拉[5]和莫扎特，又或是马切罗？——李斯特、卡拉索夫斯基、古特曼都不同意这一说法。

肖邦弥留之际最后几个小时的真实叙述第一次以英文呈现。这段话是由克雷格·休斯先生翻译的。李斯特1879年所写的一本著名的关于肖邦作品的第二版，提到了他和杰洛维奇神父关于肖邦逝世时的一段谈话；尼克斯的《肖邦传》中引用了神父书信中的一些话语。这些用法语写的信已被翻译发表在了《大众音乐报》上。这些信件来自玛丽·霍恩洛厄王妃，她的母亲卡罗琳·赛因·维特根斯坦王妃[6]是李斯特的遗产受赠人和遗嘱执行人，于1887年去世。

很多年以来（如资料记载），肖邦都奄奄一息危在旦夕。他虚弱无力的身体与他的天才之力极不相称。奇怪的是，在那么衰弱的状态下，他是怎么活下来的？有时还似乎力大无穷。他的体格十分纤弱，眼睛虽然总被乌云覆蔽，却时不时地会熠熠生辉。他温柔、善良，从不缺少幽默，浑身散发着魅力。他仿佛不属于人间，可不幸的是他还不想那么快去天堂。他有些不错的朋友，但更多的是糟糕的朋友。这些糟糕的朋友总是奉承他。那些人实质上都是他的敌人，尽是些没有原则、道德败坏的男女。即使他无与伦比的艺术成就比所有艺术家都微妙而励志，却也引起了他灵魂的征战，让他开始自省信仰和祷告。他最亲爱、最虔诚的母亲对他的谆谆教导成为他童年时期爱的回忆。在信仰方面，他也心存疑惑，只是宽容的内心自有的那份正派力量，使他没有纵情嘲笑挖苦圣灵和宗教慰藉。

就在这样的属灵光景里，肺部疾病忽至，不久后就把他带离了人世。我从罗马返回途中，知道他患了这个残酷的疾病。我忧心忡忡，急忙赶往他那里，再去看一眼我儿时的好友。他的灵魂比起他的才华更能与我亲近。我发现他没有瘦，因为他已经瘦得不能再瘦，而是更虚弱了。他日益无力，生命体征日渐衰落。他深情地抱着我，眼中噙着泪水，想到的不是他自己的痛苦，而是我的。他提到了我最近失去的可怜的朋友爱德华·沃特。你知道我是怎么失去他的（作为一个自由烈士，他于 1848 年 11 月 10 日在维也纳被枪杀）。

我借他情绪缓和之际，和他谈了谈灵魂的事情。我让他回忆了童年时的虔诚和他所挚爱的母亲。他说："好的。为了不冒犯我的母亲，我不能不行圣事就告别人世。但是作为我自己来说，我对这些事物的看法并不符合你们的期望。我所理解的忏悔所带来的祝福是缓解沉重内心的友谊之手，它的意义于我而言并不是圣事。如果你想让我忏悔，我已经做好准备。但这仅仅是因为我爱你，并不是因为我认为这是必要的。"这一堆反宗教的言论令我毛骨悚然，与此同时也让我更关心这个被拣选的灵魂，我最怕的就是被要求做他的告解对象。

这样的对话持续了几个月，这对于作为神父和挚友的我来说太痛苦了。然而，我紧握信念，上帝的恩典一定会胜过这个叛逆的灵魂，尽管我不知道要怎样才能取胜。在所有的努力后，祈祷成为我唯一的安慰。

10月12日的晚上，我和我退休的教友为肖邦心思意念的改变向上帝祈求。唯恐他活不过今晚，医师便召唤我过来。我连忙赶来。他紧紧地握住我的手，却叫我马上离开。虽然他向我保证他真的很爱我，却不想跟我说话。

你无法想象那个夜晚我是如何度过的！翌日，10月13日，是圣爱德华日，圣爱德华，我可怜的兄弟的保护者！我为他灵魂的安息做了弥撒并为肖邦的灵魂祷告了。"我的上帝，"我哭喊道，"如果我弟兄爱德华的灵魂蒙您悦纳，今天就把弗雷德里克的灵魂交给我。"

在双重打击下，我去了我们可怜的肖邦的忧居之所。我看到他在吃早饭，早餐和以往一样精致。当他邀请我共进早餐的时候，我说："我的朋友，今天是我可怜的弟兄的命名日[7]。"哦，我们不要说这个了！"他喊道。我继续说道："我最亲爱的朋友，你必须因着我弟兄的姓名日给我一件东西。""我要给你什么呢？""你的灵魂。""啊！我懂了。在这里，你拿去吧！"

说完这些话，一股难以言喻的愉悦和悲痛同时攫住了我。我应该对他说什么呢？我要怎么说才能恢复他的信仰呢？暂且不谈如何拯救，怎样才能留住这被爱着的灵魂呢？我应该要如何开始把它归回上帝？我自己猛地跪倒在地，整理思绪之后，我在心灵深处哭泣。"把它归回你自己，我的上帝！"

我把十字架拿给我们的病号，一言不发。束束神圣之光，圣火之焰，清晰地从钉在十字架上的救世主身上流过，霎时间照亮了灵魂，点燃了肖邦的内心。热泪从他的眼角喷涌而出。他的信仰又一次得到了救赎。带着难以言喻的狂热，他忏悔后领了圣餐。这份被祝福的圣餐充满了属天的侍奉，圣事满溢到这颗虔诚的灵魂，在这之后他要求终傅圣事，他希望可以阔气地给陪着我的教堂司事一笔钱。当我指出他给的比实际多了20倍，他回答说："不，我所得到的远远超过这笔数字。"

从这时起他成为一个圣人。之后他垂死挣扎了4天。即使饱经磨难忍耐，他也没有丧失对上帝的信心。忍耐、喜乐、自信一刻也没有离开过他，直到生命的终了。他真的很开心，也把高兴的心境告诉大家。在最痛苦的时候，他表达出来的只有欣喜若狂，上帝令人感动的爱，以及我将他归回上帝的感激之情，对世界的蔑视和世间美好的回顾，还有希望立即死去的想法。

他祝福了他的朋友们。最后一次性命垂危的那一天，他看到自己日日夜夜被整屋子的人包围着，便问我："他们为什么不祷告？"话音一落，所有人都跪地祈祷，连新教徒都加入了连祷，为垂死的人共同祈祷。

他日夜都握着我的手，不让我离开他。"不，到最后一刻都不要离开我。"他说道。他靠在我的胸口，如同在危难中靠在母亲怀里的小孩。

不久后他就开始呼求耶稣和玛丽亚，带着升上了天堂的狂热；不久后他在丰盛的信仰、盼望和爱中亲吻了十字架并留下了最令人动容的话语："我爱上帝，我爱人。虽然我即将离去却无比高兴。不要哭泣，姐姐。不要哭泣，朋友们。我很释然。我觉得我正要离去，再见了，为我祷告吧！"

被致命的抽搐耗尽气力后，他对医生说："让我走吧，不要让我再在这个世界上流浪了。让我死吧，我已经放弃了全世界归向上帝，上帝也悦纳了我的灵魂，你为何还要延长我的生命呢？上帝呼召我，你为什么还不让我走呢？"

有一次他还说："哦，可爱的科学只能把痛苦延长！它可以让我重新得力吗？让我有能力去做些有意义的事情，去做出一些牺牲吗——对所有爱我的人来说，我的生命只是不断在衰弱，只能在悲痛中逝世，延长这种生命又有什么意义——哦，可爱的科学！"

然后他又说:"你让我遭受无情的痛苦。人也许会误诊,但上帝却不会。我因上帝管教我的缘故赞颂他。哦,上帝在世管教我真是太安好了!上帝真的太好了!"

他说话一贯地优雅,用词一贯地精准。在生命的最后时刻对上帝表达了难以言尽的感谢。与此同时也为那些死前没有归向上帝的人扼腕叹息。他大声哭喊道:"如果没有你,我就如猪嚎叫,如此一生。"

垂死之际,他依旧呼喊着耶稣、玛丽亚、约瑟的名字,亲吻着十字架,紧握着它放到胸口,哭喊道:"现在我是有福的了!"

肖邦如斯死去,事实上,他的逝世是他一生中最美的乐章。

这位可敬的神父一定拥有惊人的记忆力。我希望他的说法是确切的。之所以把这个故事完整地展现给大家,是因为它是一个全新的故事。让我觉得最可信的一件事来自拉马拉——这是一个专门撰写音乐题材的作家的笔名——他把这些信件翻译成德文。所有人都同意,肖邦在弥留之际是安宁的。这确实是音乐家临终前的一段史实,另一段是有关莫扎特的。李斯特说,在盖满鲜花的棺材中,肖邦的脸庞显得如此俊俏、年轻。10 月 30 日,他被安葬在马德琳教堂,举行了和天才相称的葬礼。乐队奏响了亨利·雷伯改编成管弦乐的 b 小调葬礼进行曲。葬礼上,雷费比瑞-威利在风琴上演奏了 e 小调和 b 小调前奏曲。抬棺人都是些有声望的人,梅耶贝尔、德拉克罗瓦、普勒耶尔和法兰肖梅——至少泰奥菲尔·戈蒂耶[8]在他的期刊上是这么报道的。即使当肖邦已静静地躺在贝尔·拉雪兹公墓长眠，也没有任何两个人能够对有关他的事达成一致意见。肖邦的一大特点就是易惹争议，但他总是冷静地处于争议的核心。

素描肖像画家克维亚特科夫斯基[9]告诉尼克斯，肖邦被埋葬的时候穿着音乐会穿的晚礼服，但这却不是他自己要求的。波兰习俗里有让死者选择他们葬礼时的穿着。龙勃罗梭[10]写道，肖邦"在遗嘱中指示过，他在被安葬的时候应该佩戴白色的领带，穿一双小鞋和短马裤"，龙勃罗梭援引这句话来证明他已经精神错乱了。他进一步写道："他抛弃了他深爱的女人，仅仅因为她在邀请自己入座之前也邀请了别人。"关于桑的这个故事让我们看到肖邦的精神问题已经严重到了病态的程度。这件事和另一件胡闹的事（遗嘱中指示的那件事）一样荒谬。

第四章

艺术家

　　肖邦是个性情温和、有说服力的人，不像李斯特那样锋芒毕露，引人注目。作为一个年轻人，他的鼻子长得过于突兀了，嘴唇纤薄，下唇突出。之后，莫谢莱斯还说他人如其乐，精致、高贵、整体和谐，令人一听倾心。"他身材纤细，中等身高；四肢纤弱却异常灵活，双手娇嫩，双脚小巧；头部线条柔和，呈椭圆形；肤色苍白而干净；丝绸般的浅栗色长发垂在一边，嫩棕色的眼睛看上去聪敏而机灵，一点儿也不梦幻迷离。鼻梁细弯高挺，笑容甜美含蓄，姿态优美多变。"这番精准的描述来自尼克斯。李斯特说他的眼眸是蓝色的，但这样的说法却被驳回。肖邦喜欢优雅昂贵的服装，十分注重细节。这在他对饰钉、手杖和领结的选择搭配上体现得淋漓尽致。他虽不是我们书上所读到的那个理想中的音乐家，却也算得上是个绅士。柏辽兹让勒古韦去见见肖邦，"因为他是你见所未见——一世难忘的人"，个性如同兰花一般。

　　除了儒雅以外，他还是一个守时、严谨的人。时常混迹于时尚圈，与生俱来的举止便愈发高贵。他是个贵族——除此之外没有其他词能形容他——他也不在乎是不是能够和其他音乐家们打成一片。也许是性格拘谨刻薄的缘故，他并没有大受欢迎。只有在教书的时候，他的态度才会热情起来。这时他身上艺术家最认真的一面才会展现出来。他会滔滔不绝，弃绝虚伪的客套。他的学生们崇拜他，至少课堂气氛是团结友爱的。德·伦茨是对肖邦最吹毛求疵的评论者，而且他并不喜欢肖邦。肖邦也不喜欢德·伦茨，因为这个波兰人怀疑他的学生是由李斯特派来窥探他音乐理论的人。以上这些是我在巴黎听到的。

肖邦是一个了不起的老师。他只教过一个天才，那就是小菲尔茨[1]。李斯特曾这么说这个匈牙利小伙子："他一弹钢琴，我就该打烊了。"这个小伙子死于1845年，年仅15岁。同年死的保罗·甘斯柏格也十分有天赋。在俏皮地演奏完肖邦e小调协奏曲后，菲尔茨被肖邦带到了音乐商店。肖邦送给了他贝多芬的乐谱《费德里奥》。这位年轻小伙子的才华给他留下了巨大的影响。林赛·斯洛泼和布林利·理查兹[2]曾经跟随肖邦学习过。卡罗琳·哈特曼、古特曼、利斯伯格、乔治·马蒂亚斯、欧米拉小姐，还有包括德尔菲娜·波多茨卡在内的许多有身份的波兰女士都跟随肖邦学习过，此外还有施特莱歇尔夫人、卡尔·米库利[3]、卢比奥夫人、佩鲁齐夫人、托马斯·泰勒弗森[4]、卡西米尔·韦尼克、古斯塔夫·舒曼、沃纳·斯泰因·布雷彻和其他许多人成了优秀的钢琴家。美国钢琴家路易斯·莫罗·戈特沙尔克[5]曾是他的学生吗？他的朋友说是的，但尼克斯却没有提到他。恩斯特·保尔[6]对此说法表示怀疑。我们知道戈特沙尔克曾在巴黎师从卡米尔·斯塔马蒂并于 1847 年在巴黎首次登台。就在肖邦死前不久，他对音乐的兴趣大大减弱。毫无疑问，戈特沙尔克为肖邦而弹，因为他是第一个把这个波兰人的音乐带到美国的人。

肖邦对触键十分讲究。有人演奏克莱门蒂[7]《前奏曲》的时候他突然对着粗糙的触键惊呼道："那是狗在狂吠吗？"他从 E 大调开始教授音阶的断奏和连奏。延展、轻松自如、优雅是他的演奏目标。僵硬、生硬的触键会惹恼他。他演奏克莱门蒂、莫谢莱斯和巴赫。音乐会开始前，他把自己关起来，不是练习肖邦，而是练习巴赫，一直如此。手指的绝对独立性，触键的鉴别和音色都可以通过练习巴赫的前奏曲与赋格来获得。肖邦开创了一个技法，却从来没有完成它。他去世后，他的妹妹把这个技法献给了恰尔托雷斯卡王妃。而这仅仅是一个片段。雅诺塔翻译了这个片段。其中值得引用的一点是：

> 从时间上来看，当演奏速度飞快且均匀的时候，没有人会注意到一组音阶中的音符力量上的不平衡。在一个好的演奏机制中，演奏并不需要追求力量上的均衡，而是要追求触键的优美和晕染的完美。在很长一段时间里，演奏者常常错误地违背自然规律，追求每根手指都力量均衡。而事实却恰恰相反，每根手指被赋予的力量应该是不同的。大拇指作为最厚实最自由的手指应该是最有力的。然后是小指，手掌的另一个极端。中指是整个手掌的主要支撑点，由食指辅助。最后是无名指，手指力量最弱的一根手指。对于中指的连体

兄弟无名指，一些演奏者试图用尽气力去保持无名指的独立性。这是不可能做到的事情，而且也没有必要那么做。音质有很多种，如同手指各异。重要的是利用好这些差异；这换句话说就是指法的艺术。

这些话对我来说好像是老师所讲过的最实际的真理。钢琴家花几千小时努力征服手指肌肉的局限，肖邦却自己看到了事实的真相，认为这是在浪费时间和力气。我会向他人推荐他对于手指的建议。他总是讲究指法，但是他的创新却震惊了纯粹主义者。他的格言是"照你的感觉去弹"。对初学者来说，这个概念有些危言耸听。他布置莫扎特、斯卡拉蒂、菲尔德、杜塞克、胡梅尔、贝多芬、门德尔松、韦伯和希勒的协奏曲和奏鸣曲给他的学生——都是精心按难度等级编排的，还有舒伯特的一些四手连弹和舞曲。他不喜欢李斯特的作品，这当然啦，因为那个时期的李斯特只写一些华丽的改编曲。李斯特晚期的作品却大为不同。至于肖邦对于踏板运用方面的天才，他对于踏板在相关弦共鸣，也就是泛音方面能力的运用，我之后会再加引述。鲁宾斯坦是这么评述的：

> 肖邦是钢琴诗人，是钢琴狂想家，是钢琴的头脑，钢琴的灵魂。悲剧的，浪漫的，抒情的，英雄的，戏剧性的，奇妙的，深情的，甜蜜的，梦幻的，辉煌的，宏大的，简单的，在他的作品中能找到所有的感情色彩，他在自己的乐器上唱尽了一切。

肖邦逝世仅 50 载，却轻而易举地驰名了半个世纪，还将获得我们重孙辈的深爱。每一架钢琴都离不开那构成他名字的 6 个字母。肖邦和现代钢琴演奏是不可分割的。随意预言两者何时会决裂对我们来说是一种负担。只有肖邦才能最好地解读自己。紧随他而来的是下一个时代的李斯特、陶西格和鲁宾斯坦等其他音乐巨匠。

虽然肖邦并没有李斯特那么多可塑性强的学生，他还是培养了一些优秀的钢琴艺术家。他们都曾经拥有，或者说正拥有着肖邦的传统——英勇就义。但没有人敢说肖邦的传统到底是什么。当我最后一次听到安东·鲁宾斯坦演奏的时候——他独具一格地演奏了肖邦——我永远不会忘记他所弹奏的《叙事曲》，升 f 小调和降 A 大调的两首波兰舞曲，降 b 小调前奏曲，a 小调《冬风》，两首 c 小调练习曲，以及 f 小调幻想曲。但是当鲁宾斯坦举行"历史之旅"演奏会时，肖邦的学生们齐聚巴黎众议纷纷，拒绝接受他所诠释的肖邦。他的触键过于丰富饱满，音调太响。

肖邦并不介意李斯特如何解读他的音乐，但是当他听到李斯特狂轰滥炸地弹奏他的《英雄波兰舞曲》时却不禁颤抖起来。我怀疑连卡尔·陶西格这样无可挑剔的艺术家、无与伦比的肖邦演奏家都难以取悦肖邦。肖邦在情绪的触动下演奏，听众们能够从他的演奏中感觉到（他的）绝望和愉悦。在弹奏《船歌》的乐章结尾部分时，鲁宾斯坦的演奏是如此完美，可是查尔斯·哈勒[8]爵士却说，这样弹很"聪明，却不是肖邦风格"。不过哈勒在 1848 年 2 月听过肖邦的最后一场音乐会，肖邦本人在弹奏《船歌》两个强奏乐章时，"弹得极弱，用到了各种力度技巧"。正如鲁宾斯坦所做到的，他的弱音如同耳边絮语。

冯·彪罗虽然在理性层面欣赏肖邦，但在展现诗意的时候却过于严苛；他的触键并没有那么优美。在看过了李斯特的气势磅礴，鲁宾斯坦的天才激情，陶西格聚集全力的宏大情操，埃西波娃的销魂妩媚，帕德雷夫斯基的诗意，德·帕赫曼的梦幻，约瑟菲的微妙和罗森塔尔[9]的非凡之后，才发现斯拉夫和马扎尔民族是唯一能够真正诠释肖邦的民族。

弗雷德里克·弗朗索瓦·肖邦是世界著名的钢琴家。他的演奏如作曲一样独树一格。所有证词都强调这一点。珍珠般的音阶，丰富、甜蜜、轻盈、富有歌唱性的触键和无懈可击的技巧构成了肖邦作为钢琴家的部分条件。他灵性化了乐器的音色，把它们改成和原本相去甚远的怪异音色。他的弱音如耳边絮语般迷人。他的强音通过对比无限放大，层次丰富，力度多变。他的演奏如梦似幻，和声通透，音调如小溪般流淌，还有他对踏板的运用——所有这一切都是这个天才一生的成就；他把引人入胜的人性注入他的触键，让听众体验到近乎超自然的愉悦。音乐界所有重要人物，无论是从专业的角度还是个人的角度都是这么解读的。

在他的演奏中一定有某种催眠的属性，只要这位诗人愿意，就可以带听众梦游到任何地方。这些故事的确是有些过激，掺杂了太多夸张理想化的元素。闪耀着水晶般光泽的珍珠落在滚烫的红毯上——斯库多有这么写过李斯特吗？——数不尽的微妙细节，互相交织着的银铃般的声音——这已经是在用最贫瘠的语言来形容了。难道不是海涅把"塔尔贝格比作国王，李斯特比作先知，肖邦比作诗人，赫尔茨[10]比作倡导者，卡克布兰纳比作游吟诗人，普莱耶尔夫人比作女巫，杜勒[11]比作——钢琴家"的吗？肖邦弹奏时清澈、平滑和安逸的感觉都是物质层面上的。

诗意的忧郁、辉煌，让人渐入佳境的感觉比感性的甜蜜更显而易见。在沙龙弹奏的肖邦是优雅、明亮而妖娆的。但他也有不顺利的时候，比如键盘太小，难以倾吐他的想法。然后他一震琴弦，便刺激到了他的听众。这种情况比较罕见。他的多愁善感在他无尽的渲染和复杂多变的节奏中得以体现。琴弦随着这些无名、新奇的效果震动着，如同帕格尼尼手中的小提琴。这令人陶醉。他被叫作空气般的精灵，钢琴界的水精灵。他的音乐中有些无可估量的、流动的、朦胧的、稍纵即逝的东西，分析不出来，评论家中也只有那些头脑清晰的人才能发现。他音乐中这种新奇的东西让人们把他归为"天赋异禀的业余人士"。直到今天他也被很多音乐家视为熟练的钢琴乐章和音型发明者，而不是他的真实身份——自巴赫以来最敢于尝试的和声学者。

肖邦的手充满弹性，小巧而纤细，关节不明显的手指可以轻松跨过十度音。看看他写的第一首练习曲就可以证明这一点了。他的手腕非常柔软。史蒂芬·海勒说："看到肖邦的大手伸展开覆盖到键盘的三分之一，真是太奇妙了。就像张开大口要吞掉整个兔子的蛇一样。"他无比轻松地演奏了降A大调波兰舞曲中的八度音，却是以极弱的力度。当罗森塔尔狂轰滥炸般地弹奏这首波兰舞曲的这一特定段落的时候，肖邦的"传统"又去了哪里呢？

有关卡尔·陶西格的演奏，魏茨曼是这么评价的："他把肖邦浪漫多情的一面从悲观厌世中解放出来，并用充沛的原创力量和丰富的想象力来演绎肖邦。"乐坛曾经出现过很多肖邦音乐钢琴家。他们的演奏风格虽然不尽相同，但只要音乐富有诗意，合乎逻辑，个性真挚，这些风格就都无可非议。我会在《玛祖卡》一章中详细论述他作品中的弹性速度，并试着给他的作品和演奏中的"zal"品质下一个定义。

肖邦身体强健时，用普莱耶尔钢琴；体弱多病时，用埃拉尔德钢琴——李斯特是这么说的！他说自己喜欢埃拉尔德钢琴却又真的很偏爱布莱耶尔含蓄响亮的音质。如果用现代大钢琴演奏的话，还有什么是他做不到的？在布莱耶尔家的陈列室中收藏了一架肖邦使用过的钢琴，它内盖上钉着的铜牌说明肖邦曾在这架钢琴上创作出了前奏曲、g 小调夜曲、葬礼进行曲、"三首新练习曲"、a 小调玛祖卡、《塔兰泰拉》、f 小调幻想曲和 b 小调谐谑曲。就音色和机能来说，钢琴还保养得很好。

卡尔·米库利曾断言，肖邦呈现出了一种"宏大的"歌唱般的声音。他的音调并不小声，但又不是现代交响乐的那种声响。这真是神奇啊，他到底是怎样用 19 世纪上半叶制造的法国钢琴通过微弱的动作和音调来实现如此宏大的声响的？毕竟肖邦一直所寻求的不是数量，而是质量。他的每一根手指弹奏的都是精巧而不同的声音，这 10 种声音可以同时如晨星般歌唱。

鲁宾斯坦说肖邦作品曲谱中所有的踏板记号都是错的。我怀疑没有哪个版本中的踏板是完全正确的，因为这牵扯到演奏过程中的个人权衡问题。除了踏板运用的一些基本规则外，不应该对一些音色变化上的细微差别问题设定教学规则。

肖邦的肖像画之间也存在很大的差别。有阿里·谢弗版的，有马蒂亚斯所称赞的维内隆版，有保维尔铜像版，有杜瓦尔画像版，还有克维亚特科夫斯基头像版。德拉克罗瓦大胆尝试了在油画中凝固肖邦稍纵即逝的表情。此外，费利克斯·巴里亚斯、弗朗兹·温特哈尔特和阿尔伯特·格拉斐的尝试也或多或少有些成功。

安东尼·科尔伯格在 1848 年到 1849 年间给肖邦画了肖像。克莱钦斯基复制了此件作品。画中的肖邦表情沉稳。我在拉雪兹神父公墓看过的克莱辛格的肖邦头像平庸而死气沉沉。在尼克斯的《肖邦传》卷一中有一幅克维亚特科夫斯基的蚀刻版画，这幅画在一定程度上捕捉到了肖邦的精神面貌。哈多先生版本中的温特哈尔特所画的肖邦素描太希伯来化了。格拉斐笔下的肖邦则过于死气沉沉，画中的肖邦简直就像个死人，只有那鹰钩鼻十分显眼。在 1899 年 10 月波兰华沙的《音乐回声》中用波兰语写的标题"10 月 17 日"——列印了一张作曲家十七岁时的肖像。这是一个深沉、诗意，却不帅气的小伙子。他的头发掠过漂亮的额头，一张小巧而略显女气的嘴，大鹰钩鼻，鼻孔仿佛是经过精巧切割过的一般。在他纤细的脖子边围着拜伦式的衣领。总之这是一幅让人耳目一新的肖像。如同令人满意的肖邦解读一样，令人满意的肖邦肖像也十分罕见。

由于我在确认德尔菲娜·波多茨卡伯爵夫人的身份时经历了一些困难，1899 年我向纽约州布法罗市的一位钢琴家雅罗斯瓦夫·杰林斯基寻求了帮助。他在波兰及俄国音乐与音乐家的研究方面是权威。以下是他亲口述说的事实：

> 1830 年，3 个美丽的波兰妇女来尼斯过冬；她们是富有的波托茨基伯爵的业务经理科马尔伯爵的女儿。她们都很有才学；她们能讲欧洲一半的语言，能歌善画。只需要一些钱就能让她们成为上流社会的明星；她们很快就有了钱，有了钱地位也就提升了。她们的优雅举止和可爱赢得了当时最显赫的3 位贵族的心。玛丽嫁给了博沃－克莱永亲王，德尔菲娜成为波多茨卡伯爵夫人，纳塔莉成为梅迪奇·斯巴达侯爵夫人。最后一位姑娘不幸英年早逝，丧生于霍乱肆虐的罗马。幸存的两姐妹去了巴黎生活，因优雅驰名。她们豪华的"酒店"和宫殿对那个时代最顶尖的天才们开放。因此肖邦来到了这些地方。他不仅因为自身的才华而受到礼遇，还收获了姐妹亲情般的友谊，这也成为他一生最大的慰藉。他曾将著名的作品第 44 号升 f 小调波兰舞曲献给了和蔼可亲的博沃王妃。其曲风辉煌炫技，是为力量一流的钢琴家们而写的。他向德尔菲娜·波多茨卡伯爵夫人献上了自己最美的华尔兹，作品第 64 号第 1 首。约瑟菲曾把它巧妙地改编为一首三度练习曲。

因此，收藏在柏林画廊中的格雷芬·波多茨卡肖像画并不是肖邦的那位忠诚的朋友。

这里是关于塔诺夫斯基伯爵的另一个故事，是一段关于波多茨卡的小插曲。"肖邦喜欢并且知道怎么用钢琴表达个性。正如以前大家都知道有一种用所谓的"肖像"来描述性格和个性的做法，这给了聪明人展现他们识人技巧和敏锐观察力的机会；所以肖邦一直自娱自乐地弹奏这些音乐肖像。他不说脑海中想的是谁，只用琴声勾勒出一些或几个在场的人的特点。他描述得如此清晰、如此精巧，常常令听众一听即中，与此同时也深深钦佩他描绘得如此之像。有一则逸事可以让我们看到肖邦机智和插科打诨的一面：

在 1835 年肖邦最辉煌最受欢迎的时候，有一次他在某个波兰沙龙弹奏了他的音乐肖像。那家主人有 3 个掌上明珠。在即兴创作了几首音乐肖像后，其中一位太太德尔菲娜·波多茨卡也想要一首自己的。肖邦把她肩头的披巾扯下扔到键盘上然后开始弹奏。这说明了两点：首先，他太了解这位闪耀驰名的时尚皇后的性格了，就算在黑暗中他也能从心里描绘出她；其次，这性格和灵魂是隐藏在优雅世俗生活的习惯和装饰之下的。透过那个时期优雅和时尚的标志——披巾，钢琴的声音得以展现。

肖邦只用了诸如叙事曲、谐谑曲、练习曲、前奏曲等笼统的标题标注他的作品，这反而更容易让人感受他的音乐：不对听众的情绪设限，音乐可以不经任何文字雕琢发挥出它特别的魅力，即使是对那些想象力匮乏的人也是这样。尼克斯博士给出了喜欢发明创造的出版商对肖邦的一些作品毫无幽默感的画蛇添足：

作品第 1 号回旋曲被命名为《再见华沙》；作品第 2 号变

奏曲被命名为《向莫扎特致敬》；作品第 3 号，为大提琴和钢琴而作的引子与华丽的波兰舞曲被命名为《欢乐》；作品第 5 号玛祖卡风格回旋曲被命名为《波西阿娜》——这是什么名字啊！作品第 9 号夜曲被命名为《塞纳河之低吟》；作品第 15 号夜曲被命名为《西风》；作品第 18 号圆舞曲被命名为《邀请圆舞曲》；作品第 19 号波莱罗舞曲——一首听上去很波兰的舞曲——被命名为《安达卢西亚回忆》；作品第 20 号第一谐谑曲被命名为《地狱之宴》——这名字起得真不恰当！g 小调叙事曲被命名为《无词叙事曲》——这些名字法语、德语混杂，极不靠谱！作品第 27 号夜曲被命名为《哀怨》；降 b 小调第二谐谑曲被命名为《冥想》——这可不是冥想！作品第 32 号夜曲被命名为《悲伤与安慰》；作品第 37 号夜曲被命名为《叹息》；作品第 40 号波兰舞曲被命名为《挚爱》，这组作品中的 c 小调波兰舞曲无论是从前还是现在都不是最受欢迎的。玛祖卡舞曲则统称为《波兰回忆》。

1899 年 10 月 17 日，在纪念肖邦逝世 50 周年之时，一枚奖章在华沙落成，其中一面是经艺术锻造的波兰作曲家肖邦的肖像。反面的设计是由月桂枝包围的七弦琴。其上刻有降 A 大调玛祖卡开头的几个小节，在空白处还刻有这位伟大的作曲家的名字以及出生和死亡日期。帕德雷夫斯基正在领导一个把钢琴家的骨灰从巴黎迁到华沙的运动，但不太可能成功。失去这么一位天才的骨灰，巴黎方面肯定会反对。

　　肖邦在平行声学方面并没有瓦格纳那么具体生动，也没有那么戏剧化。但是，不需要太多想象力就可以在"英雄"波兰舞曲或升 F 大调即兴曲中感受到"三次征服的鼓声和践踏"。《摇篮曲》和《船歌》的节奏已经蕴含足够的暗示了，如果你愿意展开遐想，还能在他的华彩乐段听到露珠，在最后一首 a 小调练习曲听到风的呼啸声。关于降 a 小调练习曲，肖邦曾说过："想象一个小牧童在一个静谧的洞穴中躲避即将到来的风暴。风和雨在远处奔涌，而牧羊人则轻轻地吹着他的长笛。"这是克莱钦斯基引述的。下一首 f 小调练习曲中可以听到喃喃低语。在圆舞曲、玛祖卡、波兰舞曲、小步舞曲、波莱罗、苏格兰慢步圆舞曲、勇士舞和塔兰泰拉——所有这些曲子中，舞蹈元素都有令人钦佩的展现。《葬礼进行曲》的钟声，降 b 小调奏鸣曲最后一个乐章的鬼火，纤巧的作品第 25 号降 G 大调"蝴蝶"练习曲，作品第 10 号降 E 大调练习曲的风尘沙沙，作品第 25 号 F 大调练习曲中细微的、欢跃的银铃般的马蹄声，闪烁的火焰般的作品第 10 号第 7 首 C 大调练习曲，降 D 大调圆舞曲中的旋转和降 e 小调戏谑曲中暴风席卷般的双音半音阶——这些声音不是习得模仿而是对原生自然现象自发地移调到一个理想的层面上。

　　肖邦的华彩和装饰音体系——如果真的把它当作一个体系的话——或许起源于东方。克莱比尔在他的《民俗音乐研究》中引述了这样一种描述："一种叫作'阿拉普'的狂放的装饰音。音乐在几个随意处理的乐段后又重新优雅地回到主旋律，就像从来没有被打乱过，伴奏一直按照拍子。这些段落对整首歌曲并不是至关重要的，而是歌手根据自己的喜好引入的花音，在这种情况下演奏者受到的限制仅仅是特定的旋律所对应的一些特定的音符，并且要严格按照拍子。"

虽然肖邦挖掘了钢琴的可能性，却没有自成一派。不论是弹奏还是作曲，我们只能在大方向上效仿他的发明成果，因为肖邦代表的是一种风格，而不是方法。有很多人效仿他：李斯特、鲁宾斯坦、米库利、萨兰博斯基、诺瓦科夫斯基、哈维尔·沙尔文卡[12]、圣-桑、朔尔茨、海勒、尼科德[13]、莫里茨、莫什科夫斯基、帕德雷夫斯基、史托霍夫斯基、阿连斯基、莱谢蒂茨基、维尼亚夫斯基[14]两兄弟，还有一群更年轻的俄国钢琴家，如李亚道夫、斯克里亚宾等。甚至是勃拉姆斯，在他的升F大调奏鸣曲和降e小调谐谑曲中也有肖邦的影响。事实上，如果没有肖邦，很多现代音乐也就不存在了。

但世界上并不存在一个真正的"肖邦流派"。汉塞尔特只是一个睡着后梦见肖邦的德国人。他在塔尔贝格风格的和谐悦耳之中加入了肖邦似的技术音型和日耳曼精神的感伤情怀。鲁宾斯坦称肖邦是艺术界第三纪元的新鲜力量。他当然是其中之一。肖邦音乐的节奏冲击力和形式感都不太强，容易沦为过度渲染的印象派。他那个时候的法国钢琴学派即使到了今天也完全沉溺于冷冷的装饰，感情色彩淡淡的点缀。他有自己的独特风格——伟大的艺术家难道不都是这样——但是他内在的希腊精神，如同海涅一样，使他免于无形。他很少描绘风景，却能在必要时用笔刷灵动地描绘出大自然。他用精湛的技法描绘出黄昏时的野外风景。他在描述超自然现象方面有特殊技能，可以对你的神经耍神奇的把戏。不要忘了在肖邦的早年时期，流行的是拜伦式的姿势和浮夸恐怖的风格——有安格尔和德拉克罗瓦的画作为证——希特尔在泪水和月光的浸润下用心写下了这一幕。肖邦并没有完全摆脱他那一代的艺术恶习。作为一个人，他有些装腔作势——他把有小胡须的一侧脸转向他的观众，满是纨绔子弟的气息——但他却一直憎恶伪艺术。他是真诚的，当门德尔松、舒曼、柏辽兹或多或少黯淡了的时候，他的存在是证明他活力的有力证据。在之后的钢琴流派，戏剧和管弦乐作曲家中我们看到了他调性试验的成果。我不知道是不是肖邦推动了新的等音音阶，即"同音音阶"的发展和应用。贝尔莎声称这就是音乐的未来。他写道：

> 在大小调式的边界，旋律被来自奇幻天际的黄昏之光涵虚混太清般照亮，仿佛带着阴森的转调从地球深处升起，在等音音阶密密麻麻的音级上游走自如。或轻快，或缓慢，旋律中总有宿命论者发出的天意难违的哀叹，因为算法先于旋律，而且旋律中仍然留存着高傲刚性的感觉。忧郁或热情，旋律保留了返璞归真的线条，虽然这些旋律线是人工雕琢出来的，却恪守同音的规则。

但这一切要留给未来了，当平键盘被杨科发明的多组键盘所取代，当人们开始使用克莱比尔先生的东方斯洛提斯（一种乐器），当阿普索普先生完全没有调性的无调序列被发明出来后，也许还会诞生一个新的肖邦，但是我对此表示怀疑。

　　除了肖邦在钢琴上惯用的手法之外，我们也需要注意桑塔格和帕格尼尼对肖邦的影响，在他们的影响下，肖邦在键盘上模拟了人声和小提琴。他的抒情是充满人情味儿的抒情，而他的滑音、滑奏、颤音和难以言喻的微妙回音——难道不是在模仿小提琴吗？瓦格纳曾对丹路瑟先生说（参见芬克的《瓦格纳和他的作品》）："莫扎特的音乐和管弦乐真是完美的搭配啊，同样完美的平衡也存在于帕勒斯特利纳的合唱和对位作品之间，而我在肖邦钢琴作品中的练习曲和前奏曲中也找到了类似的对应——我并不关心肖邦献给女士们的那些作品，那里面巴黎沙龙的元素太多了，但肖邦却给了我们更多超越沙龙的东西。"

　　后一说法有些居高临下之意。然而我们可以回想一下肖邦对舒曼的淡然贬损。英国评论家约翰·朗西曼先生曾断言："肖邦的心思都花在了钢琴上，所以当我们听到肖邦的管弦乐作品或是瓦格纳的钢琴作品时，我们会意识到他们都不是在耍自己的绝手好戏——我的意思是，他们与生俱来的用乐器表达自己的能力。"说到《肖邦与病人》这篇文章，朗西曼先生的评述是最切中要害的：

　　　　这些佝偻病患者和体弱多病者却为我们创造了本世纪最美妙的音乐。舒伯特是这些人之中最伟大的，肖邦也很接近他……相比舒伯特，肖邦写的作品少之又少；他写得不多，成果却惊人。时而狂热，时而悲哀，时而死寂，时而恬静，却无一例外地美到极致；然而他的每一个乐句都是尽可能地雕琢过的，虽然是了不起的音乐，却也是病态、不健康的音乐。

亨德森曾写道:"尽管李斯特并不十分看重肖邦的作品在技术上的重要性。但正是肖邦系统化了踏板艺术并告诉我们怎么好好利用两个踏板在演奏他的音乐时产生必不可少的绚丽色彩效果……即便是在肖邦最简单的作品中,和声体系也都体现出令人叹为观止的原创性和音乐的可爱之处。我敢大胆地说,肖邦对经过音的处理教会了很多后来的作曲家在当时的管弦乐里制造不安、无尽的错综复杂的和声。"

海因里希·普多尔在责难德国音乐时对肖邦也毫无赞词:"瓦格纳是一个彻底颓废的人、彻底的外行、跟屁虫,不是开创者。他两腮消瘦,面色苍白——但德国人面颊饱满红润。李斯特也同样颓废。李斯特是匈牙利人。匈牙利人都被公认为是一群完全混乱、逍遥自在、混吃等死之徒。肖邦也一样颓废,他的身体柔若无骨。这个病态、女里女气、瘦弱无力、体弱多病、苍白、甜腻的波兰人啊!"这听起来倒有点像尼采——他曾吹嘘过自己的波兰出身。

现在让我们来听听预言家波兰人普里茨拜泽夫斯基[15]的话:"一开始先有了性,除此之外别无所有,其中却包含一切。性让大脑开窍,灵魂由此诞生。"首次把《死亡弥撒》翻译成英文的万斯·汤普森[16]先生这么写道:"他描绘浩瀚的宇宙,饰以热烈而神秘的狂热。成长的灵性与肉欲之战终将停歇,最后归于自由。"阿诺霍尔兹滑稽地模仿了普里茨拜泽夫斯基:"在我们的灵魂里,有一首歌激情澎湃,歌唱细菌得胜,我们的血液里缺乏白细胞。在我们意识的传声筒中回荡着骇人的肉体交响乐。这一切都体现在肖邦身上；这个现代原始人，独自把我们带到了绿意盎然的草坪，他独自一人用超欧洲思维思考。他独自一人建立起我们灵魂支离破碎的耶路撒冷。"这一切都显示这种有害身心的灵魂拷问有多可笑多荒唐。

有必要来想想"颓废"这个词和它的病态含义。当前评论界有一种风潮，过分强调艺术家在身体和精神上的衰弱。这种风尚由龙勃罗梭开始，又由诺尔道将其引向逻辑上的荒谬。但这也不是什么新鲜事。在黑兹利特的时代，他抱怨说，蠢材们总说天才疯了。纽曼先生在他的《瓦格纳》一书中写道：

> 一般来说，艺术，特别是音乐，不应该仅仅因为艺术家身体上的衰弱或异常而受到谴责。有些艺术和文学杰作是由那些无论从什么角度看都算不上正常的人写出来的。福楼拜、莫泊桑、陀思妥耶夫斯基、爱伦·坡和很多其他人，虽然他们的生理系统或多或少存在缺陷，写出来的作品却依旧震撼人心，其普世价值甚至让异常之人的感知也成为永恒的艺术。

纽曼先生也许在这个名单中加上了其他一些名字，譬如米开朗琪罗、贝多芬和斯温伯恩。说真的，根据市侩的标准，哪个天才不是疯子？答案肯定是他们都疯了。老仇敌们对艺术家的攻击模式基本没怎么变过：除了指控天才疯了的老伎俩，他们又生新招，强行把不正常意义上的不正常现象与艺术家道德和肉体上的败坏相联系，虽然有些是事实，但他们的天才却毋庸置疑。菲利普·哈雷先生接连问道：为什么这种胆怯会被称为颓废？颓废到底是什么意思？

哈夫洛克·霭理士[17]在他对乔里·卡尔·于斯曼的杰出研究中，讨论了艺术界大大误解的颓废现象。"严格来说，颓废是和古典相关的唯一一种风格。它是对古典风格的进一步发展和细分，在斯宾塞哲学体系用语中本是其同类词，现在已经变得不同了。古典风格是美的，因为局部从属于整体；颓废风格也是美的，因为整体从属于局部。"然后，他继续在文献中证明这一点，托马斯·布朗爵士、艾默生、佩特、卡莱尔、坡、霍桑和惠特曼都是颓废者——没有任何令人反感的意义——只不过是"牺牲整体，成全局部"。他还引述了尼采的话来说明这种效应："在社会进化过程中的腐败阶段，我们总是会忽略这样一个事实：在更为原始的时期标志着集体作业的能量如今仅仅是转移到了个人身上，而这种个体的强化着实产生了更大的能量。"

霭理士还说："所有的艺术都是在古典和颓废这两极之间有节奏地起起伏伏。颓废之风让我们往下走，坠落，然后朽坏。当我们真正走下山坡的时候，并不会觉得这一行会比上山更不道德……罗马建筑是古典风格的，发展到拜占庭风格时完全是颓废风格的。圣马可大教堂是颓废艺术的典范……我们必须意识到颓废是美学意义上的，而不是道德意义上的观念。语言的力量是强大的，却不一定可以蒙蔽我们。我们不能站在道德的角度上义愤填膺，把气都撒在低音上。"我建议龙勃罗梭、诺尔道[18]和海因里希·普多尔这些人读读这一整章，这些人还需要认识到，"对学术概念的混淆就是愚蠢"。

奥斯卡·比对肖邦的这一情况进行了完美陈述：

> 肖邦是位诗人。让初学弹琴的年轻人去弹肖邦的曲子真不是什么好惯例。对于年轻人来说肖邦的曲子比任何人的都难，更不要说什么协奏曲和波兰舞曲了。他微妙的触键对年轻人来说显然有些乖张，他也因此得名"病态的天才"。肖邦音乐的起点恰恰是其他人的终点，他的音调显示出对音乐语言的绝对掌握，对于这样的肖邦，一个懂得如何去弹奏的成年人一点儿也不会觉得他病态。波兰人肖邦总是奏出令人神伤的和弦，这对健康的常人来说并不常见。但为什么波兰人所受到的对待不如德国人公平呢？我们知道文化的极端和腐朽是密切相关的；因为腐烂的前兆是臻于成熟。孩子当然不会理解这一点。肖邦自己是那么高贵，绝不可能向世界袒露自己精神上的问题。他的伟大正在于：他保持在未成熟和腐朽之间的平衡点上。他的伟大在于他的贵族气质。他毫无瑕疵地跻身于音乐家之列，是彻头彻尾的贵族。种种崇高的情感，让每一代人都向往那种优雅；我们灵魂最后要面对的东西，预兆中交织着审判日的神秘感。这两点在他的音乐中都有迹可循。

我要继续尝试——我是以一副临刑的架势写下这个词的——以一种肖邦集注的形式，来分析他的音乐在技术和美学角度上比较突出的方面。我想把肖邦的音乐翻译成散文，不管是什么语言，有多么诗意，也不能达到他音乐里的意境。我不得不违背自己的判断，采用其他艺术类型的专业术语。读读阿普索普在《杂谈》

中令人沮丧的格言："我们自以为在滚滚音乐之海中升腾起的那些令人着迷、千变万化的图景实际上只是海市蜃楼，除了我们自己无人能见。它绝非音乐的要旨，也不可能真正把最重要、最个性的东西翻译和表达出来。那只是我们有意无意地归因于音乐的东西，而不是音乐中本身存在的。"

但探究和复现肖邦的灵魂对于我们这一代来说意义重大。现在的音乐追求的是暴力、实际和虚幻。正统意义上的优秀已经被忽略了。标题音乐已经让艺术沦为逸事。肖邦不传教也不画画，但他的艺术却充满装饰性和戏剧性——虽然这一切都是在理想的氛围中。他的音乐土壤及其所包含的情感问题仅仅存在于波兰；除此之外，他的音乐就只剩下审美情趣、艺术魅力，不承载任何伦理或戏剧因素。他的音乐是能听的诗，"是声音写就的灵魂"。我可以含糊表达的只有它影响我的方式。这音乐如同玫瑰鲜艳欲滴的花瓣，心脏的灰烬。把它与坡、魏尔伦[18]、雪莱、济慈、海涅和密茨凯维奇[19]相比，只是从文艺批评的角度指路，而肖邦是无与伦比的，独一无二的。

沃尔特·佩特写道："我们的间歇期是短暂的。"很少有人能冷静地度过，充分理解它更为宏大的节奏和更奔涌的色调。很多人在轻浮和暴力中忍受着，大多数人在百无聊赖和闷闷不乐中屈服着。肖邦，崭新的肖邦与无聊势不两立，拥有敢于拒绝的精神；在他细腻的灵魂忧愁中，在他优美的世俗之痛中，我们或许可以找到很多不带个人色彩的慰藉。

第五章

诗人与心理学家

1

音乐是一组神秘感性的数学序列，一面会发声的魔镜，一种听觉上的韵律模式。音乐在形式上是基于理性的，而其表达的内容却是对内心情感的呼唤。广受敬仰的心理学家李博毫不犹豫地宣称音乐是所有艺术中最感性的。"它带给人的感受，如同火焰的烧灼或冰冷的刺痛，也可能如同爱抚一般，极度仰赖于生理条件。"

因此，虽然在表达具体事物上音乐在所有艺术中是最含糊的，但它却是表达情感最便捷、最可靠的媒介。瓦格纳说，音乐在呐喊中带着奇幻的形态彰显，每个灵魂都赋予其独特的诠释。音乐和美是同义词，正如它们的内容和形式是不可分割的。

霭理士不是唯一一看到音乐和性之间的紧密联结的美学家。"没有其他艺术能够告诉我们这么一个古老得被遗忘掉的关于我们自己的"秘密……"它根植于一切生物最强大的本能，也就是人类出现之前的原始交配行为之中……爱孕育出美"。但丁·加百列·罗塞蒂曾在一首十四行诗中注入了由音乐所引发的、难以察觉的情感。这感觉如同追寻远古"消逝的路线"。

辽阔的苍穹，抑或大海的声息，

哪一个才是生命本身，将我的生命抽离，

通过本能的，难以言喻的天命

将我束缚在苦痛的枷锁中，瑟缩，屏息？

这般如雷贯耳的，究竟是生还是死，

在所有惊涛骇浪之中

竟然显现了我这沧海一粟，而如此奋力回旋的漩涡

又在涌向哪片海域？

哦！谁会知晓我这一路的艰险？

还知那烈焰成云，红云似火，

山高路陡，峭壁峥嵘？

最终将我带到这暖风和煦之地，

让我的脸从重生的狂喜

转向令人不安的隐蔽角落？

19世纪后半叶，有两个人成为音乐情感规则的制定者。理查德·瓦格纳和弗雷德里克·弗朗索瓦·肖邦。后者的音乐达到了艺术界迄今为止最引人入胜的境界。瓦格纳和肖邦两人的音乐展现的分别是宏观世界和微观世界！"瓦格纳以理性客观的态度，

在最大范围内将触动我们心灵的个人情感组合成了音乐。"霭理士呐喊道。肖邦，这个体格纤细的年轻人，将自己的灵魂、民族的灵魂、时代的灵魂在键盘上狂放地弹奏出来。在所有用低声吟唱的曲调呈现我们梦想的作曲家中，他是最具个性的一位。在瓦格纳和肖邦的音乐里有一种动力元素让他们的音乐比其他作曲家来得更狂暴、更猛烈、更难捕捉。对他们来说，这不是佛教中形态渐渐形成然后又消退无踪的那种虚空；他们心灵的节奏吞噬着一切。他们表达出了他们的年代，塑造了那个年代。我们如饥似渴地聆听这些作品，这些活力四射又充满先知性的声音如此甜美，可以融化心灵，如同吟游诗人的诗句一样具有感染力。肖邦在音乐形式的选择上更接近本真。和瓦格纳相比，他的音乐风格和结构更朴素、更原始。但他所使用的媒介和戏剧空空大大的框架相比却更自然、更易填充。

两个人都通过对概念和生活的强烈感知力，触及了一些共同的主题，虽然在其他所有方面他们都大相径庭。肖邦旋律性更强，和瓦格纳一样是伟大的和声天才。肖邦写的更多的是主题音乐，正如鲁宾斯坦所说，他是最后一位具有原创性的作曲家。但他的创作领域并不在于舞台，比起歌剧浮夸的空间，他更喜欢以自己的灵魂为舞台。他的音乐是内心戏，表现的是灵与肉的永恒之战。他用自己的气质来思考音乐，于是那音乐常常会变得如此不可估量、不可捉摸，让人不禁怀疑是否存在艺术的四维空间。他打破了空间。

在肖邦身上，我们听不到贝多芬那种精神上的辽阔和包罗万象的崇高。灵性的距离产生凄美，这凄美是一种悲怆，与崇高无关。"他的灵魂是一颗星星，离群索居"，虽然这不是从弥尔顿或华兹华斯的角度出发。雪莱般的纤弱时不时让他的思想插上了翅膀，在一个刺激中又制造了另一个新的刺激。晚秋的魅力，逝去之爱难以言喻的遗憾都能在他的音乐中找到；像约翰·济慈一样，他有时会看到：

> 她伫立窗旁，凝视着大海的惊涛骇浪，
> 孤寂的仙境使她闷得心慌。[1]

"心思妙不可言的心理学家"肖邦，其实更像济慈而不是雪莱。与其说他是思想家，不如说他是个艺术家。他的哲学和济慈一样都是关于美的。他总是在河畔边缘徘徊来捕捉芦苇之歌，他的目光常常注目在歌唱着的星球。他是大自然最精巧的共鸣板，以不可媲美的强度、色彩和活力振动应和着大自然。他的欢乐打上了忧郁的烙印，他从来不属于笑到肌肉发颤的那种壮汉。他特有的柔情是带有声调的，他的呐喊总是克制在一种古雅的和谐范围内。如同阿尔弗雷德·德维尼，他栖息在一座朝向西面的"象牙塔"中，永远也见不到日出，但他也因此发现了蕴藏在月亮、云彩与日落中的奇异的美。从他心中流淌出的串串音符就像沐浴着雨露的妖艳玫瑰。庞贝式的色彩过于平淡和局限，他所宣泄的是一个半音的世界，一些半音"环抱着阳光灿烂的草地"，又或在银色阴影下唱着半音的狂喜之歌，另外一些则像是"巨石弹起，如同冰雹"[2]，阵阵黑色袭来。肖邦是钢琴的着色天才，他的眼睛始终注目着最脆弱最浅淡的色调；他编织和声幽昧如同月虹。他的某些旋律仿佛月球的天平动——掠影，神秘而宽广，如这奇幻的世界。

他的表达永远是充满活力的，他有时仿佛自戈雅之墓现身，用讽刺般的手指在尘土中刻下"一无所有"。但这否认的精神却不是永久的情绪；肖邦把一个音之网抛向因仇恨和反抗而疲倦的灵魂，连接着"如大海一般咸涩、疏离"的不幸。而现在我们正注目着一个镜像世界：在这个童话般的宇宙中没有死亡，爱主宰着万物之主。

2

海涅曾说过："每个时代都是一个斯芬克斯，一旦人们解开她的谜底，她就会堕入万丈深渊。"肖邦生于浪漫主义革命如火如荼的时代，召唤这场革命的，是革命情感的热烈而不是思想的力量，而肖邦也并不完全是艺术的起义者。他那独特的灵魂究竟是何时萌生出来的，又有谁知晓？在他早期的音乐里能够发现胡梅尔和菲尔德留下的印记。他的成长是不知不觉却又无可避免的，探出了奇异的萌芽，而钢琴这种二维的乐器看在他眼里也成了三维的，于是他的音乐也变得更加深邃，呈现出奇异的色彩。在他之前，键盘从未像这样歌唱。他锻造了键盘的公式。他在键盘上烙印了一枚崭新的、天启般的旋律与和声之封印。声声不绝的漩涡，色彩斑斓、刚柔并济、美妙动听的阿拉伯风格，"翡翠的共鸣"，泉水的呜咽——正如那位"阴沟里的肖邦"，保罗·魏尔伦的风格——半途结晶了的眼泪，一颗被虏获的珍珠，我们在他的音乐里无意间听到了这一切，欧洲也前所未有地感受到了一阵狂喜的战栗。

然而肖邦的音乐并不具有文学和伦理学属性——肖邦或许可以预言，但他绝不会燃烧自己化为上天的若干种语言。相比于他在舞曲方面的热烈狂放，勃拉姆斯就像是音乐界的老子，在白发苍苍之年，他的脸上依然挂着婴儿般混混沌沌的笑。而肖邦很少微笑，虽然他的一些音乐青春洋溢，但他并没有让傻乎乎的青春罗曼史场景萦绕在自己的脑海里。他的激情是成熟的，能够自我维系，绝不会因遣词酌句而困惑。伴随着不可思议的震颤，他将自己的激情铺展在全音域中，饰以康乃馨和大朵的白色夜来香，然而在这位魔术师的装饰性诡计里，一向少不了黑暗的戏剧性动机。

随着他的成长，他摘下漂亮的花环，走上了一条更加严肃的道路，所采用的花饰也变得更加哥特式。他将巴赫视为自己最崇拜的偶像，在奇异的和声之墙内歌唱着一个灵魂的经历，这灵魂因古老的疯狂和恐怖的回忆而震颤，这灵魂被"美"引诱至隐秘的林间空地，向超自然音乐的肃穆之音献祭的仪式正在那里举行。和莫里斯·德·介朗[3]一样，肖邦终其一生都在竭力破解"美"的奥秘，热情地向目空一切的斯芬克斯提问：

> 他们在哪片海洋的岸上滚动自己藏身的石头呢，马卡柔斯[4]？

他的名字仿佛为浪漫主义者敲钟。他一直与他们保持距离，虽然是抱着一种同情的态度。古典主义依旧在，而浪漫主义已死去，一位敏锐的评论家如是说。肖邦并不知道自己其实是一位古典主义者，他为自己祖国的舞蹈所创作的音乐，恰似巴赫为更古老的舞蹈形式所创作的。他和海涅一道，引领着叛逆的精神，却把自己骚动的音符嵌入一个美丽的框架之中。他的色调，从正统中"不断地、敏捷地逃脱"，也蒙蔽了包括舒曼在内的评论家。肖邦和福楼拜一样，是最后的理想主义者，也是最初的现实主义者。线性对位是他在形式上的创新，却误导了评论家，他们还指责他在这方面有所欠缺。舒曼在形式上的缺陷让他的很多音乐作品大打折扣，而瓦格纳和肖邦却将因他们在形式上的天才而流芳千古。

我们完全可以用佩拉当[5]的话来形容肖邦：

> 当你手写下完美的一行，智天使下凡，乐在其中，如在镜中。

肖邦写下了太多完美的乐谱。首先他是无可挑剔的抒情诗人，音乐界的斯温伯恩，对于激烈复杂的节奏驾轻就熟，在日出之前歌唱着肉身的负担、欲望的刺痛、激情自由的长诗。用梭罗的话说，他的音乐"对我们卑贱的生活是一种骄傲又动听的讽刺"。他对史诗没什么感觉，他的天赋过于集中，尽管他可以表现出激烈狂暴的戏剧性，却排斥长期以来占据主导地位的无韵诗。他一直怀有乐思，但他的乐思因强烈而短暂。我们不应忘记，对于肖邦而言，乐思决定形式。他采用波兰的舞蹈形式，是因为这些形式符合他活跃的内心世界。他对其进行理想化改造，在自己的叙事曲和谐谑曲中贯彻了进一步扩展开来的表达方式和更为密集的格局——但这些乐段热情激昂，绝非冷静哲思。

所有的艺术家都是兼具两性特质的。在肖邦身上，通常是阴柔的一面占据上风，但我们必须注意到，这种特质是阳刚的抒情天才的一个明显标志，因为当他放松下来，卖弄风情，优雅地坦白，或者以一种可爱的抒情方式为命运啜泣之时，他就会显露出母亲的性别，呈现出一个任性、美丽又专横的波兰女人的形象。当他的灵魂变得坚定，当他得知了俄国那边的消息，就有了波兰舞曲中的硝烟与烈火，有了玛祖卡中似是而非的绝望，来证实这个强大、叛逆的男儿魂。但这通常是灵魂的伪装，他的情绪很快便陷入忧郁之中，原原本本的肖邦，主观色彩浓厚的肖邦，在忧郁的旋律中再一次哀叹恸哭。

通过肖邦的降 b 小调奏鸣曲、谐谑曲、几首叙事曲，特别是 f 小调幻想曲，我们看得出他可以试着飞得很远。在 f 小调幻想曲这首伟大的作品中，技术性的创造追随着灵感的脚步。二者凝聚在一起，产生回声的大理石完美无瑕，乐思没有一处断裂。如果说身患绝症的肖邦尚能建造这样一座梦幻宫殿，那么他若是身体健康，岂不是无所不能？但他的不幸却产生了甜蜜与力量，好比从狮子身上取来的蜜[6]。他在生命最后十年间的成长十分惊人，我们透过他的成长，看到了济慈、雪莱、莫扎特、舒伯特等英年早逝的天使的影子。他火焰般的灵魂随着坎坷一生中的种种突发状况起起落落。他向大地俯首帖耳，以求慰藉，他捕捉到了宇宙喜剧的回音，远方山丘的笑声，大海的悲叹和深海的呢喃。除此之外，还有乌云和晴天的故事，在五彩缤纷的暮光中羞涩地跳着舞的奇异生物的低语。他在象牙琴键上探寻这一切，诗人眼里的世界也更加丰富多彩。

肖邦不仅是钢琴诗人，还是音乐诗人，是最具诗意的作曲家。相比之下巴赫就像纯粹的复调散文作者，贝多芬像是在发掘星星、呼雷唤雨，莫扎特像是在编织快活的挂毯，舒曼则是一个神圣的结巴。所有作曲家中唯有舒伯特像肖邦一样豪迈地抒情。两人同为旋律大师，但工会会长只有肖邦一人，他把熔炉之火锻造出来的主题精心打磨、润饰。他知道为了完成自己"哀号的伊利亚特"，修订者的手段必须强硬，他还认识到，对于天才来说，最大的困难莫过于留住自己的天赋。在趋于悲观、拖延和虚荣的所有情绪中，艺术家最容易产生的是倦怠。想要一直专注于某一点，保持激情，心无旁骛，并不是一件容易的事。肖邦也深知这一点，并养成了自我意识。

他还发现为美而爱美是很让人着迷的，然而这条路却通向疯狂。于是他让自己的艺术扎了根，培上了波兰的土壤，只有当原有的音乐美学体系被新生力量颠覆，丑恶当道，旋律服务于科学之时，他的艺术才可能没落。但是在那个我们不愿看到的、惨不忍睹的时代到来之前，他将捕捉到我们灵魂的音乐，并赋予其血肉与呐喊。

3

肖邦是通往音乐世界的一扇大门。除了作为一位诗人将震撼的表达具体化，他还有另外的身份——先驱者。之所以说他是先驱者，是因为他在青年时期曾经屈服于全音阶的淫威之下，愉快地品尝着半音的愉悦禁果。有些奇怪的是，肖邦仅仅被视为音乐家中的诗人，而不是一位实实在在的音乐家。他们会信誓旦旦地称他为非凡的大师，但如果有人说肖邦很有创造力，那些所谓的管弦音乐家和音乐理论家就要傲慢地扬起眉毛。灵巧的指匠、装饰音型的铸工、新音型发明家，对于这些头衔肖邦当之无愧，但倘若你说肖邦是和声森林——那是真正的"数字森林"——的开路者，是旋律的打铁匠，回火的手艺最妙、成色最纯，哈！别人会觉得你精神不正常。肖邦创造了很多全新的和声手法，他把原本束缚在八度范围内的和弦解放出来，带入到扩展和声危险而又美妙的境域。且看他如何将古板、严苛的德式和声花园半音化，又是如何用粼粼的变化之水滋润它，赋予其辉煌灿烂的未来！法国音乐理论家阿尔伯特·拉维尼亚克[7]将肖邦称为德国浪漫派的产物。这简直是因果倒置。是肖邦影响了舒曼，反复证明多少次都会得出这个结论。舒曼也能理解肖邦，否则他就不会在《狂欢节》中写下比肖邦本人更像肖邦的《肖邦》。

肖邦是波兰的乐魂，是波兰政治热情的化身。他首先是一个斯拉夫人，之后入籍法国成为一个巴黎人，说他是敞开的大门，原因是他往西方引入了东方的乐思、调性和节奏，最后还有斯拉夫特质，这些都是遭人反对、颓废而危险的。他让欧洲沦陷在东方的神秘诱惑之中。他的音乐游走在东西方之间。作为一个神经质的人，肖邦的身体组织是战栗的，情感是激烈的，作为一个注定多灾多难、四分五裂的国家的子民，去曾经横扫整个欧洲的法国再正常不过了——波兰还曾经是法国的附属国。出生在两次革命之后的肖邦是真正的反叛之子，他选择巴黎作为自己的第二故乡。他继承下来的贵族本能很容易受到反叛精神的影响——没有哪个无产者能像天生的贵族那样成为一个彻彻底底的革命者，尼采可以作证——而肖邦在浪漫主义者不流血的战斗中，在斯拉夫人与日耳曼人、高卢人、盎格鲁－撒克逊人的沉默对抗中，将会是这场艺术剧永远的主角。

由于肖邦的出现，音乐地图古老而严格的界限也随之瓦解。肖邦身为先驱者，得到的回报却是客客气气的忽视，或者无动于衷的傲慢，诸如此类。禁止向众人袒露灵魂是惯例，而他撞开了这扇大门。所以说音乐心理学才是最终的受益者。肖邦和委拉斯开兹[8]一样，可以描绘出完美的单人，但涉及大范围的群体效应时就完全是个外行。瓦格纳能够从他用生花妙笔所描绘的灵魂肖像中得到教益，肖邦则告诉人们，他的爱国主义是多么哀婉动人。他启发了格里格，为他指点了民族音乐的丰富矿藏。他可以说是重制了和声图表，身为一个因个人主义泛滥而解体的国家的子民，他发出了个人的声音。舒曼言之凿凿地告诉我们，肖邦的声音是"那个年代最骄傲、最诗意的灵魂"。

被熟悉的恶魔所制服的肖邦，是尼采的"超人"的一个实实在在的典型，又酷似爱默生被拔掉了翅膀的"超灵"。肖邦超验的技术设计在作曲法上是一次飞跃式的提升。他有时会剥下音乐有形的外衣，他的超验论不仅表现为对奇异调性和节奏的追求，更体现在对深奥情绪的探索上。饱受自我煎熬的肖邦，向来是"一个守门人"，他眼中的幻景比吸食麻醉药产生的幻觉更炫目，他神经质的灵魂之地经受着超越美妙音乐的碾压。他的视野是美的，他孜孜不倦地探索着美的裙褶，却从未试图为平凡生活定调或者变调。在这件事上他还指责舒伯特。为了达到这种强度，只能以广度和理智作为代价，而肖邦对生活的描写也不如贝多芬那样高超、广阔、庄严，让人肃然起敬。然而就其合理性、真挚性和痛彻心扉的悲剧性来说，肖邦并无丝毫逊色。

斯坦尼斯拉夫·普里茨拜泽夫斯基在他的《个体心理学》中探讨了接近病态的肖邦，正是那个肖邦向世界打开了东方的大门，朝李斯特、柴可夫斯基、圣－桑、戈德马克、鲁宾斯坦、理查德·施特劳斯、德沃夏克和几乎所有的俄国作曲家们挥舞着五彩的魔棒。这位波兰心理学家——同时也是一位锋芒毕露的尼采阐述者——在肖邦身上发现了信念和狂热，这两点对于疯狂的个人主义者，"除了氧化反应装置以外什么都不是"的个人来说，是实实在在的耻辱。尼采和肖邦是那个年代最坦率的两个人——他忘了还有瓦格纳——而肖邦本人则是一种病态、罕见的文化所开出的最美妙的奇葩。他的音乐是种种精神病的罗列——他向往着一种质地奇妙的本性，而他神经质的、刺耳的不协和音，比如 b 小调谐谑曲中那阵生理性的爆发，则是一个饱受折磨的灵魂在痛苦地挣扎。这首乐曲是肖邦的《伊利亚特》，曲中的鬼魂潜伏在灵魂的暗巷附近，却在这里现了身，斜睨，雀跃。

还有奥尔拉！莫泊桑的奥尔拉，人类邪恶的分身，和他一起向着永恒的目标赛跑，或许是为了在下一圈超越他、掌控他，像野蛮的造物——人类一样掌控他。普里泽拜茨夫斯基认为这个奥尔拉征服了肖邦，在他的音乐中发声。这个奥尔拉也控制了尼采，这个重度的疯子向世界展示了超人哲学的圣经、舞蹈般的抒情散文诗——《查拉斯图特拉如是说》。

尼采的这名信徒说对了一半。肖邦的情绪往往是不健康的，他的音乐也往往是病态的。贝多芬也不健康，但在他广袤丰盛的国度里，情绪并不存在，或者只能略微感受到；然而在肖邦的领域内，情绪就像一棵致命的见血封喉树，感性在恶之花和树叶上闪耀着。但肖邦特别讲究匀称，以及所谓的形式美，因此他的病态很少变得疯狂，感官享受也很少带毒。他的音乐中有沼泽，但也有狂风劲吹的高地。或许正如固执的诺尔道所断言的那样，所有的艺术都会稍稍背离常态，而李博则貌视任何常态标准的存在。屠夫和烛台匠也有他们的奥尔拉[9]，他们隐秘的灵魂骚动，只不过他们会认为是征税、蒸汽或者天气之类的原因造成的。

肖邦震惊了19世纪的音乐歪风。他是这个世纪的头号发言人。在拜伦、雪莱和拿破仑混沌、疯狂、高尚的梦想之后，觉醒的人们又发现了瓦格纳、尼采和肖邦幻灭的灵魂。瓦格纳对消失的瓦尔哈拉殿堂进行了史诗般的重建，借此远离俗世之苦。他有意识地选择自己的镇痛剂，并且在《纽伦堡的名歌手》中得到了慰藉。肖邦和尼采在性情上要比瓦格纳更纤细、更敏感—— 一个在音乐上，另一个在头脑上——他们用音乐和哲学唱出自己，因为这就是他们的质地。他们的神经质害死了自己。这两个人身上都不具备瓦格纳的那种安详从容，因为两人都没那么理智，都患有严重的精神过敏，这也是所有病态的天才所背负的惩罚。

　　肖邦的音乐是爱国主义、自尊和爱培养出来的一种人格的美学象征，之所以更适合用钢琴来表达，是因为钢琴这种乐器具有以下特质：它的音转瞬即逝，对触键很敏感，力度范围很广。钢琴就是肖邦的七弦琴，是"他心灵的管弦乐队"，他从钢琴身上榨出了自萨福以来最私人化的音乐。在当代的抒情诗人中，和这位波兰人最相似的是海涅。两人都是因苦难而歌唱，歌唱着难以言喻的讽刺旋律；两人都将凭借勇敢的诚心和非凡的艺术而名垂青史。19 世纪的音乐和心理史若是少了弗雷德里克·弗朗索瓦·肖邦的名字，将会是不完整的。瓦格纳将 19 世纪的戏剧精神具体化，肖邦则是把时代精神中疯狂的抒情性表达得清楚动人。他将那个时代的诗才融入到了他的音乐中，他是一位时代的英雄，对于这样一位英雄，斯温伯恩或许会歌唱道：

> 啊，先知的灵魂在翱翔，
>
> 炙热的口唇吐露出歌曲血性的节拍；
>
> 心弦迷人的震荡，
>
> 思想犹如惊雷滚滚而来；
>
> 和弦那协和的热忱，
>
> 仿佛洞穿人类灵魂的利刃，
>
> 强迫他们一起聆听。

第二部分

其乐

Part II His Music

第六章

练习曲：大型试验

1

1829 年 10 月 20 日，年方二十的弗雷德里克·肖邦从华沙写给友人提达斯·沃伊奇夫乔斯基的信中说："我用自己的方式谱写了一首练习曲。"同年 11 月 14 日的信中又说："我写了几首练习曲，在你面前我会弹得很好。"

这位伟大的波兰作曲家，就这样以一种简单的方式宣告了对钢琴演奏具有重大意义的事件，没有轰鸣的大炮和响亮的铃声。尼克斯认为这些练习曲发表于 1833 年夏，七八月份，编号为作品第 10 号。另一套练习曲是作品第 25 号，直到 1837 年才得以发表，然而其中一些是和前作在同一时间创作的。一位波兰音乐家曾于 1834 年到访法国首都，并聆听肖邦演奏作品第 25 号中的几首练习曲。"1831 年 9 月 8 日，沙俄占领华沙的消息传来，带给肖邦很大刺激。"在这样的背景之下，作品第 10 号第 12 首 c 小调"革命"练习曲于 1831 年 9 月在斯图加特创作完成。之所以给出这些日期，是为了有力地粉碎可能会出现的猜疑——认为肖邦的杰作是受到了李斯特的影响。丽娜·拉曼[1]在她那本详尽无遗的弗朗茨·李斯特传记中公然宣称，肖邦的作品第 10 号第 9 首、第 12 首以及作品第 25 号第 11 首、第 12 首是受到了这位匈牙利大师的影响。音型能够证明她的断言实为谬论。事实上是李斯特受到了肖邦的影响，李斯特的三首音乐会练习曲就体现了这一点，更不必说其他作品了。肖邦来到巴黎时，他的风格已经成型了，他开创了一种新的钢琴技巧。

被称为"三首新练习曲"的三首曲子，1840 年收录在莫谢莱斯和费蒂斯[2]合著的《方法之方法》中，后来又单独发表。这几首练习曲的创作日期不得而知。

肖邦练习曲的版本很多，然而经过一番调查研究之后，人们发现大约只有 12 个版本值得研究讨论。卡拉索夫斯基认为肖邦作品全集的初版时间是在 1846 年，出版方是华沙的布赖特考普夫与哈特尔（Breitkopf & Hartel）。按照尼克斯的说法，之后还有其他出版公司和个人出版过的版本，包括：泰勒弗森、克林德沃特、博特与博克（Bote & Bock）、朔尔茨、彼得斯（Peters）、布赖特考普夫与哈特尔、米库利、舒伯茨（Schuberth）、坎特（Kahnt）、斯坦格拉贝尔（Steingraber）（通称默特克版）和施莱辛格（Schlesinger）的版本，由伟大的教育家特奥多尔·库拉克编辑。哈维尔·沙尔文卡对奥格那公司出版社（Augener & Co.）在伦敦发行的克林德沃特版本进行了编辑。米库利批评泰勒弗森的版本，而这两人同为肖邦的学生。这样一个意味深长的事实说明，关于传统的豪言壮语是没有多少信任可讲的。然而肖邦的 6 位"得意门生"以及费迪南·希勒都帮助过米库利。为彼得斯做编辑的赫尔曼·朔尔茨仔细查阅了法语原版、德语版和英语版，还咨询了肖邦的学生乔治·马蒂亚斯，在此基础上推出了自己的版本。

如果在肖邦眼皮底下拷贝了原始手稿的丰塔纳、沃尔夫、古特曼、米库利和泰勒弗森对此仍有异议，那么当代的权威版本究竟要建立在什么样的基础之上呢？早期的法语、德语和波兰语版本都有问题，充斥着各式各样的印刷错误，着实无用。后来的每一个版本都订正了其中的一些错误，卡尔·克林德沃特的版本虽不完美，却是唯一可取的。他的版本堪称天才之作，冯·彪罗 [3] 称之为"唯一的模范版本"。库拉克、胡戈·里曼 [4] 博士和汉斯·冯·彪罗等人或许在某些地方超过了克林德沃特，但整体来看，克林德沃特的编辑准确严密，富有学术性，采用了大量新颖的指法，分句则体现了编辑者深刻的洞察力。此版本于 1873 年至 1876 年间在莫斯科发行。

里曼和冯·彪罗也各自编辑过肖邦的 27 首练习曲。

下面我们将调查研究和批评比较的对象简化为克林德沃特、冯·彪罗、库拉克和里曼四人。布赖特考普夫与哈特尔出版的曲集中包括了卡尔·赖内克 [5] 版本的练习曲，无甚新奇之处，默特克、朔尔茨和米库利的版本也是如此。后者应该常备在身边，因为可以从杂七杂八的文本中解脱出来，但编辑者在分句和指法上无甚建树。不要忘了，练习曲虽然将肖邦的天才展现得淋漓尽致，其核心依然是演奏本身。叙事曲和谐谑曲中的诗意和热情像一团火焰般缠绕在这些技术问题上。当代人贪求外在和内在的分析，而米库利、赖内克、默特克和朔尔茨几乎没有表现出与肖邦的共鸣。我从库拉克、冯·彪罗、里曼和克林德沃特高超的编辑技巧中吸收了充足的养分。这些人用各种方式让我们认识到他们在音乐上的个性和严谨治学的态度。克林德沃特是和蔼可亲的知识分子，冯·彪罗教学有方，库拉克怀着一颗诗心，里曼则是学者风范，比起指法更重视分句。肖邦的练习曲是可以登上帕纳塞斯山的诗歌，同时又很有教学意义，应当从物质和精神两方面进行研究。有了这四位导师的指引，学生就不必再走弯路。

作品第 10 号第一册练习曲集中的第 1 首题献给了李斯特，肖邦在这首曲子中取得了巨大的飞跃。胡梅尔和克莱门蒂也曾少量使用开放和弦，但唯有肖邦能够将散落的和声转化成一首史诗般的练习曲，将十度和弦提升至英雄的境界。特奥多尔·库拉克写道：

> 低音骄傲勇敢地迈着大步前进，强力的音浪在上方奔涌。这首练习曲的结尾富有技巧性，要求快速弹奏展开超过一个八度的开放和弦音型。全曲都要在强音的基础上进行演奏。伴随着尖锐刺耳的和声，从强增至最强，之后又伴随着协和的和声减弱下去。重音简洁有力！手部的弹跳强化了重音的效果。

音符像上上下下的阶梯，凌乱、黑暗，吓得初学者人心惶惶。

肖邦的上行和下行让人头晕眼花，好似皮拉内西[6]不可思议的鸟瞰建筑，对眼睛和耳朵都具有可以说是催眠的魔力。新的技巧赤裸裸地展现出来，在音型、设计、格局和网络方面，在和声方面，都是全新的。这种粗粝感控制得当，犹如新发的嫩芽，着了迷，又有一点害怕，让旧秩序不寒而栗。他能够引爆地雷，炸到天上的星星，这样一个人是必须考虑到的。当代钢琴乐的核心问题就藏在这首练习曲中——勇敢无畏的肖邦所谱写的在形式上最为不羁的一首。库拉克指出，肖邦最喜欢的速度是每分钟176个四分音符，但作为编辑的他正确地认识到这样"有失庄重"，建议调整为每分钟152个，并取得了立竿见影的效果。

库拉克——这位喜欢舒缓节奏的编辑，对肖邦节奏运用的批评也确实非常中肯，肖邦那个时代流行的钢琴机械结构表现力轻，因此才会产生这样的速度。冯·彪罗称："手在逐渐伸展和迅速收缩时，柔韧性是必不可少的，如果演奏者在演奏每一个琶音的基础——和弦时，能够从一开始就注重手指的独立性，就会以最快的速度达到这一目标。"这个教学要点很合理。他还痛斥了八度低音琶音的处理方法。事实上，这些低音正是演奏的论点之所在，必须坚硬、厚重、有力。这位权威人士还提醒大家注意，第29小节高音部的最后一个音错印成了C，他认为应该是降B。冯·彪罗添加了符合肖邦风格的速度标记。

里曼还要做出一些彻底的改动。这位学识渊博、受人尊敬的博士对贝多芬交响曲的重新分句，在长达数年的时间里震惊了音乐界。他做出的新标记颠覆了原有的运弓法。至于肖邦，新的力度重音和延音重音，至少对于肖邦崇拜者平静的内心来说是相当危险的。里曼把两个小节合成一个。这对他来说是一个完整的周期，他还把第一组十六分音符中的第一个和第四个分离出来，让重音变得更为清晰——至少看上去是这样。他指出二二拍的速度是每分钟 88 个二分音符。后面的练习曲中会给出这种分句的例子，此种分句已经成为这位编辑的癖好。他没有做出什么惊世骇俗的指法变动。整册练习曲集中，他评论的价值似乎是在于分句，这与公认的诠释肖邦的方法完全相悖。

　　比起其他几位，我想要更多地引用里曼，但这并不是因为在肖邦练习曲的乐土上，我将里曼视为白天的一朵云、夜晚的一簇火，而是因为他一针见血的分析恰恰扎根在钢琴文献中这些璀璨夺目的典范上。克林德沃特对自己简单明了的 C 大调练习曲版本颇为满意，他的指法最清晰、最可取。米库利的版本有一处增添：第一组的最后一个音符和第二组的第一个音符用一条线连在一起。这个手法很实用，只在琶音上行时出现。

　　这首练习曲意味着作曲家希望用一份言简意赅的声明作为开端，阐释自己绝妙的技术体系。它就像剥了皮的树、拔了叶的花，看起来朴实无华，却蕴含着反作用力、尊严和坚不可摧的逻辑。这首练习曲是肖邦打开技巧之门而非心灵之门的钥匙。演奏时为求变化，可以双手齐奏，当然不包括低音八度。

　　冯·彪罗颇有先见之明地写道，第二首 a 小调练习曲与莫谢莱斯的作品第 70 号第 3 首练习曲是半音关系，把那首练好，可以为演奏肖邦这首更具音乐性的作品铺平道路。要用不同程度的速度、力量和节奏重音来练习这首曲子，忽略掉拇指和食指。米库利的速度是每分钟 144 个四分音符，冯·彪罗是每分钟 114 个，克林德沃特和米库利一样，里曼是每分钟 72 个二分音符，二二拍。其中 3 位专家的指法几乎完全相同，而里曼在分句和音型上有自己的想法。请看前两个小节：

　　冯·彪罗要求"中间的和声自始至终都要弹得清晰而又短促"——德语叫"fluchtig"（飞逝般的）。事实上，整首乐曲犹如低语呢喃，千回百转，富有半音色彩，为肖邦后来的一些练习曲轻声细语、迂回曲折、皓月当空的效果首开先河。技术上的目的是明确的，却并不冒失。此曲意在练习右手的 4、5 指，然而双手齐奏对左手拇指的折磨是名副其实而又值得肯定的。第 36 小节重复第 1 小节，这里冯·彪罗在指法上进行了改变。库拉克的指法是这样的："两个白键连续出现时都要用右手 5 指来弹 C 和 F，用左手 5 指来弹 F 和 E。"他还说了关于保持"手位倾斜，好让手背和手臂形成一个角度"的问题。手位的问题主要是个人编排的问题，特别是对于肖邦的作品而言。没有两只完全相同的手，也没有两个肌肉活动完全相同的钢琴家。减少阻力，尽量轻松地弹奏就好。

下面是第 3 首练习曲，肖邦在曲中展示出了自己更私密的一面。这首 E 大调练习曲是作曲家的精品花园里最美妙的一朵花。比起备受推崇的作品第 25 号第 7 首，这首练习曲相对简单，没那么阴郁，它热烈、绵软，因此也更理智些。尼克斯写道，这首练习曲"或许算得上是肖邦最动人的作品之一"。它融合了"古典主义的纯洁轮廓和浪漫主义的馥郁芬芳"。肖邦对忠心耿耿的古特曼说自己"一生中再也没写出过这样的旋律"，还有一次，肖邦听见这首曲子，竟高举双臂大喊："啊，我的祖国！"

对于肖邦的话语，我无法保证其真实性，因为正如朗西曼所写："这些年轻人都很像拜伦，他们对待自己简直严肃得可笑。"

冯·彪罗称之为情感表达的练习曲——这是显而易见的，他还认为此曲应与第 6 首降 e 小调练习曲放在一起研究，这个理由就不是很充分了。情感不应一对一地寻觅，具体到练习曲中的某一首，情绪和表现手法是丰富多样的，这样的话就糟蹋掉了。不过冯·彪罗向来酷爱分门别类，或许连他的灵魂都划分好了。他还试图规定弹性速度——这是第一首弹性速度的权利必须得到承认的练习曲。甚至连小节都标出来了，分别是 32、33、36 和 37 小节，这里的速度可以纵情驰骋。但在这样的情况下，必须由天生的品味和感觉来引导。想要教授真正的肖邦的弹性速度，而不是矫揉造作的模仿，简直比教一头驴子理解康德还难。所有版本的速度都一样，为每分钟 100 个八分音符。

库拉克对这首美妙的练习曲的称谓非常正确——"诗一般优

美的乐曲"，风格比起练习曲更接近夜曲。他加入了一段炫技华彩，是为小手而作的替代品，然而小手根本就不应该碰这首曲子，除非能轻松驾驭六度双音。克林德沃特为这首练习曲标注指法时非常小心。有 3 个版本的音型是相同的，只有米库利把各个声部明显地分开了。里曼绞尽脑汁让开头看起来更清楚些。

　　下面的第 4 首何其欢乐！肖邦对调性和情感对比的价值理解得多么透彻！这首练习曲是名副其实的杰作，生气勃勃、轰轰烈烈，虽然升 c 小调的调性色彩黑暗，与上一首 E 大调练习曲形成了鲜明的反差。它使人想起波兰农夫的故事，他们唱起小调的歌曲时却是最快乐的。库拉克称这一首为"练习速度和双手灵活性的炫技练习曲。重音猛烈"！而冯·彪罗认为"这是一首纯粹古典、典型的练习曲，生气勃勃的内容激发出势不可挡的趣味，这种趣味或许会成为克服技术困难之路上的一块绊脚石"。

　　这种说法差强人意。这首练习曲的技术含量并非深藏不露，大部分在于如何克服笨拙的手指和沉重的手腕。全部 5 个版本标记的速度都是急板，每分钟 88 个二分音符。克林德沃特未加评论，但所有版本中我最青睐他的指法和分句。里曼把打散一组音符、分出一个音符作为重音的把戏又玩了一遍，不过他还是很谨慎地保留了连奏线。

有人或许会好奇，这首练习曲为何在钢琴音乐会的节目单上鲜少出现。它是一次完美的、有益的技术检验，才华横溢，尾声也非常戏剧化。主题再现之前 10 个小节处，学生的手指很容易僵硬地纠结。这首练习曲是一杆名副其实的音之标枪，前提是要用正确的姿势来投掷。

接下来的第 5 首是大家熟悉的《黑键练习曲》，里曼对这一首的分句也有自己的想法。请仔细看第 1 小节：

冯·彪罗若是看到这样妙不可言的分句，恐怕会嫉妒的。尽管我们必须承认，这样的分句看上去很妙，却有点过分雕琢的意味。我喜欢气息较长的分句。这样分析起来也会对学生有所帮助。这首曲子的确如库拉克所言，"充满了波兰式的优雅"。冯·彪罗非常轻蔑地称之为"女人沙龙练习曲"。它必然是优雅、精致、诙谐的，还有一点调皮捣蛋的意味，曲子作得很讨人喜欢。在技术方面，手指的动作要平滑流畅，指尖仿佛包裹着天鹅绒，手腕也要柔韧灵活。第 4 小节第 3 组中的第 3 个音符，克林德沃特和里曼用降 E 代替降 D。米库利、库拉克和冯·彪罗采用的是降 D。

那么问题来了，究竟哪个是正确的？降 D 更可取，因为同一小节中已经有两个降 E 了。改成降 D 更合适。约瑟菲曾经在音乐会上演奏过这首练习曲的变奏。原版的速度是每分钟 116 个四分音符。

第 6 首降 e 小调练习曲宛如一首黑暗忧伤的夜曲。尼克斯对这一首和之前那首 E 大调练习曲称赞有加。如果说如此悲伤的音乐可以称为美的话，那么此曲便是美的，旋律也满载着压抑的忧伤。练习曲的音型很巧妙，却又紧扣主题。曲子在 E 大调部分放射出了戏剧性的活力。肖邦还没有被自己的情绪所支配。这首练习曲必然有着灵魂的构思，记录着青春的幻灭，但表达得简洁洗练。这位萨尔马提亚作曲家还没有忘记有所保留的重要性。

虽然库拉克采用了肖邦的亲笔手稿，然而对于这首让人费解的诗，克林德沃特的解读是最出色的。这份手稿中并没有标注速度。泰勒弗森的速度是每分钟 69 个四分音符，克林德沃特是 60，里曼和米库利都是 69，冯·彪罗和库拉克是 60。库拉克还在谱面上做了几处修改，在第 2 小节最后一组中加了一个降 A。里曼等人也加上了这个音。这个音符应该是肖邦手稿中不小心遗漏的。下面这两个小节说明，当里曼决意毫不含糊地说明时，他几乎不留一点想象的余地：

sempre legatissimo

演奏这首夜曲般的练习曲时，需要华丽的触键和富有同情心的灵魂。

第7首C大调练习曲的氛围更为明快、振奋。它有时像温和的暮色一般，是一首真正意义上的托卡塔，有着明确的技术目的——作为双音和同音换指练习曲——并且和罗伯特·舒曼的托卡塔一样完善。曲中的肖邦英勇无畏，是一个快乐的骑士，全身沐浴在阳光里。这首练习曲时而像光芒穿透神秘森林中的树木洒落，精致地描绘出精灵般的沙沙声，而钢琴家自始至终都在做手腕与手指的技巧练习而非胡思乱想！美丽与责任可曾如此登对？飞马珀加索斯为干旱的乡村送来了一朵积雨云！就练习而言，建议用腕力演奏全曲，以确保连接、断奏和手指记忆清晰明了。对于这首练习曲，冯·彪罗划分乐句时是两个一组，库拉克是6个一组，克林德沃特和米库利也是一样，而里曼则是2个一组、4个一组和6个一组轮番采用。后者的逻辑在视觉上比听觉更直观。冯·彪罗的弹性处理很好地再现了这首练习曲迷离晦涩的特点，远胜于其他几位。

对于接下来的第8首F大调练习曲，他建议力不从心却又雄心勃勃的学生用同样的指法在升F大调上弹奏，这样会有所帮助。这倒是很符合他的作风。这样做当然会有帮助。同理，在升f小调上弹奏贝多芬的f小调奏鸣曲"热情"也会取得很好的效果。这是这位瓦格纳支持者的又一个奇思妙想，或许是来自于贝多芬把巴赫的赋格移到所有调上的故事。据说圣-桑也做过这样的事。

特奥多尔·库拉克在对F大调练习曲的注释中详细阐述了

他信奉的一个理念——肖邦的音乐不应按照速度标记来演奏。原始手稿中是每分钟 96 个二分音符，泰勒弗森的版本是 88，克林德沃特是 80，冯·彪罗是 89，米库利和里曼都是 88。库拉克选取了克林德沃特相对较慢的速度，他认为老一辈的赫尔茨和车尔尼理想中的速度已经销声匿迹了，肖邦这个时代蜻蜓点水般的触键方式与他轻盈灵活的演奏息息相关。当代的钢琴音色高贵洪亮，这就需要更广泛的风格和相对较慢的经过句。对于这首迷人的炫技曲来说，更粗犷的处理方式无疑是明智的。这样发出来的钢琴声必然丰满华美！高音被推到优美的终点，站在最高处大放异彩，而后却七零八落，仿佛大海也有了旋律，碎落成悦耳的泡沫！此曲的情感内涵并不突出，适合时尚沙龙或音乐厅的场合。在结尾处仿佛听到了热烈的喝彩声和戴着手套的鼓掌声。

面对这首练习曲时，柔韧性、贵族般的安逸、精妙的触键、流畅的技巧都会取得很好的效果。此曲在技术方面是很有用的。肖邦作品的实用性是不能不提的，即便是在这些被束缚的彩色肥皂泡中。库拉克版本第 4 行第 1 小节中有一个开放排列的属七和弦，其他版本都没有。然而这一定是出自肖邦或他的某个学生之手，因为这份手稿现藏于柏林皇家图书馆。库拉克认为这个和弦应该略去，此外他还略去了其他所有版本倒数第 20 小节第 4 组中的一个降 E 音。

第 9 首 f 小调练习曲是肖邦第一首情绪无比暴躁的音色练习曲。旋律阴郁，几乎能把人激怒，却不乏某些雄壮的重音。固执地反复预示着肖邦后期更加悲伤的岁月。左手部分的音型首先被委以重任。它并不像 c 小调练习曲中的音型那样高贵响亮，而是明确地作为 d 小调前奏曲低音部的前身。这首 f 小调练习曲的技术目标是延展性，对于紧挨在一起的手指来说是很别扭的。冯·彪罗的指法是最好的，第一组音型的指法为 5、3、1、4、1、3。除了里曼以外，其他版本都推荐用 5 指弹 F，用 4 指弹 C。冯·彪罗认为，对于小手来说，一开始采用他的这一套指法要比肖邦的指法收效更快。此言不假。里曼大量采用连奏线和力度重音对这首练习曲进行乐句划分。比起传统的每分钟 96 拍，库拉克更倾向于泰勒弗森 80 的速度。其他人大多采用的是每分钟 88 个四分音符，里曼除外，他采用更快的 96 的速度。克林德沃特采用的是 88，正好取了个平均数。

至于接下来的第 10 首降 A 大调练习曲，冯·彪罗言之凿凿地声明了自己的判断：

能够真正驾驭这首练习曲的人应该感到自豪，这代表他攀上了钢琴界的帕纳塞斯山顶峰，因为这或许是整套练习曲中最难的一首了。众所周知，这首永动机一般的练习曲充满了才华和想象，所有的钢琴曲目中或许只有李斯特的《鬼火》可与之媲美。比起连奏和断奏的交替，更重要的一点是节奏对比的运用——（四组音符中的）两组和（六组中的）三组，这样两种不同的节奏在同一小节中先后出现。在这里，最重要的是在音乐再现的技巧中克服这一根本性难题，真正用心的话甚至可能轻而易举地实现。

库拉克写道："和声先现音，12/8 拍中 3 个一组和 2 个一组的八分音符交替出现，因而产生了强烈的节奏感……这首练习曲是一首妙趣横生的作品，如果领悟得当，演奏起来会让听者感受到一种神奇的魔力。"所有版本的速度标记都是一模一样的，每分钟 152 个四分音符。这首练习曲是肖邦最有吸引力的一首，乐曲的深度超过了降 G 大调和 F 大调这两首练习曲，它的炫技性也是毋庸置疑的。沙龙的味道笼罩着一个个芳香四溢的小节，其中却还蕴含着优雅、奋发、幸福的意味。肖邦在构思这首活泼的随想曲的时候，一定是处于伤感的天性所能达到的最幸福的状态。

里曼以外的所有版本对于节奏的变换都没有留下什么疑问。以下是冯·彪罗版本的前几个小节，分句是正常的：

再看里曼版本，同样是这几个小节：

里曼的分句看上去比较直观，能引起学生思考，但重音的整体效果必定是截然不同的。上述所有编辑者都同意冯·彪罗、克林德沃特和库拉克的版本。然而如果说这是里曼典型的代表作，那么当肖邦的节奏从三拍子转为两拍子时，让我们来仔细检查一下他对这个乐句的解读。冯·彪罗的版本是这样的——谁还敢吹毛求疵？

里曼的版本：

二者的差别更多是想象出来的，而不是实际存在的，因为重音音符的符干让我们感觉是二元复合节奏。但图例能够清楚地表现出里曼博士打算如何改良和完善肖邦的音乐宝库。

库拉克详细阐述了肖邦的一个怪癖：下方的和声喜欢用开放排列。作品第 10 号第 11 首练习曲有一个脚注。演奏时一定要将

评论的声音抛之脑后，否则就会被教学法困住。关于夜曲的评论
早已汗牛充栋，充斥着太多错误、歪曲的感伤主义和纯粹的胡言
乱语，而真正热爱肖邦的人竟然没有偏离正道，这简直堪称奇迹。
夜曲的珠宝匣里有珍珠和钻石，悲痛忧伤的多，戏剧性的寥寥无
几，剩下的是优美动听的疯狂。两首 g 小调夜曲中的前一首、怀
着绝望心理的升 c 小调夜曲、堪称一部高雅戏剧的 c 小调夜曲、
B 大调"夜来香"夜曲，我对这些曲子的欣赏不亚于任何人，对
E 大调、降 D 大调和 G 大调夜曲的喜爱之情也丝毫不减。但在这
个曲目单上，没有哪一首像这首降 E 大调练习曲一样神似柯罗[7]
的画作。

此曲构思新颖，带有精致的阿拉伯风格——仿佛吉他被赋予
了灵魂——和声设计得丰富而独特，我们不得不停下来发问，肖
邦的创意究竟有没有尽头。旋律本身是悲伤的，一种悲伤的优雅
贯穿全曲。和声更是美妙绝伦，不过对于我们来说十度及以上音
程的和弦早已不再新鲜。当代音乐作品已经把音名毁成了群魔乱
舞的魔窟，然而这首练习曲最后一页的一些和声还是让人大跌眼
镜。理查德·瓦格纳应该能写出倒数第 15 小节那样的作品。从
这个小节一直到结尾，每一组都是杰作。

请记住这首练习曲同时也是一首夜曲，即便是大多数版本中
的速度标记——每分钟 76 个四分音符——也不算很慢，甚至再
慢些都可以。小快板就是小快板，快一点都不可以！空灵的音
色，结尾的一声叹息掺杂着幸福的味道。肖邦这位敏感的诗人
也拥有平静、神圣的时刻——所谓的"生之休憩"。最后两个小

节的倚音大跳让人眼花缭乱，为这首独树一帜的作品画上一个完美的句号。

就演奏来说，手太小或太大都不合适。如果手太小的话，我们一定不要以为有什么"编排"或者简化版本可以实现肖邦意图营造出来的空灵效果和音藤摇曳的感觉。如果手太大的话，由于跨度的关系，容易把琶音含糊过去，从而破坏这首练习曲的生气。我亲耳听到过这样的例子，效果简直是不堪入耳。米库利、冯·彪罗、库拉克、里曼和克林德沃特的指法各不相同，大多数钢琴家的指法也和他们不同。个人对指法的掌握体会以及演奏手法都会决定一个人如何进行技术处理。冯·彪罗提出了一个非常合理的演奏模式，库拉克则依旧诠释得更为明确。他对旋律进行了分析，严格忠实于琶音，告诉我们琶音为何"一定要用快到极致的速度弹奏出来，近似于多个和弦同时发声所产生的和声效果"。库拉克对于倚音也有自己的一些看法，由此我想请各位注意一下冯·彪罗在主题最后一次再现时对倚音所做出的改动。冯·彪罗版本出现了一个糟糕的印刷错误：倒数第17小节低音部第一组中的最低音应该是 E 本位音，而不是谱子上面印着的降 E。

冯·彪罗从第一个和弦往后就不再使用琶音标记。他正确地意识到，这个标记会让学生难以理解和声变化和指法的微妙之处。一贯很有想法的他认为："演奏者若是对这首练习曲有足够的耐心和热情，便会发现练习从高到低的反向琶音是很有意义的，或者还可以双手反向练习，一只手从高音开始，另一只手从低音开始。

像这样的种种方法必然有助于更好地实现这一目标。"

这自然是毫无疑问的，不过我们也要考虑一下：人生在世的时间平均不过七十余年！

我们仔细查阅过的各个版本的分句，都没什么太大的区别。里曼是个例外，他的开头用的是自己的方式，有自己的想法：

对于倒数第 15 小节的前 3 个低音和弦组，大家的意见分歧则更为明显：冯·彪罗和克林德沃特版本的最低音是一个降 B 和两个 A 本位音，里曼、库拉克和米库利版本的最低音则是两个降 B 和一个 A 本位音。前一种听起来更富于变化，但或许后一种才是正确的，因为米库利站在这一边。以下是里曼版本的这个小节：

这段飞向忧郁的航程，这首应该在日落前弹奏的夜曲，惊艳了门德尔松，让莫谢莱斯莫名地恼怒，还招来了《彩虹女神》

杂志编辑雷尔斯塔勃的蔑视。后者在 1834 年的一期杂志上对肖邦作品第 10 号的练习曲评论道："手指畸形的人可以通过练习弹好这些曲子，但手指正常的人不应该去弹，至少要等到给手动了手术以后再说。"要想让这个鼠目寸光的批评家懂得这些作品的美，需要给他的脑袋动一个神奇的手术才行吧！今后的人们弹奏肖邦练习曲将会是因为音乐本身，根本不会去考虑什么技术问题。

年轻的雄鹰开始面朝太阳，乘风翱翔。我们迎来了作品第 10 号的最后一首，壮烈的 c 小调练习曲。4 页乐谱足够撑起一面背景，迎接盛怒的作曲家天性中最黑暗、最狂暴的感情投射。没有遮遮掩掩的猜测，没有强压下来的盛怒，旋风般的激情横扫千军。关于这首作品的诞生，卡拉索夫斯基的故事或许确有其事，但不论是真是假，此曲终究是钢琴文献中最伟大的一次富有戏剧性的爆发。它无论是外在轮廓、自豪感、力量还是速度都非常出色，从第一串刺耳的不协和音一直到碾压性的和弦结尾。这样一个结尾听起来像是创作的爆裂声。

这首曲子曲强而有力。库拉克称之为"到达巅峰的左手炫技练习曲。此曲于 1831 年作于斯图加特，在肖邦得知同年 9 月 8 日沙俄占领华沙的消息后不久。"卡拉索夫斯基写道："肖邦为自己的亲人和挚爱的父亲的命运感到悲痛、忧虑、绝望，这一切让他饱受煎熬。在这样一种情绪的作用下，他创作了这首 c 小调练习曲，通称'革命练习曲'。旋律从狂风暴雨般的左手部分凸显出来，激情澎湃，之后又变得骄傲、威严，直到让听者因敬畏而浑身震颤不已，此情此景仿佛宙斯向人世间掷出雷霆闪电。"

尼克斯认为此曲"无比壮美"，此外他还写道："作曲家仿佛是在大发雷霆，左手一路狂奔，右手激情迸射地加入进来。"冯·彪罗说："这首 c 小调练习曲是比升 c 小调练习曲更完美的艺术作品。"上述说法都是很高的评价，却都还没有说到点子上。

至于左手第一乐段的指法，冯·彪罗的版本非常合理，克林德沃特以 3 指代替 2 指作为开始，而我们亲爱的改革者里曼则采用了这样一组指法：先是 2、1、3 指，之后竟然是用 5 指弹 D 音！库拉克的版本就正常多了，是用 3 指开始的。下面是里曼对前几个小节的分句和分组。请注意二分音符的一端标明了特殊的指法变化。这是可靠的保证，也丰富了指法本身。冯·彪罗做出的变化是在 2、5 指上而不是 3、5 指上。里曼的版本是这样的：

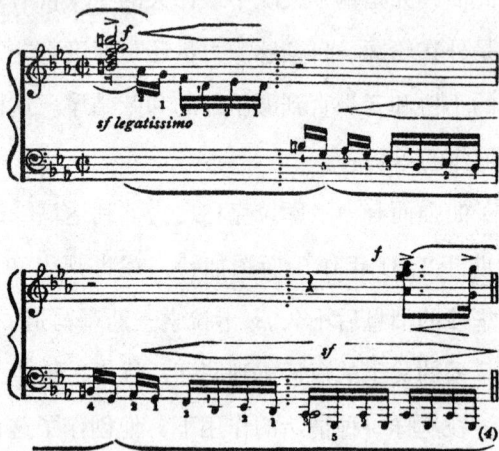

如上所示，惯常的分句有了变化，其他所有版本的重音都落

在每组的第一个音符上。里曼版本的重音看似反常，却无疑是富
有教学意义的。或许不那么好听，却很有用，不过我还是不愿在
音乐会上听到这样一个版本。里曼的分句还有一个鲜明的特性，
就是他着重强调主题乐段左手部分的最高音降 E。就冯·彪罗称
为"半音曲径"的部分，他的指法别具一格，在第一页和最后一
页都有所体现。他对第一主题的想法也很特别：

米库利在前面的三个八度上画了一条连奏线，库拉克也是如
此，冯·彪罗只包括了后两个，因此产生的效果也略有不同，而
克林德沃特和库拉克一样。里曼所采用的沉重的力度重音毫不含
糊，意味着这个乐句一上来就是举足轻重的。他并不是在反复时
使用，而是从头至尾毫不吝惜地大量使用力度重音和延音重音，
这首练习曲也像是回响着炮兵阵地低沉的轰鸣声。

展开部仿佛预知了《特里斯坦与伊索尔德》，所有的编辑者
都对它进行了分句，却从没有人照此演奏过。这里的技术性音型
比分句法更重要，因此演奏家也大多用 5 指弹奏重音，不论是何
种音型。就应该是这样。克林德沃特版本倒数第 15 小节低音部
开头有一个印刷错误，那个音应该是 B 本位音，而不是降 B。所

有版本的速度都一样，为每分钟 160 个四分音符，但速度应当不惜一切地为广度让路。

据我了解，所有编辑者中只有冯·彪罗一人为这个展开部作了等音变换。看起来倒是整齐了不少，听起来也没有区别，可这还是肖邦吗？他还用连绵不绝的八度把最后的齐奏跑动转换成一场名副其实的飓风，改编成了公开演出的版本，弹出来的效果响亮刺耳。肖邦的这首练习曲并不需要这种铿锵作响的填充物，按照曲子本身的要求弹奏才能达到最令人震惊的反差效果。

这首练习曲具有一种强烈的悲悯之情。乐曲本身已经达到了登峰造极的境界，即便是激流汹涌的时刻，作曲家也不忘保持内心的平和。当然他也能够心生悲情，并且把这种情绪随意又匆忙地驱回到幽暗的深渊中。肖邦的练习曲中，唯有同调的作品第 25 号第 12 首能够与之媲美。

2

弗雷德里克·肖邦作品第 25 号的 12 首练习曲题献给阿古尔特伯爵夫人。这一套的开篇曲目是熟悉的降 A 大调练习曲，大家都很熟悉这首，我也不用过多介绍了，唯一要说的一点就是这首曲子本身很美妙，却总是被弹得一团糟。自米库利以来，当代的编辑工作唯一能做的就是寻找全新的重音标示法。就此而言，冯·彪罗堪称罪大恶极，他在犄角旮旯里发现了一些奇奇怪怪的东西，用在自己的力度强弱标记上，作曲家本人就连做梦也不会想到是这样。

我们应该满怀敬意地研究冯·彪罗的版本，领会之后再把它抛开，转而寻求一种更具诗意的诠释。毕竟诗意和踏板才是这支曲子中最重要的东西，如果没有丰富多变的踏板运用，这首练习曲就会像狗啃过的骨头一样索然无味。冯·彪罗说："音型一定要处理成双重三连音——是 3×2 而不是 2×3——如前两个小节所示。"克林德沃特把每一组作为六连音。冯·彪罗对指法和分句给出了很多指示，还把结尾低音部的颤音具体要弹出多少个音都指出来了。库拉克的指法最为别致。请看第 3 页第 2 行最后一个小节的最后一组。这是最完美的指法。不妨以罗伯特·舒曼对这首练习曲美妙的描述作结，库拉克引用如下：

　　对于面前这本练习曲集，罗伯特·舒曼先是将肖邦比作午夜时分看到的一颗奇异的星星，之后又写道："他的道路位于何处，通向何方，路有多长，沿途又是何样的风景，这一切又有谁能知晓？然而这条路却每每呈现出同样黯淡的幽光，同样的星光，同样的质朴，即使是小孩子也不会认错。此外我还有幸亲耳聆听肖邦本人演奏其中的大多数曲目，他的演奏也极具个人风格！"

　　舒曼还特别提到了第一首练习曲："想象一下，有一把风弦琴能奏出所有的音阶，艺术家的手会把这些音阶化为各种奇妙的装饰品，然而这样一来处处都能听到深沉的基音，还有柔和的上方声部一直在歌唱，这就是他的演奏想要给人的感觉。但若是以为肖邦允许让每个小音符都清晰可闻，那可就大错特错了。降 A 大三和弦更像是一阵波浪，随着踏板起起落落。通过全部的和声，始终能够听到一段清晰、神奇的旋律，然而在乐曲的中段，主旋律旁边还有一个次中音声部，一度在和弦中凸显出来。一曲结束，感觉仿佛在梦中看见了一片祥和，会在半梦半醒之间愉悦地回忆起这一幕。"

看到这样的话，对于如何表达这首曲子也就没有什么疑问了。用大音符表示的旋律音和另外一些重要的音一定要从柔声细语的波浪中显露出来，一定要与上方声部结合在一起，组成真正的旋律，同时还要伴随着美妙无比、意味深长的强弱变化。上述两点自是不言而喻。

这首练习曲 A 大调的第 24 小节很有李斯特风格，李斯特想必是从这个小节的和声中学到了一些东西。

"之后他又弹起了这本曲集中的第二首，f 小调练习曲，他在这首乐曲中表现出来的个人风格令人难忘。多么引人入胜，犹如梦幻一般！像是在歌唱睡梦中的孩子般温柔。"对于这首美妙的 f 小调练习曲，舒曼这样写道。此曲仿若低语呢喃，然而它并不像降 b 小调奏鸣曲最终乐章那样诉说梦中的恶行，而是在"歌唱睡梦中的孩子"。孩子时而嘟囔起甜蜜的话语，吸引着那些听不惯庸俗之音的人，再没有比这更精妙的比喻了。

1836 年 9 月 12 日，肖邦在莱比锡为亨里埃塔·沃伊特弹奏的练习曲应该就是这首。这位女士在日记中写道："他美妙的演奏风格极度激动人心，传入听觉敏锐的人耳中。我不禁屏息凝神。他天鹅绒般的手指在琴键上潇洒自如地滑动，甚至可以说是飞翔。我陶醉其中，那种感觉至今仍是莫名其妙。我看中的是他在举止和演奏中所表现出来的天真烂漫。"冯·彪罗认为，想要诠释这首神奇的乐曲，就应该摒弃感伤，也不要有什么强弱变化——就是要弹得清晰、柔美、如梦似幻。"完美的'极弱'，无重音的特性，没有一丝一毫的激情和弹性速度。"几乎可以肯定这就是肖邦的演奏方式。李斯特是这方面的权威，马蒂亚斯先生也证实了这一点。对于需要解决的节奏问题——把两种对立的节奏结合在一起——冯·彪罗提出了一条妙计，库拉克也用了半页纸举例说明如何运用右手，之后是左手，最后是双手。库拉克还写道：

> 或者如果一个人愿意的话，也可以想象身在一片寂静、昏暗、郁郁葱葱的森林，在深重的孤独中倾听树叶神秘的沙沙声。事实上，就这首练习曲来说，生动的想象力可以从中得到，甚至是将其塑造成任何东西，除了音乐语言的代数特征！但需牢记一点：演奏要像肖邦风格的耳语一般，对此门德尔松等人断言，再没有比这更迷人的东西存在了。

不过主观想象就说到这里吧。这首练习曲非常美，每个小节都统治着自己的和声小王国。这首曲子如此美妙，甚至连勃拉姆斯歪曲的双音改编和八度改编也未能黯淡它那醉人的低吟。有时又设计得那么精巧，让人不禁想起玻璃上模糊又奇妙的霜花。右手部分自始至终都是每小节四组连续的四分音符三连音，只有一处例外。而里曼不是这样想的。他对指法和分句都有独到的见解：

扬·克莱钦斯基著有一本很有趣的小册子，《弗雷德里克·肖邦作品集及其正确诠释》，内容为在华沙的三次演讲。虽然书中的内容不可避免地经过了缩减，他还是讲到了肖邦的音乐中使用踏板的一些实用技巧。他讲到的正是这首 f 小调练习曲，以及鲁宾斯坦和埃西波娃演奏这首曲子时让人着迷的结尾方式——4 个 C 音营造出回声般的效果，踏板让声音浮了起来。演奏肖邦的作品，用好了踏板就成功了一半。演奏肖邦的作品永远达不到尽善尽美。现实的处理会摧毁他的梦幻宫殿，粉碎他的鸟瞰建筑。演奏他的作品，可以大开大合、热情澎湃、充满戏剧性，但粗鄙是万万要不得的。几乎所有的钢琴家都带着玫瑰花瓣似的感伤来弹奏肖邦，对此我并不赞成。有人曾这样写道："肖邦是一声带着愉悦的叹息。"正是这个观念在肖邦的诠释者中造成了这番浩劫。不过如果说感情泛滥不可取，那么那些四肢发达、头脑简单的钢琴家们对肖邦作品的"健康"解读同样也是不可取的。真正的肖邦演奏者是天生的，绝非学派的产物。

对于第 3 首 F 大调练习曲，舒曼认为尽管"大师在此展现出了让人敬仰的、气势磅礴的力量"，曲子的特性却不够新颖。

"但是，"他继续说道，"这一切都是大胆的、内在的创造力之典范，是真正具有诗意的创作，虽然在细节上仍有瑕疵，整体上却仍然引人注目、雄浑有力。"不过若是敞开心扉来说，我不得不承认，就我个人而言，还是肖邦之前的那套练习曲更有意义。我并不是在含沙射影地暗示他退步了，这些新近发表的练习曲的创作时间本来也和他之前的那些练习曲相差无几，只有少数几首——第 1 首降 A 大调练习曲和最后一首华丽的 c 小调练习曲——创作时间比较靠后，而这两首也都展现出了作曲家炉火纯青的高超技巧。

当然你也可以不同意舒曼的观点，毕竟作品第 25 号至少有两首属于肖邦练习曲中的上乘之作——a 小调练习曲和 c 小调练习曲。上述引文最大的意义在于抓住了这样一个事实——肖邦的练习曲是成批创作出来的。这样一来就厘清了很多心理学方面的关键细节。肖邦去巴黎之前遭受了很多苦难，经历了一场失败恋情的洗礼，最终只得放弃，来到巴黎时他的风格也已经完全成形了——于他而言这种风格是最能体现其自身的。

库拉克将这首 F 大调练习曲描述成"一首生气勃勃的小随想曲，其核心是同时运用 4 种不同的小节奏，形成一种音型，之后这个音型不断重复直至结尾。然而这些重复伴随着重音的改变、新的转调和妙趣横生的对应，让这首作品变得无比活泼、精彩"。他将主题之花的鲜艳花瓣扯下，揭示出这棵精致的植株的内在机理。4 个不同声部的核心也是各具特色。

"第三声部是主声部，其次是第一声部，因为是这两个声部决定了旋律与和声的内容"：

库拉克和米库利给第 1 小节的 C 音加了附点，克林德沃特和冯·彪罗没有加。分句和指法方面我信任里曼。他的版本是最令人满意的。以下是前几个小节。乐思表达得很清楚：

其中最出色的当属精雕细琢的重音，有一处是我查阅过的其他版本全都没有标示出来的。随着三十二分音符的到来，里曼以这样的方式强调了主题：

(2)

旋律——当然指的是轮廓——是以八分音符呈现的。这样一来这个乐段的装饰音型就具有了意义。这首随想曲是多么迷人，多么快活，多么甜美啊！这是一只全速飞翔的蜂鸟所具有的那种挑逗般的、难以捉摸的魅力。人的成分已经消失殆尽。我们身在户外，苍穹之中烈日高悬，欢乐的气氛笼罩了一切，让人飘飘欲仙。即便在 B 大调部分，音乐走向深沉，阴影愈发寒冷黑暗，却还是没什么被悲伤笼罩的意味。和声的转换妙不可言，变化多端的音型设计也是绝妙无比。

里曼在结尾将 B、E、A、降 B、C 和 F 标为重音——左手部分有一些凶险的大跳，却让精美的和声网络得以圆满地收尾。在倒数第 13 小节的这个地方，为了让左手弹得不那么别扭，有一种简便方法，就是用右手拇指来弹低音部上方的 C 和下一小节低音部上方的 B。这样会将大跳的风险降到最低，绝对是合情合理的——至少在公开演奏时。库拉克认为尾声要像"呼气"一样吹走，它的指法也有很多种。库拉克还为第一组音规定了最费劲的一种指法，用的是双手的 4 指。这对练习很有帮助，但演奏的话还是用 3 指更踏实些。

冯·彪罗建议演奏者"上半身尽可能地保持不动，因为动作一旦急起来，手腕就难以放松，导致功亏一篑"。他还提出了第17小节的某种分句方法，还要求主题最后一次再现时的"加强"部分不能弹得突兀、尖锐。库拉克给出了详细的指示，他认为触键要轻，手要像滑行一般，B大调部分中"次拍的重音要弹得慷慨激昂、任性固执"。这首多变、奇妙又优美的练习曲反映的是肖邦难得一见的精神。舒曼有言道——这首练习曲应该弹出一种"亲切的华丽"。库拉克版本有一处错印：三十二分音符开始处的F错印成了A，不仅本身不合理，还扰乱了调性。

对于第4首a小调练习曲，特奥多尔·库拉克的评论已经很全面了：

> "从最广义上讲，每一首乐曲都是练习曲。然而从狭义上讲，我们要求练习曲必须针对一个专门的目标，能够提高某方面的技巧，克服某些特定的难点，不论是在技术、节奏、表情还是表达方面。"（罗伯特·舒曼，《文集》，卷一，第201页）我们面前这首练习曲在技术方面的趣味性不如节奏方面。小节里的主拍（第1、3、5、7个八分音符）只用单音来表现（在低音部），相当程度上是"自由自在、无忧无虑、无牵无挂的"，而小节里的次拍（第2、4、6、8个八分音符）却承载着和弦，而且大多还带着与常规的小节拍子截然相反的重音。更进一步说，上方声部还有一段如歌的旋律，和这些和弦结合在一起，或者可以说是从这些和弦中产生的。

它与低音部的强拍相反，是以切分形式出现的。这段如歌的旋律由弱拍开始，产生了很多延留音，就其登场的时间来看，好似旋律中出现了大量的耽搁和延迟。

这一切都为这首作品染上了一种绝无仅有的色调，仿佛在不停地流动，让这首练习曲成为一首很特别的曲子，一首随想曲，我们大可将其命名为"不安"。

至于技术方面，以下两点需要学习：和弦的断奏和如歌旋律的演奏。和弦应该是"按"下去的，而不是"敲"出来的。手指要轻松地支撑在和弦的琴键上，然后再和手背一起灵活地抬起来。手部向上的动作一定要非常细微才行。一切都要完成得极为精准，不只是表面功夫。如歌的旋律出现时，每一个旋律音都应脱离伴奏音，仿佛"解脱"一样。因此弹奏旋律音的手指要用特别的力量按下各自分内的琴键，这时手背允许稍微向右偏（侧向击键），尤其是当伴奏中出现休止符的时候。试比较这首练习曲和费利克斯·门德尔松的 b 小调钢琴与管弦乐随想曲第一页引子。除了个别几处渐慢，这首练习曲要严格按照节拍来演奏。

相较这首阴沉、紧张的作品，我更青睐克林德沃特的编辑版本，它或许仅仅是一首练习曲，却也指出了一种略微有些病态的情况。这首 a 小调练习曲中的切分音让人喘不过气来，表达的情感也十分有限，却依旧不乏力量与趣味。里曼的分句固然谨慎，却并不比克林德沃特更具有启发性。冯·彪罗说："低音部自始至终都要标为'强'——即便是在'弱'的地方——且应呈现出对上方声部的模仿。"奇怪的是，他的版本竟然是唯一一个结尾左手用琶音来弹的，虽说最后一个小节"双手都可以这样弹"。这样的编辑也真是模棱两可。史蒂芬·海勒评论说，这首练习曲使他想到了《垂怜经》的第 1 小节——毋宁说是莫扎特《安魂曲》之《永恒的安息》。

可以肯定的是，肖邦的所有练习曲中，第 5 首 e 小调练习曲我们听得最少。自从安妮特·埃西波娃在那次著名的独奏会上演奏了全部 27 首肖邦练习曲之后，我不记得还在什么时候听到过这首曲子。然而这首钢琴曲音色洪亮，经过了精雕细琢，在中部全面体现出了装饰效果。它的开头不伦不类，变化无常，一点也不亲切，或许正是这样的特点让钢琴家们在演奏会上不得不小心翼翼地弹起这首曲子。此曲非常精彩，难度也很大，特别是如果按照冯·彪罗的建议，自始至终采用同样的指法来弹奏的话。史蒂芬·海勒格外偏爱这首练习曲，尼克斯对此加以引用。在 1839 年 2 月 24 日的《音乐纪事报》上，海勒对肖邦作品第 25 号评论道：

> 为了尽可能快乐地度过一个或者几个夜晚，我们还需要些什么呢？至于我，则要在这部诗集——这是对肖邦作品唯一恰当的称谓——中寻觅几首喜欢的乐曲，这几首比起其他的作品更令我难忘。又有谁能完全做到过耳不忘呢？正因如此，我才特意在笔记本里记下了面前这首诗集中的第 4、5、

7首。这十二首倍受青睐的练习曲，每一首都独具魅力，而我尤为喜爱这三首。

这首 e 小调练习曲的中间部分使人想起塔尔贝格。冯·彪罗告诫学生们，不要"用右手拇指把第一个音符弹成重音，因为它并不构成旋律的一部分，只是作为一个无足轻重的经过音出现"。这段话说的是 E 大调的旋律。他还写道，克林德沃特版本左手第3个音符的加入并不需要专门论证一下。我还在克林德沃特版本中发现了一个明显的不同之处。正数第 10 小节，主题第一次变奏时，左手的大跳之前有一个 E 本位音的倚音。大跳并没有像米库利、库拉克和里曼版本一样跳到 G，而是跳到了升 F。冯·彪罗采用的是升 F，但没有下面的九度音。里曼通过分句，得到了上方的旋律，B、E 和 G，他的符干是朝下的，不像米库利和冯·彪罗那样朝上。库拉克采用的是附点八分音符。里曼采用的是十六分音符，如下所示：

库拉克写道，比较老的节拍器上并没有"184"的字样。这样的速度对于这首节奏变化利落、巧妙的随想曲来说，并不算

太快。对于如何弹奏第 130 小节，冯·彪罗有言道："这些短倚音——也就是前缀——要和其他部分同时弹出来，第 134 小节以及后面数小节中的颤音也是如此，必须从上助音开始。"这些细节很重要。库拉克对自己的注释进行了如下总结：

　　尽管构成核心的动态部分存在着一些细小的变化，它本身却依然清晰可辨。与此同时，从这些细小的变体中发展出了丰富的节奏，对此演奏者一定要非常准确地予以呈现。此外，如果他还能够敏锐地感受优美迷人、风情万种或者多变又讨喜的事物，便会懂得如何进一步强化主部的魅力。这一部分就其特点来看，会使人想起作品第 25 号第 3 首练习曲。
　　大调的副部开始了。它的核心由一段明晰的旋律构成，这段旋律若能够被深切地理解和表达出来，将会触及听者的内心深处。右手的伴奏是和弦琶音，先是三连音，之后是十六分音符，冷静地上行、下行，仿佛一张面纱将旋律包裹起来。弹奏这一部分时，几乎是没有重音可言的。

关于脍炙人口的作品第 25 号第 6 首升 g 小调练习曲，路易斯·埃勒特[8]写道："肖邦不仅把三度练习谱成了诗，还把它改造成了这样一首艺术作品，钻研这首作品的时候，比起在课堂上，我们会更快地想象自己登上了帕纳萨斯山。肖邦将每一个乐段升华为美好思想的化身，借此撕去了每个乐段机械的外表，转而通过音符的流动优美地表达出来。"
这的确是钢琴文献中内容与形式最完美的统一体。为了手段，可以不择目的，而作曲家所采取的手段很美妙，除此之外再也找不到合适的词语来描述这首高贵的练习曲的风格和构思。由于难度太大，很少公开演奏。这首升 g 小调练习曲和舒曼的托卡塔一起把守着双音之乐园的大门。这两首作品系出同门——车尔尼的托卡塔，还共同孕育出了像巴拉基列夫的《伊斯拉美》这样高不可攀的后世之作。

　　纵览钢琴双音练习曲之后会发现，肖邦能够在如此荒芜的主题上进行各种变化，简直是奇迹降临。这首练习曲首先是音乐，其次才是技术问题。当两三位钢琴家以肖邦的名义聚在一起时，谈话必然要朝这样一个方向进行："升 g 小调练习曲的三度双音半音，你的指法是什么样的？"回答了这个问题，你的指法流派也就不言而喻了。你会被归于某一类。如果你剑走偏锋，就会被热情的提问淹没；如果你遵循冯·彪罗的路线，支持车尔尼指法，就会被视为奇人。反正诠释这首练习曲又不用交税，我们不妨仔细查看一下各个版本的指法。首先是利奥波德·戈多夫斯基[9]给出的三度双音半音的指法：

　　接下来是众位权威人士的指法，可以浏览一下他们为了攀登那些险峻的半音高峰所付出的种种努力。下面是米库利的指法：

库拉克的指法和上面的完全相同。这就是所谓的肖邦指法，和所谓的车尔尼指法形成鲜明对比——然而约翰·考茨认为这事实上是克莱门蒂的指法。"后一种指法用右手3、5指弹升C和E、升F和A，用左手3、5指弹C和降E、G和降B。"克林德沃特也采用了肖邦的指法。冯·彪罗声明如下："肖邦在三度半音阶中所采用的奇特指法，在我们看来是为了表现出最连音效果，然而在现代乐器上是绝不可能达到的，因此我们在必要的时候换成了胡梅尔的旧指法。当代最伟大的两位演奏艺术家，亚历山大·德雷夏克[10]和卡尔·陶西格，在理论和实际两方面的看法都是一致的。不难猜测，肖邦的指法受到了他喜爱的钢琴制造商——巴黎的普莱耶尔和沃尔夫制造的钢琴的影响。他们在采用双擒纵器之前生产出来的乐器，触感必然是极尽柔软的，因此肖邦认为在连续经过两个白键——E、F和B、C所构成的半音——的上行音阶中，使用拇指是行得通的。如今，在三角钢琴上，我们认为这与渐强连奏的情况是互相矛盾的。"事实上，肖邦的这种指法直接源自胡梅尔。参见他的《钢琴学派》。

他的指法如下：

他还建议左手采用如下分句法。很了不起：

里曼不仅在双音音阶上采用了新指法，对于这首练习曲开头的颤音，他也用1、3指和2、4指代替了其他人通常采用的1、4指和2、5指。以下是他对于三度半音跑动的想法：

这首练习曲的其余部分要弹得如风一般，或者如库拉克所言："除了几个地方和一些重音以外，这首练习曲从头到尾都要弹得如同肖邦的低语一般。右手在弹奏三度，特别是全音阶和半音阶

时，一定要弹得四平八稳，穿指和跨指的动作不能让人感觉到生硬。左手也要多留心多注意，要经过专门练习才行。和弦的乐段以及所有类似的段落，一定要小心谨慎地弹出最连音。双符干的音符是相互联系的，因此要弹得更强些，以便和单符干的音符区分开。"

冯·彪罗将第7首升c小调练习曲称为夜曲——大提琴与长笛的二重奏。他巧妙地解决了双手不同节奏的差异，并正确地认识到这首作品并非针对某一特定的技术问题。这首练习曲是所有练习曲中最受赞扬的。然而我却不得不赞同尼克斯，对于这首曲子，他是这样写的："这是一男一女的二重唱，男人比女人表现得更健谈，语气更强烈，这首二重唱的确很动听，但也许略微有点单调无聊，就好比窃窃私语的两个人在第三者看来自然也是如此。"奇怪的是，他把这首曲子认为是E大调。

在肖邦的同代人看来，这是他最伟大的成就之一。海勒写道："它酿成了最甜蜜的忧伤，最令人羡慕的痛苦，如果演奏这首曲子能够让人感到自己在不知不觉中被悲伤、忧郁的念头所占据，那么它就是在处置我最为钟爱的灵魂。啊，我多么热爱这些阴沉、神秘的梦，而肖邦正是创造了它们的神。"克莱钦斯基认为这首练习曲带有厌倦生活的痕迹，还引用了肖邦的朋友奥罗拉斯基的话。"他只是饱受思乡之苦。"威勒比说这一首是所有练习曲中最美的。在我看来，它阴沉又伤感。其中包含着乡愁，饱受折磨的病态灵魂所怀有的乡愁。在不断变化中，包含着大师最会招致非议和惹人喜爱的全部品质。这些甜蜜芬芳的小节，或许我们听得太多了。对它的诠释关乎品位问题。库拉克为它写下了最具野心的说明。此处引文由阿尔伯特·R. 帕森斯译自谢尔默（G. Schirmer）出版发行的库拉克编辑版本。

整首乐曲自始至终笼罩在伤感的情绪中。作曲家怀着诚实的心理，描绘出乌云密布的灵魂的一块碎片。他让一颗破碎的、悲痛欲绝的心，用一种绝不可能被误解的痛苦语言宣告自己的悲伤。这颗心失去的不是一部分，而是全部。然而这一个个音符并不一定打着安静忧伤、服服帖帖的烙印。有越来越多的激烈冲动被唤醒，静寂的悲叹变成了对残酷命运的控诉。它寻求斗争，力求用意志力冲破痛苦的桎梏，或者至少可以沉溺于美好的往昔，聊以慰藉。但这一切都是徒劳！这颗心失去的不是一部分——它已经一无所有。这首音诗分为三个部分，如果把B大调插段看作一个特殊部分的话，就是4个部分（诗节），其中最后一部分巧妙地重复了第一部分，并附上了一个简短的结束部分。整首乐曲就像是一首歌，或者更确切地说，是一首咏叹调，浮现出两个主要声部。上方声部模仿人声，下方声部则始终都要表现出助奏大提琴的特点。众所周知，肖邦非常喜爱大提琴，以至于在自己的钢琴作品中也要模仿大提琴特有的乐段风格。这两个声部密切配合，相互补充、模仿。二者之间还有第三种成分存在：始终如一的连续八度伴奏，唯一的意义就是充实和声。这第三种成分要完全处于次要地位。咏叹调之前是一个宣叙调风

格的、短小的单声部引子，这不禁让人清晰地想起作品第 23
号 g 小调叙事曲的开头。

冯·彪罗称第 8 首降 D 大调练习曲为"全部练习曲文献中最
实用的练习。如果'钢琴家必备'这个被滥用的说法还没有变得
声名狼藉，那么这首乐曲才是真正的名副其实。为了让僵硬的手
指放松下来，为公开演奏做准备，建议从头至尾把它弹上 6 遍，
即便对于最熟练的钢琴家也是如此"。仅仅 6 遍！建议把左手部
分拿出来单练。库拉克认为这首练习曲"极其悦耳动听，却没有
丝毫内涵深度"。对于六度双音的训练，这是一首绝好的练习曲。
它包括一个显眼的连续五度乐段，理论家们为之争论不休。里曼
在编辑时还加上了一些新的评论。

轻盈的第 9 首练习曲被称为"蝴蝶"，是降 G 大调。冯·彪
罗将它等音转调为升 F 大调，从而避免了大量的重降。然而这
样的变化并不值得称道。他对这首乐曲的评价极低，把它和查尔
斯·迈耶的一首作品归为一类。这是不公平的。肖邦的这首练习
曲或许深度尚欠，但依然很优美，当然也是具有实际作用的。最
近它已经成为钢琴竞技表演的常用舞台。几乎所有的当代大师都
要把这只快乐小蝴蝶的翅膀扯碎。他们狠敲猛砸，更残暴的是，
他们用三个和弦来结束这首曲子，每次都要升高一个八度，借此
为结尾染上一种常规的色彩——这恰恰是作曲家所避免的。被曲
解得离谱的分句同样肆无忌惮。泰勒弗森和克林德沃特的版本有
如下区别：

米库利、冯·彪罗和库拉克把连奏线放在每一组的前三个音符上。里曼当然是不同的：

所有版本中的速度标记基本相同。

冯·彪罗认为作品第 25 号第 10 首 b 小调练习曲充满了亚洲的野性气息，而威勒比仅仅称其为"左手"八度练习曲！此外，由于这首曲子具有单声部特点，因此冯·彪罗还将它与贝多芬《雅典的废墟》中的《伊斯兰苦行僧合唱》相提并论。尼克斯说，这是"名副其实的一片混乱，神圣的声音一度响起，但最终还是恶势力占了上风"。库拉克认为这首练习曲"稍微有些离谱，像是勉强创作出来的，虽然豪迈地一路冲到终点，却还是让人保持冷静"。冯·彪罗的版本最完整。克林德沃特通过左手添加和声的办法，加强了倒数第 6 小节中的第一和第七个八分音符。这首练习曲在技术上很重要，很多钢琴家都小看了它，然而它在音乐上的重要性并未因此大打折扣，我基本上也倾向于把它和作品第25号中的最后两支练习曲划为一组。此曲的开头很可怕，很快变为强劲的音乐风暴。这首练习曲中间的B大调部分是肖邦创作出来的最动人的旋律，唯有b小调谐谑曲中同样是B大调的部分能够与之媲美，而第一主题的再现也处理得和作品第35号中的降e小调谐谑曲一样完美。我承认自己被这首b小调练习曲那压力通风般的速度和急转直下的结尾深深地感染了。八度旋律很厚重，曲调未免有些过火，但这甜蜜的音乐却能让人感觉到美，仿佛置身于初秋的静夜。

下面是作品第25号第11首，a小调"冬风"练习曲。对此就连冯·彪罗也变得热情起来：

必须指出的是，它发出了能够想象得到的最丰富的音，却没有丝毫的管弦乐队色彩，它恰如其分地代表了钢琴音乐，这是它作为肖邦长度最长、在各个方面都首屈一指的练习曲的特殊价值之所在。让钢琴与管弦乐泾渭分明，这份荣耀应该归于肖邦。其他的浪漫派作曲家，特别是罗伯特·舒曼，已经抹除了二者之间的界线，对这两类音乐都造成了损害。

库拉克同样热情洋溢地赞美道：

这是肖邦练习曲中最宏大、最别出心裁的一首，和作品第10号第12首相比肩，甚至可能已经超越了后者。这是一首至高无上的炫技练习曲。在那些大胆、独创的乐段中，起起伏伏的波浪，躁动不安的湍流，在整个键盘上倾泻泛滥，具有强烈的感染力；和声和转调的微妙变化也很迷人；最后同样迷人的还有匠心独运的小主题，仿佛一条"红线"在所有波光粼粼的音浪中穿行，似是在阻止这些音浪消散在天空的各个角落。这个小主题严格来说只是一个两小节的乐句，它在某种意义上充当了这首练习曲铭文里的格言，以单声部形式首次出现，之后立即变为四声部。缓慢的速度（慢板）显示其应有的重要性。读者若是一直读到这里，并同意我的说法，那么对于如何进行恰当的艺术表达也就不会存疑了。要想完全以规定的快速度演奏这些乐段，就必须具备成熟的技术。强的乐段需要高度的灵巧性、轻盈的触键、均匀、力量和耐力，再加上弱和很弱的乐段所需的清晰至极的颗粒性——一定要早就已经达到了这些要求才行，因为演奏者必须将全部精力投入在作品诗意的内容上，特别是进行曲般的节奏的表达，这些节奏是有生命的，前一刻还冷静谨慎，后一刻却大胆挑衅。进行曲般的元素自然需要严格按照节拍弹奏。

这是一首华丽的练习曲，而且非常具有音乐性。

第15小节最后一组的第2个音符，冯·彪罗用的是B本位音，而另外的版本除了克林德沃特以外用的都是降B。冯·彪罗的做法是符合常理的。降B是错印。这位权威专家还建议盖上钢琴盖，进行慢速断奏练习。这样一来，演奏者就不会沉浸在喧嚣的声音里，丧失批判的能力。

对最开始的十六分音符的分句，每一位编辑者都有自己的看法。下面是米库利的正常版本：

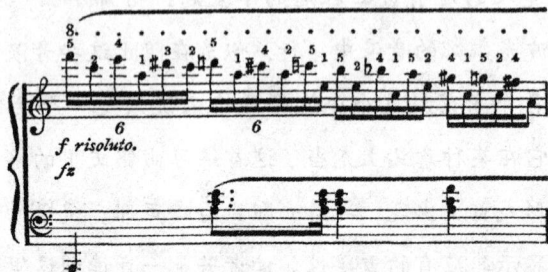

克林德沃特在这一段的指法更巧妙，但分句几乎是一样的，只是省略了六连音标记。库拉克保留了它。冯·彪罗的乐句是以这样的方式跑动的：

至于音符的分组，里曼遵循了冯·彪罗的方法，不过重音的位置不同。

这是肖邦最大的一张画布——鉴于乐思及其处理的规模比他的两首协奏曲还要大得多。两首协奏曲终究只是微型画，用巧妙的手段组装构造起来，当然你也可以很珍视它们。然而那两首作品都没有这首练习曲中势不可挡的、宛若冬风呼啸般的激流。啊，肖邦击垮了那些设计出一大幅装饰图案、之后却没有什么东西去把它填满的现代人！他从未在主题上撒手，波动起伏中带来许许多多的惊喜。

值得一提的是，在结尾处出现了音阶。肖邦在练习曲中很少使用音阶音型。从胡梅尔到塔尔贝格和赫尔茨，键盘上铺满了闪闪发亮的音阶。肖邦一定是受够了这些，同样也受够了左手旋律、右手琶音伴奏的塔尔贝格式套路。音阶已经被用滥了，所以肖邦很少用。在作品第 10 号中的第一首升 c 小调练习曲结尾，左手有一段音阶跑动。在作品第 25 号第 7 首同样是升 c 小调的练习曲中，音阶更多了。作品第 10 号第 2 首 a 小调练习曲是一首半音阶练习曲，此外就再没有这种形式的例子了，直到这首 a 小调练习曲结尾气势磅礴的跑动。

演奏这首作品需要超强的力量和耐力，超强的力量、激情和浓厚的诗意。它是露天的音乐、风暴的音乐，时而犹如列队行进般壮观。灵魂渺小之人，无论手指多么灵活，都应避开它。

主要的技术困难在于拇指的控制。库拉克对结尾进行了改编，用于音乐会演奏。此举很有效果。平均速度为每分钟 69 个二分音符。

库拉克认为作品第 25 号第 12 首，也是最后一首 c 小调练习曲是"一首宏伟壮丽的作品，练习双手分解和弦，无须赘言"。我与这位德高望重的教师看法不同。我倒是更倾向于尼克斯的观点："第 12 首 c 小调练习曲中的情感至少已经上升到了作为象征的琶音波浪的高度。"

冯·彪罗说：

> 这首华丽炫技练习曲所必需的那种力量，只有弹得极尽
> 清晰才能得到，因此也只能渐渐加快速度。所以最理想的办
> 法是用较弱的力度练习，并且富于变化，否则音的力量很容
> 易让人感觉僵硬。在钢琴上，暴风雨被描绘得栩栩如生，之
> 后是富有诗意的斗争。钢琴这件乐器和这首乐曲一样，都会
> 陷入悲痛之中。

> 为了制造出必不可少的效果，需要使用踏板，并且要随
> 着每一个新的和声而变化。但只有当学习已经深入到一定的
> 阶段，所有技术困难都已经被克服了的情况下，才可以开始
> 考虑踏板的使用。

大家都有各自的偏好。就作品第 25 号而言，我偏爱这首 c
小调练习曲，它和 d 小调前奏曲一样，"充满了枪炮轰鸣"。威勒
比有不同看法。在他的肖邦传记第 81 页中，他大胆言道："如果
尼克斯教授用了'单调'这个词来形容第 12 首练习曲，那么我
们应该会更容易认可他的看法。因为尽管展现出了巨大的力量，
但琶音音型这样的形式着实显得'千篇一律'，让人觉得很单调。"
这首 c 小调练习曲在一定程度上是回到了第 1 首 C 大调练习曲。
前者的乐思远比后者要高贵、生动、确切，然而后者却是实实在
在、未加雕琢的质朴，更具表现力，并具有最基本的力量。这是
单调吗？绝对不是！雷声大作，咆哮的海浪撞上阴沉、蛮荒的岸

边某处，浪花飞溅，就是这样的单调。在这首粗粝的 c 小调练习曲中，肖邦仿佛化身为贝多芬，和贝多芬本人一样远离了巴黎沙龙音乐的纨绔主义。此曲本打算作成管弦乐曲，然而却成了一首真正意义上的钢琴史诗。

里曼把每小节开头的音符设定为二分音符，并提醒演奏者必须坚持用拇指强化这一音符。所有版本中，我最喜欢冯·彪罗的版本。他的指导巨细靡遗。他采用了李斯特的方法，以八度三连音的形式达到高潮。要让李斯特来弹这首喧嚣的作品，一定是从头至尾的轰鸣！在它面前，不把肖邦视为最伟大的、富有创造力的音乐家之一的批评，全都应该哑口无言了。我们面前是作为音乐家的肖邦，而不是作为钢琴作曲家的肖邦。

3

1840 年，弗雷德里克·肖邦所作的"三首新练习曲"出现在 F.J. 费蒂斯和 I. 莫谢莱斯的《方法之方法》中。这三首练习曲与肖邦这位波兰作曲家的风格很不搭调。尼克斯写道："内在证据似乎表明，大师最弱的这几首练习曲，可以说比作品第 25 号更像是搜集而来的产物，然而却一点也不无聊，也的确很有特点。"

在过去的 10 年间，这三首追加的练习曲的艺术价值大幅提升。它们有几分肖邦前奏曲的简洁性。第 1 首堪称杰作。f 小调的主题以四分音符的三连音形式呈现，辽阔、响亮、热烈，与低音部 4 个一组的八分音符勉力抗衡着。节奏是唯一需要克服的技术难点，库拉克煞费苦心地告诉我们要如何克服。这首练习曲的引人入胜之处，在于悦耳动听、感人肺腑的内容。这位可敬的编辑者将其称为作品第 25 号中那首 f 小调练习曲的姊妹篇。这样的比照并不恰当。这首新练习曲要深奥得多，虽未见门户大开，我们却能够意识到隐藏的悲剧问题。

之后的降 A 大调练习曲具有另一种截然不同的美。难点依然在节奏上，作曲家再次显露出无穷无尽的创造力，以及唤起一种情绪、纵观它美丽动人的轮廓、再让它像梦幻魔法一样消失的能力。这首练习曲处处柔和、轻快，充满了甜蜜。肖邦的催眠术比除了理查德·瓦格纳之外的任何一位 19 世纪作曲家都要高明。享受完弹奏这首练习曲的乐趣之后，请去读一读库拉克的《二重之三重》。这对你有好处，而且也不会伤害音乐本身。

我见过的所有版本的第 3 首降 D 大调练习曲都是以降 A 开始的，和著名的降 D 大调圆舞曲一样，唯一的例外是克林德沃特的版本，他是以降 A 上方的降 B 开始的。这首练习曲饱含着阳光灿烂的、精神上的幽默，弹完这首曲子会让人感到无比快乐。此曲的技术目标是同时进行的连奏和断奏。理想的效果是弹出一首小快板圆舞曲，作为快乐的化身，并用高贵的矜持来调和。肖邦从不会嬉闹，却会开一些聪明的玩笑，而且他的品位一直非常高。在这首练习曲中，肖邦出色的工作为练习曲这一体裁作出了完美的收尾，仿佛有"F. 肖邦，我也在阿卡迪亚"[11]的落款。

众多版本中，我推荐将克林德沃特的版本用于日常练习，而经常参考冯·彪罗、里曼和库拉克的版本也很有价值，能够激发好奇心和兴趣。

肖邦作品的版本编纂仿佛没有尽头。1894 年，我见到了利奥波德·戈多夫斯基改编的一些非同寻常的肖邦练习曲版本的手稿。这位年轻钢琴家最初发表并公开演奏的是升 g 小调练习曲。和勃拉姆斯的混乱不同，这些作品富有音乐性，但难度极大。虽然音型乱七八糟，但肖邦的曲子即使失去了平衡，也会在空中盘旋，时而挑眉，时而愤怒地皱眉，而且常常乐得近乎露出笑容。当他审视这首转到左手上来的三度双音练习曲时，看他的窄肩膀啊，就像波兰人那样耸着！这样的改编真够奇怪的，虽然很难，然而对手指的挑战却不及魔性的作品第 25 号第 4 首 a 小调练习曲。后者的难度登峰造极，要求对音色的辨别力和手指的独立性。

名为"揶揄"的随想曲更为惊人，人们不禁要大喊："脱帽致敬吧，先生们！这是一阵龙卷风！"但如果真的意在揶揄，那么一个技术一般的钢琴家是无法驾驭的。它由两首练习曲组合而成。右手是作品第 25 号第 9 首升 G 大调练习曲，左手是作品第 10 号第 5 首"黑键"练习曲。这两首像老朋友一样笑傲这个世界，它们在调性上犹如兄弟姐妹，身后拖着发出彩虹光芒的一朵云。戈多夫斯基将二者巧妙地结合在一起，尽可能地贴合它们的旋律曲线。他在一些地方加强了和声，将"黑键"中的音型转移到右手。这是一位卓越钢琴家的作品。乐谱的开头是这样的：

作品第 10 号第 5 首降 G 大调练习曲还被单独拿出来进行了处理，旋律转移到最高声部。另一首"蝴蝶"练习曲中的八度，被放在左手部分，灵巧地跳跃着。肖邦的托卡塔，即作品第 10 号第 7 首 C 大调练习曲，被改编成了左手版，似乎很实用，很有价值。改编者在此展现出了高超的品位和技巧，尤其是第 3 页。优美的乐思未遭破坏，而是从另外一些有利位置加以审视。作品第

10 号第 2 首被改编得如同一首左手练习曲，事实上本应如此。肖邦的左手部分并不一定充分，作品第 10 号第 1 首 C 大调练习曲本意是让双手都能弹奏出耀眼的音乐。对于鲜有演奏的作品第 25 号第 5 首 e 小调练习曲的处理也很巧妙。作为一首节奏和双音练习曲，它非常受欢迎。左右手都很灵巧的戈多夫斯基，按照自己的想法，把作品第 25 号第 2 首 f 小调练习曲的主旋律放在了低音部，从低音部一路嘤鸣，直至右手部分成为改编者自发的、鼓动的主题旋律。这首练习曲也是最遭罪的，勃拉姆斯用他那沉甸甸的德意志方式，把它变成了刺耳的六度双音，而伊西多尔·菲利普[12]在他的《左手练习曲》中，把它绑在了阴沉的八度上。此外，这位法国人还把升 g 小调练习曲、降 D 大调六度双音练习曲、a 小调"冬风"练习曲、降 b 小调前奏曲——说来简直可怕，竟然还有肖邦降 b 小调奏鸣曲的最终乐章——都改编成了单左手版本。

戈多夫斯基的改编有用吗？当然有用。鉴于技术标准的飞速提升，不出 10 年，这些作品就会被列入学生的课程。至于他这样做对肖邦是否尊敬，就留待资深人士来评判吧。不过话说回来，这与尊敬又有什么关系呢？我们在教室里分析柏拉图，在音乐学院教授贝多芬！那么又何必为戈多夫斯基的态度而困扰！此外，他还在为下一代而书写——大概是罗森塔尔这一代。

现在我们已经从教学法的角度浏览过肖邦的 27 首练习曲了，从中得到的最主要的印象是什么呢？莫非是钦佩，夹杂着对于主题和技术创造淋漓尽致的展现而感到的惊讶？这些作品丰富多彩，美的一面从未因纯粹的技术性而被忽视，在那些最富诗意的作品中也有体现手指灵巧性的东西。奇妙、和谐、迷人、精练、富有戏剧性的肖邦练习曲是情感与风格的模范散文。它们映照出了肖邦的全部，漂泊的肖邦、世俗的肖邦。当他的钢琴音乐大多像凡人的造物一样消逝时，这些练习曲却将永世长存，成为19世纪的代表，正如在钢琴音乐领域，贝多芬和巴赫分别代表着18世纪和17世纪。肖邦是一位大家。

第七章

微缩的情绪：前奏曲

1

肖邦前奏曲的作品编号为 28 号，题献给著名的钢琴练习曲作曲家 J.C. 凯斯勒[1]。只有德文版题写了凯斯勒的名字，肖邦为法文版和英文版题写的是"献给我的朋友普莱耶尔"（原文为法文）。鉴于普莱耶尔为前奏曲预付给钢琴家 2000 法郎，他有权说："这些是我的前奏曲。"尼克斯引证了肖邦的话："我把前奏曲卖给了普莱耶尔，因为他喜欢。"那是在 1838 年，由于健康原因，肖邦需要换一个新环境。他希望和乔治·桑以及她的孩子们一起去马略卡岛，便向钢琴制造商和出版商普莱耶尔申请钱款。他只收到了 500 法郎的预付款，交稿之后才补齐余额。

肖邦的前奏曲发表于 1839 年，然而有证据证明其中大多数是在巴利阿里群岛之旅之前创作完成的。这会颠覆法德摩萨修道院美丽的作曲传说。我们不是都读过乔治·桑栩栩如生的文字，沉醉其中并深信不疑吗？那些文字描述了小说家和她的儿子莫里斯遭遇的那场暴风雨。母子两人经历了重重磨难和危险，耽搁了很久，终于回到了家。只见肖邦坐在钢琴旁，他站起身来，盯着两人，大叫一声："啊！我还以为你们死了。"他弹奏的是 b 小调的前奏曲第 6 首，按照乔治·桑的记载，他在梦中"看到自己溺死在湖里；沉重、冰冷的雨滴有规律地落在他的胸口；我提醒他注意那水滴实际上是落在屋顶上的，而他却表示自己根本没听见。我对'拟声'这个词的理解甚至还让他颇为恼火。他竭力反对这些拟声在听觉上的稚气，而他是对的。他的天才中充满了大自然神秘莫测的和声"。

然而这首前奏曲是在"马略卡岛事件"之前创作的。尼克斯说："肖邦的前奏曲，至少在很大程度上是由作曲家作品集中的素材，以及不同时期创作并留以待用的片段、草稿和备忘录组成的。"

照顾肖邦直到最后一刻的学生古特曼表示，前奏曲是在肖邦和乔治·桑私奔之前创作的，而面对尼克斯，他本人则坚称自己把所有前奏曲都抄写了下来。尼克斯并不完全相信，因为有书信中提到几首前奏曲被寄往巴黎，因此他得出结论："肖邦在马略卡岛对前奏曲所做的工作仅限于甄选、整理和润色。"这一结论似乎比较合理。

对于肖邦的前奏曲，罗伯特·舒曼写道："我必须用'非同凡响'来形容这些作品。我承认，这些作品大大出乎我的意料，我本以为会是他的练习曲那样的华丽风格。事实却近乎全然相反。这是些草图，是练习曲的雏形，或者也可以说是废墟，是鹰的羽毛，全都奇妙地混杂在一起。但每一首都清楚地烙着肖邦本人的印记，就好像上面标着'弗雷德里克·肖邦之作'一样。他的休止和突兀的呼吸颇具辨识度。他拥有这个时代最勇敢、最骄傲的诗人之魂。这本曲集中确实也包含了些许阴沉、狂热、让人难以接受的特点，但大家可以从中寻找各自的乐趣之所在。不过凡夫俗子们还是敬而远之吧。"

伊格纳兹·莫谢莱斯正是通过这些前奏曲才开始理解肖邦和他的演奏方法。这位德国钢琴家发现肖邦音乐中的转调很粗糙、很业余，但肖邦演奏的独创性——"他以一种童话般的手法，让优美的手指在琴键上轻柔地滑行"——使这位年长者在很大程度上接受了这种奇特的音乐。

对李斯特来说，肖邦前奏曲的命名看似简单，却"在他自己创造的一种模式下达到了相当完美的程度，和他的所有其他作品一样，深深地刻上了诗才的烙印。它们创作于肖邦的音乐生涯伊始，青春活力的特点在他后来的一些作品中无处可寻，尽管后期的种种更加精致、完善、丰富。他晚期作品的标志是极度狂热的感情、阴郁的愤怒，以及痛苦地暗示自己饱受煎熬、精疲力竭的状态，那份活力已经了无痕迹"。

李斯特依旧在感伤这方面犯了错。肖邦和很多伟人一样，本就喜怒无常，就这方面来说并不一定是阴柔，不能总是用某个特定的时期来限制他。他有几首前奏曲非常阴郁——我特意使用了这个词——和他早期的一些音乐一样，而就在他死之前，他似乎非常快乐。

"肖邦的前奏曲并没有贯彻什么技术上的想法，只是在一个很小的基础上进行自由创作，全方位展示了音乐家的多才多艺。"
路易斯·埃勒特说，"肖邦没有哪首作品能够如此忠实而又全面
地描绘出他的内在机理。大都只是雏形。就好像他翻开自己想象
的书页，却一页也没有读完。尽管如此，我们还是可以从中发现
谐谑曲的雷霆万钧之力，玛祖卡讽刺十足又风情万种的优雅，以
及夜曲中从南方传来的、华美芬芳的气息。它们往往像微小的流
星一样，一边下坠，一边融化在乐音之中。"

扬·克莱钦斯基被认为是理解肖邦的人，他本人也是波兰人、
钢琴家，他认为："人们在肖邦的前奏曲中拼命挖掘厌世的痕迹，
寻觅他在马略卡岛驻留时期对生活难以自拔的厌倦，这是在钻牛
角尖……在他的前奏曲中，能够表现出这种厌倦特点的少之又少，
而其中最明显的是第二首，按照塔尔诺斯基伯爵[2]的说法，在
肖邦前往马略卡岛之前很久就已经写好了……至于另外那些幽默
欢快的前奏曲——降 E 大调第 18 首，降 B 大调第 21 首，F 大调
第 23 首，或者 d 小调的最后一首——又何须赘言呢？结尾的三
记重炮难道还不够强劲有力吗？"

威勒比在他的《弗雷德里克·弗朗索瓦·肖邦》一书中详细
分析了肖邦的前奏曲。他大抵同意尼克斯的观点，认为这些作品
中的一部分——即第 4、6、9、13、20 和 21 首——是在法德摩
萨创作的，而且"肖邦还带上了另外一些草稿，在那里创作完成，
放在一个作品编号下发表……我提到的那几首，气氛都比较忧郁
沉重，附着了一丝病态的意味，一种过于浓烈、狂热的激情。这
本身就能说服我去相信这些作品创作于上述时期"。

这些都没什么问题，但肖邦前往马略卡岛之前，身体虚弱发烧，古特曼和尼克斯引证的各项明白无误的事实也不容忽视。乔治·桑早年的崇拜者亨利·詹姆斯承认，她完全不值得信任，因此我们可以认为她的证词很浪漫，却不是绝对可靠的。现在的情况是：肖邦可能是在马略卡岛创作了几首前奏曲，并整理完成，但大多数前奏曲早在 1837 年和 1838 年就已经在他的作品集中了。作品第 45 号是单独的一首升 c 小调前奏曲，发表于 1841 年 12 月。此曲于同年 8 月作于诺昂，题献给伊丽莎白·车尔尼雪夫公爵夫人，肖邦在一封信中坦承自己连她的名字都不会拼。

2

特奥多尔·库拉克为肖邦前奏曲集题写的序言非常简短，很有教学意义。他写道：

> 肖邦的才华，只有在界限严谨的体裁中，才能展现得最为淋漓尽致。他的前奏曲犹如格言般短小精练，是一流的杰作。其中一些曲目像是夜曲风格的心情速写图，即便是技巧不甚精湛的演奏者也不会遭遇技术困难。我指的是第 4、6、7、9、15 和 20 首。第 17、25 和 11 首的难度较大，但也并不需要登峰造极的技巧。另外的前奏曲属于"特色练习曲"一类。轮廓虽简洁，却可与伟大的练习曲集——作品第 10 号和第 25 号——相媲美。就可行性而言——不考虑有天赋的个例——我推荐按照以下顺序进行：首先是第 1、14、10、

22、23、3 和 18 首。第 12、8、16 和 24 首需要非常高超的技巧。除此之外，第 2、5、13、19 和 21 首的难点是细腻的钢琴连奏技巧，由于伸展的指位、大跳和双音的存在，对演奏者的技术要求非常高。

这样的分组方法已成共识。前奏曲第 1 首和练习曲第 1 首一样是以 C 大调开头，具有即兴曲的全部特征。我们都知道美妙的巴赫前奏曲是从一段自由即兴发展而来，根据的是称为组曲的一系列舞曲体裁，巴赫还有些前奏曲后面跟着赋格曲。在后一种前奏曲中，巴赫有时会悉数展现练习曲或托卡塔的客观性，也经常袒露自己的内心世界。肖邦的前奏曲——唯一能够媲美巴赫的前奏曲——是相当个人、主观、私密的。这第一首并无巴赫色彩，但唯有虔诚的巴赫门徒才能创作出来。这首曲子紧张、激烈、不安、狂热、仓促的特点都是现代的，千变万化的转调亦然。这是一首优美的作品，并没有上升到戏剧性的高度，却是在质问，充满了活力。克林德沃特记谱用的是三连音，库拉克用的是五连音。布赖特考普夫与哈特尔出版社没有使用这些。编辑了几首前奏曲的胡戈·里曼博士是这样为前几个小节划分乐句的：

第 2 首 a 小调前奏曲在精神上是绝望而恼怒的。曲调很不和谐。肖邦很少写出难听的音乐，但这首岂不是难听、悲惨、绝望、近乎荒谬而又刺耳？那了无生机的、蛇一样的进行，展现的是至深的沮丧。威勒比发现它与第一首夜曲的主题相似。这是怎样的一个主题啊！模糊的调性始于 e 小调。肖邦的平行主题手法在这里得到了清晰的展现。一个小音型在下行的调子中一再重复，直到在结尾的和弦中化为绝望的愁绪、颓废的忧郁。此时的肖邦是病着的，这里的一切都是他最为厌恶的特质。这是对生活的厌恶——在这首乐曲中，他像是一个狼人。自感应的催眠、精神和情感的枯萎，全都历历在目。

库拉克把小手很难驾驭的伴奏分配给两只手来弹。里曼按照自己的习惯，把低音音型中的第八个音符分出来，显得更为清晰。和克林德沃特一样，他也极度强调最后的那些和弦。他将速度定为每分钟 50 个二分音符。所有的版本都是慢板二二拍。

肖邦的前奏曲就像是用暧昧的标题把各种情绪松松垮垮地捆扎成一束，这一点体现在第 3 首 G 大调前奏曲中。左手那雨水涟漪般的音型带有练习曲性质。旋律带着细腻的情感和高卢的精神。这首前奏曲是真正的沙龙曲目，毫不做作。它在情绪上与前一首形成了鲜明对比。这首 G 大调前奏曲优美欢快，恰如其分地反映出了肖邦敏感而活泼的天性。演奏此曲，手法要轻盈，手指要敏捷。旋律优美的乐思并没有什么特别要说的地方。库拉克对它的分句与里曼和克林德沃特不同。后一种更可取。克林德沃特将速度定为每分钟 72 个二分音符，里曼仅有 60——这就太慢了——而克林德沃特简单地标记了"活泼地"，对此颇为满意。至于指法，可以说这三个人的版本各有千秋。克林德沃特的版本最简单。里曼切断了低音音型中的乐句，但我并没看出在音乐方面有什么提升。

尼克斯坚定地将第 4 首 e 小调前奏曲称为"一首小诗，精致甜美又慵懒的千思万绪难以言表。此时此刻，作曲家仿佛沉浸在自我的小天地中，对广阔、喧嚣的外部世界浑然不觉"。威勒比认为这首前奏曲是"这些自发的小品中最美妙的一首；因为它们只是小品。此曲的旋律简直像是在哀鸣，并在紧凑乐段达到了强度的极致"。对卡拉索夫斯基来说，它是一块"真正的宝石，仅凭这一首曲子就足以让肖邦作为一名诗人永垂不朽"。一定是这首曲子促使鲁宾斯坦断言，肖邦的前奏曲是他作品中的珍宝。克林德沃特的版本的倒数第 5 小节，编辑者在左手的前 6 个音符中加入了三度和声，虽是多此一举，却也无可厚非。库拉克也标注了一些新的力度记号，进行了几个异名同音的改换。他还将速度定为每分钟 69 个四分音符。这首小巧玲珑的前奏曲非常动听。主题阴森的重复或许也渗透进了彼得·科内利乌斯[3]的歌曲《一首小调》中。肖邦将一个极为悲伤的旋律单元加以扩展。整体就像是伦勃朗的油画。伦勃朗首开先河，在阴影中有力地把握住单一主题，并进行生动的描绘。荷兰室内画的深层次中，反射光具有某种暗淡的效果。肖邦用自己的灵魂取代了背景。整个艺术史上，唯有巴赫和伦勃朗能够像肖邦在这首作品中这样描绘。曲中的绝望带有古老的韵味，还有广度、高贵、骄傲的顺从，完全脱离了第二首前奏曲中痛苦的煎熬和啜泣的埋怨。这幅画很小，但主题的含义却是广袤无垠的。

第 5 首 D 大调前奏曲中的肖邦是最快乐的。阿拉伯风格的音型承载着魅力无限的内容，此外还有晨露般的生机和生命的喜悦，几乎粉碎了那些关于肖邦病态灵魂的恶劣传言。这首前奏曲的小节数不多，也很少公开演奏，却展现出了顶尖的音乐技巧。和声的编排错综复杂。克林德沃特对前 4 个小节的乐句划分使得 B 和降 B 交替出现。肖邦是在编织着自己最美好、最绚烂的一张网。

下一首，也就是第 6 首 b 小调前奏曲，既忧郁又悲观。正如乔治·桑所言："它使灵魂陷入到无法自拔的绝望中。"它是整个前奏曲集中演奏最多的一首，这一点实在是毫无意义。除此之外，还有降 D 大调的那首。它对感受的压抑，纯粹的轮廓，都是古典派的。肖邦驾轻就熟地掌控着回声效果，巧妙地避免了单调乏味。克林德沃特理所当然地在二拍子的八分音符组处采用连奏的方法；库拉克力争用另外的方式达到同样的效果。各个声部所体现出来的二重性应该表达清楚。两人的版本里都将速度标注为"甚慢板"，这个速度是比较快的。克林德沃特明确定下了每分钟 66 个四分音符的速度。

前奏曲第 7 首是长度为两行的小玛祖卡，如泣如诉，仅仅是这种民族舞蹈的轮廓。然而马佐夫舍[4]的一切都浓缩在曲中。在倒数第 4 小节，克林德沃特做出了一个变化，用一个升 G 代替了升 F。这样一来，高潮变得更加刺激，不过对肖邦抱有纯粹主义观点的人们或许不会接受。

第 8 首升 f 小调前奏曲中，肖邦让我们体验到了他的华丽风范。在尼克斯看来，这首曲子躁动不安，这无疑意味着一种近乎焦虑的精神状态。但即便是真的疯狂，作曲家堪称楷模的品位也已经将它遏制住了。曲中的忧愁甚是伤感，遥不可及，不如 e 小调前奏曲那样浓烈。第二页在和声上达到了一定的高度——瓦格纳创作《特里斯坦与伊索尔德》时一定也听过这些小节——运用巧妙的音型，避开单调的节奏，这些都证明了肖邦对装饰物的感受力。这是一首技巧炉火纯青的前奏曲。克林德沃特把重音符号加在低音部三连音中的第一个音上面，并在第 6 行和第 7 行做了一个不必要的异名同音调整。

第 9 首 E 大调前奏曲的内容比较严肃。此曲相当晦涩，带有勃拉姆斯和贝多芬的意味。它具有一种伦理的质感，而这或许是由于教堂色彩的节奏和音色。

第 10 首升 c 小调前奏曲一定是舒曼评论的"鹰之翼"。一抹铁灰色，加深变黑，随后这一景象便消失不见，仿佛空中有一只大型猛禽穿过炽烈的阳光俯冲下来，追上猎物的那一刻，音色在空中回响。或者不用那么多比喻来说的话，这首前奏曲是一首琶音练习曲，双音点缀其间，由于长度太短，充其量只能给人留下一个鲜明的印象。

第 11 首 B 大调前奏曲实在是太简练了。它活泼而柔美，创作得甚为精巧。克林德沃特给了最前面的双音符更多的约束。这是肖邦的又一束阳光。

第 12 首升 g 小调前奏曲阴云密布，格里格无意间在自己同调的小步舞曲中模仿了这首曲子。在那强劲的急板中，我们感觉到肖邦攥紧了自己的手。此曲因悲痛而颤动，然而在这两页堪称完美的作品中，思考的力量和自制力却未曾缺席。曲中的音型很有启发性，存在着一个明确的技术问题，还带有一种精神特征。争议之处在于：编辑者们对倒数第 11、12 小节意见不一。布赖特考普夫与哈特尔将低音部的两个八度都定为 E。米库利在第一处采用的是升 G 而不是 E；克林德沃特在第二处采用的是升 G；里曼和库拉克都采用了 E。升 G 似乎更乱套了。

第 13 首升 F 大调前奏曲的氛围很美妙，纯粹而宁静。作曲家实现了精神的栖居。他飞翔的羽翼巧妙地保持着平衡，在"更慢"部分，他在蓝天中恣意翱翔，雄姿勃发。回到地面上就代表着某种非同寻常的调整策略。这样的结尾让人眼前一亮。

随后，几乎没有任何停顿，鲜血开始在这个脆弱男人的血管中沸腾。他血脉偾张，压抑着盛怒冲向战场。这就是第 14 首前奏曲，它的调性是险恶的降 e 小调，而那些沉重、阴郁的拱形三连音，让尼克斯回想起了降 b 小调奏鸣曲的最终乐章。但这首前奏曲没有那么浓厚的审问意味，也没那么复杂，自始至终只是激烈的冲突。直到耳熟能详的第 15 首降 D 大调前奏曲开头，满天的乌云才被驱散。

这一定就是乔治·桑所说的："肖邦的一些作品创造出了如此鲜活的印象，听众面前仿佛正在参加一场庄严、阴森的葬礼，面前飘过死去的僧侣们的阴魂。"这首作品并不需要什么构思。安详的开头，阴郁的间奏，还有永不止息的属持续音，也是固定低音，这一切进一步证实了克莱钦斯基的论点——对于这第 15 首前奏曲充分阐述的思想来说，b 小调前奏曲仅仅是它的一张速写图。

"这幅画以匀速下落的雨滴打底"——又是回响原则——"通过持续不断的滴答声，使人的精神处于一种悲伤的状态；伴随着湍急的雨水，传来了蓄满了泪水的旋律；然后到了升 c 小调部分，从低音的深渊飞跃至惊人的'渐强'，象征着一种恐惧，这一部分的死亡性质在人心中激起的那种恐惧。在这里，由于形式所限，思想依然无法变得太阴暗；尽管你陷入到了忧郁之中，却又在一种平静壮美的感觉中振奋起来。"对尼克斯来说，升 c 小调部分对人的触动就像是一场压抑的梦："开头的降 D 大调部分再现，驱散了恐怖的梦魇，带着亲切熟悉的、微笑般的清新气息来到人们面前。"

这首前奏曲具有夜曲的特点。由于演奏得太多，已经有点陈词滥调的感觉，作品第 25 号中的升 c 小调练习曲也是一样。但它的美丽、和谐和无上的纯洁是毋庸置疑的。用建筑风格来比喻，则是兼容了希腊式和哥特式。

第 16 首前奏曲采用的是上一首的关系调——降 b 小调，它是整个前奏曲集中最大胆的一首。肖邦很少使用这种音阶型，它激昂灿烂，却从未彻底淹没思想的主题脉络。这首最为华丽的前奏曲实在是引人入胜，遍布着险象环生的上行和猝不及防、笑里藏刀的下行，展现了肖邦灵魂中放荡不羁的一面。他把玩着钢琴键盘：犹如一场雪崩，接着是一面瀑布，之后是一条湍急的溪流，升入空中，最终堕入深渊。这首前奏曲充溢着富有想象力的昂扬、反复无常的变化和暴风雨般的力度，是大师的至爱。意味深长的引子像是一块异常突出的岩石，作曲家的鹰之魂从这里猝然俯冲下去。

第 23 小节中，编辑者之间存在着一处怪异的分歧。4 组十六分音符中的第一组中，克林德沃特采用了一个 A 本位音，库拉特采用的是 B 本位音，里曼参照了库拉克。这还没完。库拉克在右手第二组中采用了一个降 E，克林德沃特采用的是 D 本位音。到底哪个对？克林德沃特的织体更接近半音阶，音响效果也更好些，半音平行保留得更为严谨。不过我认为库拉克更符合传统习惯。

尼克斯认为第 17 首前奏曲具有门德尔松风格。我不这样看。此曲温柔甜美，成熟完善，然而其实质依然是肖邦风格，和声的丰富和新颖实在是让人惊讶。情绪是平静的。灵魂迷失在初秋的幻想中，而天地间的景色依然壮丽。这首颇为完整的乐曲富有调性对比，演奏起来是非常愉快的。最后一页 11 个轰鸣般的降 A 简直可以载入史册。旋律一开始，克林德沃特用降 B 代替 G。合理倒是合理，可这还是肖邦吗？

通过第 18 首 f 小调前奏曲中激昂的宣叙调，我们瞥见了肖邦强壮有力却并不狂热的一面。各个版本共有 3 种不同的华彩编组。里曼有机会进行教学意义上的编辑，他当然不会放过这个机会。对于第一个长串十六分音符（共 22 个）组，他的分句如下图所示：

　　值得注意的是，里曼甚至还变更了小节的安排。这首前奏曲的戏剧性几乎达到了歌剧的程度。它响亮、夸张，是一首朗诵形式的练习曲，朗诵的是 f 小调协奏曲的慢板乐章。舒曼在谱写他的《飞翔》时，盘旋在脑海里的或许正是这第一个乐句。肖邦的这一页乐曲是更大的乐思的主干部分，带有一种高贵的华丽。

　　第 19 首降 E 大调前奏曲是怎样的钢琴乐啊！那零零散散的和声，低语呢喃的优雅，六月般的美丽，这难道不是我们至爱的那个肖邦吗？他可以是一位祈神唤鬼的巫师，但有了这嗡鸣的旋律和诡秘的奇想，即便是这样一种特别的身份也甚为迷人。曲中荡气回肠的、抒情性的自由很难演奏好。

　　第 20 首 c 小调前奏曲，区区 13 个小节承载着一个民族的悲哀。毫无疑问，这是一首葬礼进行曲的草稿。乔治·桑曾写道，肖邦的一首前奏曲所包含的音乐比梅耶贝尔所有的鼓吹加在一起还要多，她在写这句话时想的一定是这首曲子。

　　第 21 首降 B 大调前奏曲实在是太美好了。它在内容和演奏方面比大多数夜曲更胜一筹。在感情方面，它属于夜曲的范畴。旋律让人心醉。伴奏音型反映出独具一格的天才。第 2 小节中，克林德沃特采用的是短倚音，库拉克用的是长倚音。然而在编辑工作中，所谓的一知半解到底该如何判断呢？在这里我就要告诉各位，显然是以严格的旋律结构作为信仰的里曼，竟然在第 4 小节结尾塞进了一个降 E 音，就这样破坏了肖邦主题温柔缱绻、难以捉摸的特质。这简直是迂腐至极。这首前奏曲让人心醉神迷。圣人或者精神恍惚的人开始定时的冥想，而觉醒简直是痛苦。接下来是第 22 首前奏曲，肖邦采用了关系小调，作为降 B 大调前奏曲所描绘的图画的一个挂件，他大胆地使用不协和音刺激我们的神经。又是简洁的段落，满溢着反叛和斗争的硝烟。这首 g 小调乐曲塑造得相当完美，那份冲动，那些别出心裁的和声——参见第 17 和 18 小节——以及激动人心的音符，使之成为 f 小调前奏曲极佳的陪伴。就技巧而言，此曲可视为左手八度练习曲。

在第 23 首 F 大调前奏曲倒数第 2 小节中，肖邦在和声上进行了一次最为大胆的突破性尝试。低音部第三组十六分音符中的降 E，让整首乐曲神秘地飘荡在虚空中。它为乐曲的终止染上了美丽的色彩，留下一丝悬念，一份无法在调性上察觉到的期待，因为下一首的调与之相距甚远。但它必然会给俗人带来巨大的压力。F 大调前奏曲是由最为善变的素材制成的。它像空气一般无法称量，又仿佛洒满了阳光的蜘蛛网，在夏日微风的吹拂下摇曳，每一丝气息都会让它随之改变。曲中的和声绵延不绝，一定要在精神层面表现出来。演奏者若是用长满老茧的手费力地演奏，则会粉碎诗人那精致、活泼的幻想。库拉克指出在第 14 小节有一个变动，里曼用 G 调代替了原有的 B 调，而克林德沃特仍坚持用 B 调。

到了作品第 28 号的最后一首。这首 d 小调的乐曲带有一种悲壮的情怀，狂热和幻象充斥其中，在设计上则是变幻无常、随心所欲、宏伟大气。它在肖邦的作品中属于上乘，同属上乘的还有两首 c 小调练习曲、一首 a 小调练习曲和升 f 小调前奏曲。低音部的跨度非同一般，按照库拉克的建议，可以用右手拇指来弥补左手的弱点，这只是相对于放不开的小手来说。但我并不建议大家在第 5 和 23 小节遵循他的变化。肖邦的原版更加生动。

　　这首前奏曲好像滔天巨浪拍打在远方那冥顽不化的海岸上，激起阵阵巨响。尽管带有宿命的论调，但曲中流露出的绝望之情并非暗无天日。它所包含的问题比其他的前奏曲更宏大、更客观、更基本。这是一首名副其实的"热情"，但它的舞台是整个宇宙，而不再是肖邦紧闭的灵魂之匣。这正是斯坦尼斯拉夫·普里茨拜泽夫斯基所谓的"灵魂的呐喊"，是愤怒与反抗的爆发。受苦的并不是肖邦，而是他的同胞们。

　　克莱钦斯基谈到了结尾的 3 个音。它们是饱受压抑、几近崩溃的理性最后一次振聋发聩的呐喊。主题以 c 小调再现之后又转到降 D 大调，休息了一会，但这次难以捉摸的休息很短暂。主题在主调上以八度形式再现，有剑拔弩张之感；积蓄已久的热情终于迸发出来，消融在狂风骤雨般的三度双音半音阶和八度中。

　　这首前奏曲强而有力，让人敬而远之，那简直是恶魔般的骄傲与轻蔑。然而在这首乐曲中，我并没有觉察到不能自已的歇斯底里的痕迹。它几乎和贝多芬的作品一样富有力量、气势与人性。编辑版本的相异之处并不太重要。里曼在华彩部分采用的是三十二分音符，库拉克采用的是八分音符，克林德沃特采用的是十六分音符。

对于作品第 45 号升 c 小调前奏曲，尼克斯写道，它"比那 24 首中的任何一首都更像前奏曲，不过我还是更愿意称之为即兴曲。在荒凉、沉寂之时，或许是黄昏时分，坐在钢琴前，这首曲子恰似一种偶然的、漫不经心的倾诉。八分音符构成的音型热切地上行，绵延的部分骄傲地膨胀着。激荡的华彩以减和弦进行的形式出现，早在一些后生作曲家之前就达到了他们喜欢的效果。从升 c 小调转到 D 大调，华彩之后再转回升 c 小调，这样的转调非常明显，也同样美妙"。

我曾在别的地方提醒大家注意这首前奏曲中颇具勃拉姆斯风格的音色。曲中的情绪稍纵即逝，捕捉之后也很难抓住。对大众来说，这首乐曲颇为深奥，已经超出了音乐的范畴。

尼克斯认为肖邦并没有创造出一种崭新的前奏曲类型。"这些前奏曲在形式和性质上并没有什么共性。"然而尽管肖邦前奏曲的情绪转瞬即逝，却用心将感情和对比鲜明的调性进行了某种结合，一切都以众所公认的巴赫式方法分门别类。或许可以通过一口气演奏所有前奏曲来证明这一点，俄国钢琴家阿图·弗利德海姆[5]就曾在一次音乐会上演奏了所有前奏曲，反响极好。

肖邦对这些小品雕琢得细致入微，无比精心，好像是希望能够恰如其分地展现出自己的才华。有几首前奏曲的思想比重大大超过了形式，但更多的是形式与内容比重合理、声音与画面浑然一体的精致典范。即便在比较精微的几首前奏曲中，那些犹如怪异贝壳的螺旋纹路般回响着的花饰，也是精雕细琢而成的。波兰诗人雕琢出的这些前奏曲，在很大程度上是微缩的结晶。

第八章

即兴曲与圆舞曲

1

　　要把肖邦那四首充满了沉思冥想与无拘无束情感的即兴曲原汁原味地描绘出来，就像捕捉诗人灵感迸发的瞬间那"不经意的狂喜"[1]一样困难。肖邦的即兴曲完全具备即兴创作的自由度，而体裁也表现得非常明确。尽管形式是自由、创新的，却还有结构上的冲力。在第1、3、4这三首中，情绪的色调不算太丰富，不过在第2首中，叙事曲般的特质暗含着悲剧的意味。

　　如果就"即兴曲"这个名称来看，作品第29号降A大调即兴曲是这一系列中最欢快的。此曲从一开始就表现出了热情洋溢、戏谑伶俐的特质。高音部的D本位音，对应着低音部的C和属音降E，产生了最为独树一帜的效果，乐曲第一部分平滑的三连音赋予其柔顺、亲切、高雅的色彩。有很多半音的纠缠，很有意思。到了f小调部分，对比强烈的节奏抚慰着我们的耳朵。简单的二拍子小节，装点得那么自然，旋律带着一种高贵、大气的优美。第一个涟漪般的主题重现之后是一个短促的尾声，对比鲜明，然后，伴随着几个和弦，整首乐曲走向了终结。一只鸟儿飞走了！

演奏时应采用弹性速度，原因如克莱钦斯基所言："这里的一切，从下至上，一路上跌跌撞撞，然而这一切又都那么美妙，那么明朗。"但只有拥有天鹅绒般手指的艺术家才能弹好这首让人印象深刻的阿拉伯风格乐曲。

第一首即兴曲比作品第 36 号升 F 大调第二首即兴曲更澄澈，线条更纯粹优雅。库拉克评论道，肖邦在这首乐曲中放弃了匀称性，却用更为强烈的情感释放加以弥补。这首作品做出了一种谜样的姿态。夜曲风格的开头，带着编钟般的低音部——这样的低音部使我想起霍普特曼[2]《沉钟》那昏暗的、死亡般的气氛。那段甜蜜又庄严的尾声，犹如一列骑兵疾驰而来，马蹄声依稀可辨。还有雷霆万钧的乐段。

这一切无疑是在围绕一个构思讲述一个故事。D 大调段落之后有两小节是无以名状的转调——这几个小节像是铰链在吱吱作响——第一主题以 F 大调重现，随后攀上升 F 大调，从此融为一个璀璨夺目、富有旋律性的持续音，激动人心、精彩绝伦，这一切全部平息下来，又回到了前面的和声中。结尾的八度标记为"极强"，总觉得有点野蛮。然而作曲家的构思自有其逻辑。他或许是希望将我们从他的梦境中硬生生地唤醒，正如他为友人即兴演奏时的习惯一样——梦幻般美妙的一晚过后，会用一段滑奏把他们颤抖着送回家。

尼克斯认为这首即兴曲缺少第一首的精髓。在我看来，它比另外三首更有意义。它的轮廓不合常规，是摇摆的，情绪游移不定、变幻莫测，然而谁又能否定它的力与美呢？伴奏音型的运用并没有展现出太多的才思，但正是因为"地毯上的图案"[3]在形式上的变化不甚丰富，激情才更显热烈。这又是一首叙事曲，只是更加悲伤，更让人沉浸在昔日的温柔优雅中冥想。

作品第 51 号降 G 大调第三首即兴曲很少被演奏。对一个技艺平平的艺术破坏分子来说，或许太难了些，但比起另外几首，它的感情并不算新鲜，表达得也没那么自然。有一点凋零、麻木的感觉在里面，多愁善感，几乎可以说是不健全的。和第一首即兴曲一样，三连音划出蛇行般的轨迹，却伴有双音的插曲，染上了热情的色彩，极为病态。降 e 小调三重奏是颇具旋律性的一小段。在简洁性上有所欠缺，却被更自由的转调和复杂的音型抵消了。即兴曲的韵味丝毫不减，精心设计之下，感伤之情还具有了一种陌生感——这正是伦·坡称为一切伟大艺术之要素的陌生感。

作品第 66 号升 c 小调幻想即兴曲由丰塔纳发表于 1855 年，是肖邦为数不多的值得琢磨的遗作之一。此曲的创作时间约在 1834 年。这是一首纯粹的即兴曲，但丰塔纳给它安上了"幻想"的标题，纯属画蛇添足。这首曲子的难点主要在于节奏。开头那些纷繁复杂的乐句表现出了肖邦非常钟爱的贝利尼式的装饰点缀，但降 D 大调部分并非高不可攀。同样是这种甜腻的旋律，赋予了《葬礼进行曲》中的三重奏伤感的意味。这首幻想即兴曲似乎并没有被人忽视的危险，学钢琴的学生把演奏此曲作为一项乐事，他会把急板部分弹成一团乱麻，速度缓慢，节奏凌乱，拖泥带水，而把慢板乐章弹成漫漫无期、流于感伤的凄风苦雨；然而在大师手下，这首升 c 小调即兴曲虽然欠缺深度，却是魅力十足。

　　第一首即兴曲题献给洛巴乌伯爵小姐，发表于1837年12月；第二首发表于1840年5月；第三首题献给埃斯特黑齐伯爵夫人，发表于1843年2月。这四首即兴曲中，没有哪一首像舒伯特即兴曲那样质朴。它们更复杂，没有自然的气息，也没有自然的简洁。

2

　　肖邦圆舞曲被称为灵魂而非身体的舞蹈。生气勃勃的节奏，无忧无虑的神韵，还有绚丽妖娆的氛围，纯粹的舞厅氛围，这一切像是在笑对埃勒特富有诗意的夸张渲染。圆舞曲是肖邦最具客观性的作品，其中的绝大多数，充其量也只是略有夜曲和谐谑曲中阴沉的马尾藻海的意味。尼采的《快乐的科学》完美地嵌入到了肖邦的 15 首圆舞曲中。这些圆舞曲在灵魂层面并不太私密，然而在反映社交亲密性和贵族的放浪形骸上，可谓是精致的标本。正如舒曼所言，跳这些圆舞曲的舞者最起码也得是伯爵夫人级别的。它们虽然让人如痴如醉，却还是保留着上流社会的风范，完全没有贝多芬、格里格、勃拉姆斯、柴可夫斯基圆舞曲那样吵闹的乡下人的痕迹。

但肖邦身上鲜有维也纳气质。他把神秘和诱惑注入这种最为流行的舞蹈中，其中还包含着隐秘的低语和无心的叹息。如果说这种音乐有时没法让人随之起舞，未免太过分了，这简直是把肖邦和他时而热爱的这个世界隔开。某些圆舞曲还是可以用于舞蹈的：第1、2、5、6和另外几首。和一般的圆舞曲相比，要求舞蹈更别致些，不要墨守成规，一定要有速度的波动，出其不意，猝然停顿。在当今的波兰，玛祖卡和波兰舞曲都用来跳舞，圆舞曲又有何不可呢？肖邦的天才通过这些舞曲形式表现出来，这种表现不应该局限于精神方面。顽固的老学究库拉克把这些舞曲分为两类，一类献给歌舞女神，另一类是心情的框架。肖邦承认自己无法用维也纳风格演奏圆舞曲，然而他设法用自己的风格与施特劳斯相媲美。这些圆舞曲中，有些矫揉造作、不值一提，大多数犹如萤萤烛光，仿佛丝绸礼服的窸窣摩擦，还有几首带着诗意的阴郁，游弋着滑向了玛祖卡的节奏。所有这些圆舞曲都曾被编辑得体无完肤，被俗不可耐的演奏方法毁成了平庸之作，却仍然是作曲家无忧无虑、飘忽不定、幸福愉悦的心情的绝佳代表，生气勃勃，惹人喜爱。

低音总会被人们习惯性地忽视，就此库拉克提醒我们注意那种"动荡的"性质。低音在圆舞曲速度中应该是具有某种意义的，事实上却往往不是这样。低音也不用狠砸下去。根音必须处理好，附属和声一带而过。圆舞曲的弹性速度不需要像玛祖卡一样强行加入。

作品第 18 号降 E 大调圆舞曲，发表于 1834 年 6 月，题献给劳拉·哈斯福德小姐。这是一首真真正正的舞会曲目，节奏活泼，富有感染力。舒曼对它的评论如痴如狂。降 D 大调部分具有肖邦后期的韵味。这首圆舞曲比较喧闹，甚至是吵嚷，在形式和内容上都逊于作品第 34 号第 1 首，降 A 大调。作品第 34 号这套圆舞曲共有 3 首，发表于 1838 年 12 月。由于拷贝和复制时粗心大意，降 A 大调圆舞曲的编辑版本差异甚多。克林德沃特和库拉克的力度记号是最让人放心的。这首圆舞曲，直到狂热的尾声，都是可以用来跳舞的。需要注意的是，和其他很多地方一样，舒曼也从这个尾声中借用了肖邦的一个段落，用在他的《狂欢节》前奏曲中。

下一首 a 小调圆舞曲带有几分萨尔马提亚式的忧郁，这其实是肖邦最低落的一种情绪。C 大调的插段听起来具有玛祖卡的风格，A 大调部分极为悦耳动听，它的尾声也很有特点。这首圆舞曲备受青睐，难道不是理所当然的吗？这一系列的最后一首，F 大调圆舞曲，是一首旋转的、狂野的原子之舞。它具有永动性，老一辈的大师们会把令人头晕目眩的阿拉伯风格曲延长为一页又一页无谓的旋转。这首圆舞曲本身就已经足够长了。第二主题相对比较好，但倚音太浮夸了些。曲子一直喧嚣到结束。据说是肖邦的猫跳到了键盘上，那轻盈的飞跃赋予了他前几个小节的灵感。我觉得，既然有一首小狗圆舞曲，也应该有一首小猫圆舞曲。

但罗西尼会说："这是斯卡拉蒂的感觉！"

这三首中，a小调圆舞曲是肖邦的最爱。据尼克斯称，史蒂芬·海勒告诉肖邦，说自己也最喜欢这首圆舞曲，肖邦非常高兴，还邀请这位匈牙利作曲家去里什咖啡餐厅共进午餐。

作品第42号降A大调圆舞曲发表于1840年7月，它并不像之前的圆舞曲那样是在舞厅中即兴创作的，却是一个非凡的典范。在肖邦对圆舞曲的尝试中，这是最完满的一首。延长的颤音降E把我们召集到舞厅中，二拍和三拍的节奏意味深长地混合在一起，风情万种、摇摆不定，热情的告白、华丽的尾声，还有夜晚的回声——这些片段怎会缺少无可比拟的魅力？只有舒曼在他的《狂欢节》的某几页里把握住了年轻人生活与爱情的秘密，但他完成得还不够圆满，场面还不够热烈。

对于这首圆舞曲中的某些分句，莫里兹·罗森塔尔为伦敦《音乐标准》杂志撰文道：

> 音乐中有自由和博爱，却鲜有平等，在音乐方面，社会民主主义没有发言权。音符有权决定后面的音，这个权利取决于音符在调中的地位。延留音（加重的经过音）永远是重音。就这一点来看，里曼无疑是正确的。伴随着这种感觉，演奏者也会标注出引向转调的那些音符。现在我们来思考一下这个例子，定义一下我所谓的重音。

第 1 小节中，低音部是大调的主音和弦，因此无须强制要求重音。第 2 小节中，低音部是属和声，高音部的 C 落在弱拍上，作为下一个音（降 B）的延留音，因此它必须用重音。第 4 小节中，降 B 是降 A 的延留音，因此同样也需要用重音。第 6、7、8 小节中，降 A、降 B 和 C 这三个音符无疑是整个乐段的特色音符，而这几个小节中都出现过的降 E 的重要性就稍逊一筹了。

像肖邦这样的天才不会把所有的东西都精确地指出来，这一点很好解释。他在飞翔，而我们只是在跌跌撞撞地追随他。此外，这些重音与其说是演奏出来的，不如说是感觉出来的，用最轻柔的触键，尽可能地温和。

降 D 大调圆舞曲——"小狗圆舞曲"——是乔治·桑促成的。一天晚上，在她位于奥尔良广场的家里，她的小宠物狗追着自己的尾巴玩，她觉得很有趣。她请她的小宠物钢琴家肖邦把这个追尾巴的情节写进音乐里。他照做了，并发现这首曲子的内容还可以更充实一些。我并不是在质疑这件事。这件事看起来似乎有理有据，可实在是傻透了！作品第 64 号这三首圆舞曲发表于 1847 年 9 月，分别题献给德尔菲娜·波多茨卡伯爵夫人、纳撒尼尔·德·罗斯柴尔德男爵夫人和布罗尼茨卡男爵夫人。

我不应冒昧讨论降 D 大调圆舞曲的演奏。它和有钱人一样，总是与我们形影不离。演奏通常采用一种毫无意义、只求速度的方式。我听过一位真正的肖邦门生乔治·马蒂亚斯先生演奏这首曲子，他的速度并不是特别快。他的降 D 大调音阶上行跑动，以突强的最高音结束，赋予这首作品微妙的变化。如歌的段落几乎总是带着缠绵悱恻的伤感。陶西格、约瑟菲（他编排的版本是最早被听到的）、特奥多尔·里特、罗森塔尔和伊西多尔·菲利普都曾把这首圆舞曲改编得颇为晦涩难懂，用于音乐会演奏。

升 c 小调圆舞曲是所有圆舞曲中最富有诗意的一首。第一主题的那种隐蔽的忧郁，在肖邦的作品中无出其右。这是一种引人入胜的、抒情诗般的悲伤，库拉克所谓的第一主题的心理动机，并没有在第二主题的玲珑曲线中释放这个魔咒。降 D 大调间奏中有更澄澈的天空，更温暖和煦的风，但不安、厌倦的精神又回来了。这首灵魂之舞清清楚楚地烙印着挽歌的痕迹。接下来的降 A 大调圆舞曲很有吸引力。它是献给那些杰出之人的，他们的舞蹈伴随着智慧的快乐，因绘制精致的线条和图案而产生的快乐。这和埃勒特所想象出来的另外几首圆舞曲的场景不同，舞者并没有在灯火辉煌的沙龙里游荡，也没有去暗处和墓地跳舞。

作品第 69 号的两首圆舞曲、作品第 70 号的三首圆舞曲和另外两首 e 小调和 E 大调圆舞曲无须赘述。这些都是肖邦的遗作。作品第 69 号第 1 首 f 小调[4]圆舞曲作于 1836 年，b 小调圆舞曲作于 1829 年，作品第 70 号的降 G 大调圆舞曲作于 1835 年，f 小调圆舞曲作于 1843 年，降 D 大调圆舞曲作于 1830 年。E 大调和 e 小调圆舞曲作于 1829 年。丰塔纳向全世界公开了这些作品。作品第 69 号第 1 首 f 小调圆舞曲有其独特魅力。库拉克把丰塔纳和克林德沃特版本的相异之处印了出来。这首圆舞曲带有一种温和的忧郁，却不像同一编号中的 b 小调圆舞曲那样忧郁。其音色使人想起 b 小调玛祖卡。

作品第 70 号第 1 首降 G 大调圆舞曲非常欢快活泼。接下来的 f 小调圆舞曲没什么特色，而尼克斯指出，第 3 首降 D 大调圆舞曲包含着作品第 42 号和 34 号几首圆舞曲的雏形。这使我想起了追加系列中的那首降 D 大调练习曲。e 小调无编号圆舞曲很受欢迎。此曲极为优美，也不无伤感之情。主体部分是肖邦早期的风格。E 大调圆舞曲发表的是米库利的版本。这是一首平庸之作，只在某些地方带有作曲家的影子。

圆舞曲部分就到此为止了，这并不是肖邦最具标志性的艺术成就，却使得这种传统舞曲体裁大为增色，愈发美丽，这才是其成就之所在。

第九章

夜之忧谜：夜曲

肖邦夜曲的创作年表如下：

1833 年 1 月，作品第 9 号，夜曲三首；

1834 年 1 月，作品第 15 号，夜曲三首；

1836 年 5 月，作品第 27 号，夜曲两首；

1837 年 12 月，作品第 32 号，夜曲两首；

1840 年 5 月，作品第 37 号，夜曲两首；

1841 年 11 月，作品第 48 号，夜曲两首；

1844 年 8 月，作品第 55 号，夜曲两首；

1846 年 9 月，作品第 62 号，夜曲两首。

除此之外，还有一首夜曲作于 1828 年，由丰塔纳出版，作品编号为第 72 号第 2 首，近期又发现了一首升 c 小调夜曲，是肖邦年轻时所作，发表于 1895 年。以上便是肖邦全部的夜曲，但我依照尼克斯的形式分类法，把肖邦的《摇篮曲》和《船歌》也归为完全成熟的夜曲实例。

　　在夜曲的创作上，肖邦继承了约翰·菲尔德的风格。菲尔德是克莱门蒂的门生和朋友，波兰人无疑十分欣赏他清澈的曲风、曼妙的触键和精湛的技巧，并加以模仿。如今人们却忽视了菲尔德的夜曲——时代的变迁真是反复无常、不可捉摸啊——可这实在是说不通，因为菲尔德不仅开创了夜曲这一体裁，他创作的协奏曲也和夜曲一样，迷人、甜美、明晰。他受不了肖邦那副忧郁的姿态，在肖邦面前总是以恩人自居。"他那是病态的才华。"菲尔德在饮酒、抽烟斗和清洗亚麻布品的间歇咆哮道。至于最后面那个节俭的习惯，则是受到了克莱门蒂的影响。他的恶评倒也不无道理。肖邦极少表现出兴高采烈的样子，他在众多的夜曲中表现出来的是阴郁的忧伤和控诉。除了圆舞曲，夜曲是他最受赞誉的作品，然而其中的一些却是最无力的。不过他升华了菲尔德开创的这一体裁，使之变得生动辽阔，激情澎湃，甚至是雄浑壮丽。

　　与菲尔德质朴的田园牧歌式相反，肖邦的创作往往是华丽花哨，忧郁哀婉而又热情洋溢——不妨称之为"亚洲风格"。那是温室里的异域风情，而不是缺乏诗意的爱尔兰人栽种在室外的花朵的清香。肖邦在一些作品中表现出绝望的伤感。这些作品与那一代人的口味全然背道而驰，给人一种贫血的感觉。然而还是有几首雍容华贵的夜曲，而且演奏技法也可以在很大程度上决定另外一些夜曲的伤感度。投入更多的活力，加快速度，增加触键的硬度，这样一来，乐曲就不会那么伤感了。肖邦像罗伯特·路易斯·史蒂文森一样热爱黑夜，热爱它温柔的神秘，他的夜曲也是真正的夜之乐章，有的流露出焦虑、懊悔的神情，有的只见轮廓，而很多都是黄昏时分的低语。他的夜曲大多是"阴柔的"。从心理学的角度讲，这个词是错的。天才男子的诗性本就是阴柔的，在肖邦身上，"阴柔"这一特征被过分强调了——有时甚至到了近乎歇斯底里的程度——特别是在他的夜曲中。

苏格兰有谚语云："给自己织一件寿衣，穿上一辈子。"在肖邦的夜曲中，"寿衣"并不鲜见。肖邦的寿衣一直织到生命的尽头，人们大多认为他总是把寿衣穿在身上，但事实上他只是偶尔如此。

他最悲伤的夜曲之一是第一首，降b小调。这是他作品第9号中的三首之一，题献给卡米尔·普莱耶尔夫人。它的意义远胜另外两首，却由于某种原因被人所忽视。一些人认为肖邦早年就已才华尽显，对此我极不赞同，然而这首夜曲却和最后一首一样动人，一开始就夺魂摄魄，缠绵悱恻。此曲显然是在抒情，最适合阴郁的灵魂在混乱的时空中倾听。丝绸般柔和的曲调充溢在耳畔，带来一种悲伤的满足感。第二部分的八度让人如痴如醉。这段旋律将作曲家潜藏的华丽和神秘的低吟淋漓尽致地展现出来。全曲自始至终犹如涨退的潮水，情感在尾声中缓缓涌出。

优美的降E大调夜曲内涵相对肤浅，不过如果演奏者的触键干脆利落，摒弃那份伤感，那么它就远不如通常看上去的那样乏味了。此曲带有菲尔德的风格，因此应该像鲁宾斯坦那样，用菲尔德的方式去演绎。

哈多提醒各位注意第12小节"微妙、晦涩的转调"，即半音双音处。在他看来，这几个音仅仅是一次真正意义上的转调，"这一

乐段的其余部分闪烁着彩虹般的奇光异彩，其表现效果是表象而不
是本质"。正是这首降 E 大调夜曲招来了莱尔斯塔勃[1] 在《虹》中
的猛烈抨击。针对这首曲子，他写道："菲尔德若是微笑，肖邦就要
龇牙咧嘴；菲尔德若是叹息，肖邦就要叫苦不迭；菲尔德若是耸肩，
肖邦就要浑身扭曲；菲尔德若是在食物里加入一些调料，肖邦就要
撒上一大把辣椒粉。总而言之，若是把菲尔德迷人的浪漫曲摆在一
面扭曲的凹面镜前，让每一处精致的印记都变得粗糙不堪，那么得
到的就是肖邦的作品。我们恳请肖邦先生，返璞归真吧。"

　　莱尔斯塔勃或许也曾补充说，菲尔德经常有一些陈词滥调，
肖邦却从来都没有。而钢琴家阿拉贝拉·戈达尔[2] 的丈夫、英
国评论家 J. W. 戴维森的评价更为中肯。对于肖邦的早期作品，
他写道：

　　　　肖邦的作品全部在不经意间避开了那些陈词滥调——过
　　时的终止、老套的和声进行、单调的主题、陈腐的乐段、庸
　　俗的旋律转折、了无新意的模进、干瘪的和声、拙劣的对
　　位——在他的全部作品中，上述的一切都无处可寻，主要特
　　征是：非凡、优美的情感表现，独创、恰当的处理手法，新颖、
　　强力、引人入胜的旋律与和声，完全是出人意料，前无古人。
　　聆听一首肖邦的曲子，就像是进入了人迹未至的仙境——迄
　　今为止无人涉足这条路，除了伟大的作曲家本人。

　　这套作品中的 B 大调夜曲第一部分优美典雅，甚至有些妖娆。
间奏结构严谨、热情奔放，展现出了肖邦真正的戏剧性风格。这

一部分应该用二二拍来表现。尾声也相当精彩。

我不太喜欢作品第 15 号第 1 首 F 大调夜曲。这套作品题献给费迪南·希勒。埃勒特评论称"他的三连音装饰音就像轻柔的蝶翼，刷出乐曲的主题"，之后他又探讨了装饰音的艺术价值，在肖邦的音乐中，这是非常值得研究的元素。

"就其本质来讲，装饰音只是锦上添花。"肖邦这一类音乐是"无与伦比的优雅，装饰音是不可或缺的。不过他当然不是从珠宝商手里买过来的，他是用自己的妙手设计出来的。用钻石切面包裹一个个音符，用银色月光编织情感的激流，能做到这些的，肖邦堪称史上第一人。他的夜曲闪烁着遥遥星辰的微光。他从这些如梦似幻、高不可攀的珍宝中得到了许多灵感。肖邦的夜曲本身就是戏剧性的装饰。艺术为何不以此为象征，畅所欲言一番呢？在倍受青睐的升 F 大调夜曲中，主题出现时被装扮得如此丰盈，伴随着诗意的情感表达，不禁勾起听者蜿蜒不绝的幻想。甚至还有中间部分的两端处，我应该称之为装饰音的悲剧形式。藏在厚重的面纱之后的是深深的思索，可面纱本身也可以是一件装饰品"。

此外，埃勒特认为升 F 大调夜曲似乎与香槟和松露密不可分。此曲当然要比前面那首 F 大调夜曲更优雅、更生动。曲中除了 f 小调的中间部分，都比较柔弱，却也是相当优美、亲切。这首升 F 大调夜曲很受欢迎。"加快"的部分极其醒目，整首曲子洋溢着青春、爱情以及对人类的善念。对此我们可以参阅克莱钦斯基[3]的文字。这三首夜曲中的最后一首是 g 小调，有些地方谱写得甚是美妙，如诗如画。库拉克觉得此曲没有什么奇妙之处。开头慵懒、萎靡的乐音与教堂赞美诗般的副歌形成的对比，难道还不够奇妙吗？肖邦在后期的另一首同调性夜曲中发扬光大的一切，在这首夜曲中都已初露端倪。不过我认为这一首更胜一筹——它的乐句更朴素、更简单，没有渲染得那么复杂，却依然丰满、阴郁。

肖邦曾说这首曲子"作于《哈姆雷特》上演之后"，可他的想法又变了。"让他们自己去揣测吧。"他明智地总结道。

库拉克对作品的编辑设计比较保守。这是一首献给爱人的挽歌，献给逝去的丽诺尔[4]，其中夹杂着宗教式的安慰，尽管那旋律简单的"钟调"并没有给我本人多少安慰。曲子以大调结束，鲁宾斯坦出色地演绎了这首完整而短小的诗。从第 4 小节开始，一个延缓的 F 音贯穿了 3 个小节，这位俄国钢琴家用神奇的方法延长了这个音。此曲的速度异常缓慢，就这个音的位置来看，延音踏板根本无法延长它。然而在鲁宾斯坦的手指下，这个音得到了延长，之后慢慢减弱，D 音响起，钢琴仿佛变成了风琴。我猜他是在这个音上悄然无息地换了指，或者是延音踏板的作用。他的处理实在是太妙了。

下一首夜曲是作品第 27 号第 1 首，它为我们拉开了杰作的序幕。或许那首 c 小调夜曲是个例外，不过这首阴沉的升 c 小调夜曲却是这一体裁中的优秀小品。克莱钦斯基认为此曲"描绘了威尼斯的静夜，一场谋杀结束后，大海淹没了尸体，依然映月如镜"。多么富有戏剧性啊。

英国风琴演奏家威勒比以学者的热情详细分析了这首曲子。他认为伴奏"大部分要踩上双踏板",并评论道:"如果说简朴是高雅艺术的要素,那么再也找不出比这首曲子更高雅的艺术作品了。"左手部分大起大落的音型撑起了忧郁、持续、刺人心魄的旋律。从"更快"部分开始,不安的情绪愈演愈烈,在这里我要提醒各位注意这些小节所体现出来的贝多芬风格,这种风格一直持续到调号变化处。我们迎来了惊人的高潮,随之而来的是明媚的降 D 大调,犹如灿烂的阳光,之后是上行的不协和音,再接着是一段张扬的连续八度,回归开头狂热的悲叹。库拉克说此曲与梅耶贝尔[12]的一首歌曲《僧侣》相类似。它的作曲技巧达到了登峰造极的境界,它时而给听者带来近乎病态的高强度精神紧张。这首夜曲中充满了病态的力量,诠释的时候通常不会带上微妙的恶意。亨利·T.芬克的评语很恰当,他认为此曲"在区区 4 页乐谱中所包含的丰富的情感变化、真实戏剧精神,胜过许多长达四百页的歌剧作品"。

对于与作品第 27 号第 2 首降 D 大调夜曲相配的意象,在卡拉索夫斯基笔下是"丰富、精巧的装饰音"。它实际上只有一个主题,是两个灵魂的甜蜜夏歌,因为二声部的意义是显而易见的。音乐厅里经常能听见这首夜曲,六度和三度的精致装点,还有那单调的情境,让人有些腻味。然而它的旋律是那么优美,像是带着哀求一般,和声也颇有趣味。曲中有一处非同寻常的记号经常被钢琴家所忽略,那就是华彩处的"渐强"和"有力地"。显然这里不应该被忽略。主题出现了 3 次,第一次应该是"弱",第二次应该是"很弱"，最后一次应该是"强"。这部作品题献给阿波尼伯爵夫人。

　　下一首是作品第 32 号第 1 首 B 大调夜曲，题献给德·比林夫人，此曲的精华在于结尾处。这里采用的是小调，犹如悲剧的鼓击。整个结尾是一段狂暴的宣叙调，与梦幻般的开头形成了鲜明对比。最后一行第一小节中，库拉克用的是 G 调，丰塔纳用的是升 F，克林德沃特和库拉克一样。接下来是降 A 大调夜曲，此曲回归了菲尔德的类型，开头使人联想起那位大师的降 B 大调夜曲。肖邦这首夜曲中的 f 小调段落颇具戏剧性地扩展开来，然而这号作品作为一个整体还是有些无趣。

　　我也不太欣赏作品第 37 号第 1 首 g 小调夜曲。此曲的调子好似牢骚满腹，合唱部分也不值一提。这个独特的部分正如肖邦的学生古特曼所言，进行得十分缓慢，作曲家忘记标上加速了。不过作品第 37 号第 2 首 G 大调夜曲甚是迷人。肖邦用至为轻柔的笔刷描绘着六度、四度和三度双音，产生了奇妙而动听的效果，一扫降 D 大调夜曲华丽过度的风格。至于第二主题，我同意卡拉索夫斯基的看法，这是肖邦所谱写的最美妙的旋律。它有着纯粹的船歌风格，最为巧妙之处在于和声色彩的变换。演奏者往往会把第一部分弹得过快，第二部分又弹得过慢，硬生生地把这首诗意的乐曲弹成了一首练习曲。对于这号作品，舒曼写道：

这两首夜曲与他的早期作品截然不同，主要表现在两个方面：更为简朴的装饰音，以及更为静谧的优雅。我们知道，肖邦喜欢璀璨的饰物、金饰和珍珠。他已经有所改变，年岁渐长；他仍然喜爱装饰音，但这已经是经过了深思熟虑后的选择，这一切的背后是高贵的诗意在闪烁着更加美丽的微光：诚然，他的品位已经是登峰造极了。

这部作品中的两首乐曲都没有题献对象，是肖邦在马略卡岛之旅中创作完成的。

尼克斯在述及 G 大调夜曲时，恳请各位"不要在这陷阱遍布的氛围中久留——它能蛊惑人心，让人难以自持"。克莱钦斯基将 g 小调夜曲命名为"乡愁"，而著名的 c 小调夜曲则"通过激情澎湃的朗诵倾诉了更深切的悲痛之情；天国的竖琴声"——啊！我听到古老、传奇的装置在嘎吱作响——"带来了希望之光，却无力安息那伤痕累累的灵魂，那灵魂……向着苍天发出一声痛苦至极呐喊"。毫无疑问，作品第 48 号中这首 c 小调夜曲中的确有一些令人绝望的段落，但卡拉索夫斯基的说法比较准确，他说这首乐曲"中间乐章强有力的进行使之变得辽阔宏伟、气势磅礴，完全背离了夜曲的风格"。威勒比认为此曲"虚弱无力、矫揉造作"，甚至连尼克斯都觉得它根本无法在肖邦创作的众多夜曲中脱颖而出。

而这首曲子一直是最高雅的夜曲，这是一个不争的事实。它的架构最为宏大，像是一部小型音乐剧。想要完全传达出这首曲子的内涵，需要有宏大的风范，而"速度加倍"处的激烈更是无以复加。我完全同意库拉克的说法，若是死板地按照这一段的记号来演奏的话，会造成"缺乏艺术性的仓促"后果，让这一乐章有失清澈。克莱钦斯基将其命名为"罪人的忏悔"，并写下了长达数页的文章加以阐释。关于这首曲子，德·伦茨[5]和陶西格相谈甚欢。这首 c 小调夜曲第二主题的进行实在是气势恢宏，蔚为壮观。此曲可以与升 c 小调夜曲放在一起来看。这两首乐曲均有英雄气概，全无多愁善感，展现出了肖邦大气、男子汉的一面。

尼克斯提出了一条宝贵的建议：

在演奏作品第 48 号的这几首夜曲时，我想到了舒曼的一句评语，当时他正在参看威尔霍斯基伯爵[6]创作的几首夜曲。他说肖邦经常在夜曲中插入快速的中间乐章，它们往往不如他最初设想的那样强力。舒曼指的是肖邦夜曲最前面的部分。我们当下所讨论的这几首乐曲的中间部分都是速度较慢的乐章，然而尽管如此，舒曼的判断依然站得住脚。至少这第一首夜曲的中间部分没什么好说的，唯有饱满、洪亮的"配器"——请允许我使用这个词语来指代单独一种乐器。然而第二首夜曲的中间部分——降 D 大调，急转慢——要好得多。在这里，我们又遇到了在另外一些夜曲中出现过的，抚慰人心、简单朴素的和弦进行。古特曼师从肖邦学习升 c 小调夜曲时，老师曾教导他，中间部分——降 D 大调，急转慢——应该用宣叙调的手法来演奏。他说，头两个和弦要像"暴君的指令"，而"对于其余部分，则要手下留情"。

当然，尼克斯指的不是那首升 c 小调夜曲，而是作品第 48 号第 2 首升 f 小调夜曲。此曲和前面的 c 小调夜曲一样，题献给 L.迪佩雷小姐。

作品第 55 号的两首夜曲分别是 f 小调和降 E 大调，无须赘言。第一首我们很熟悉。针对此曲的演奏，克莱钦斯基写满了至少一页纸。他意在用细微差别使主题的回归富于变化——正如艺术歌手在演唱古典曲目的主歌时所采取的办法。曲中有"绝望的呐喊"，但到了最后又"让人感受到希望"。针对最后几个小节，库拉克写道："感谢上帝——目标终于实现了！"在小调中徘徊许久之后，大调终于让我们安心了。这首夜曲很出色，悲伤表达得很利落，却还达不到划时代的水平。下面的一首带有"即兴色彩"。同样值得一提的是，人们对此曲少有耳闻。这两首夜曲题献给斯特林小姐。

作品第 62 号的两首分别是 B 大调和 E 大调，题献给德·康纳里茨夫人。在第一首"夜来香夜曲"中，浓烈的香气让人晕眩。上行的音符好似棚架，出其不意地引至主音，分外迷人，而主旋律也自有一种珠圆玉润的曼妙。此曲非常华丽，和声密集，整个听起来有一种修饰过度的感觉，颤音泛滥。这首曲子已经是第三首 B 大调的夜曲了，难度不小。默特克针对那一串著名的颤音曾做出如下阐释：

尽管这首夜曲的风格过于华丽，它仍旧配得上更热烈的赞扬。它混乱纠结的抒情与其外在轮廓一样有悖于常理，却又扣人心弦，而降 A 大调的部分携着犹疑、羞怯的重音，别有一番风味。E 大调夜曲带有吟游诗的意味。近乎演说般的乐曲全无伤感之情——除非偏要去曲解它——而尼克斯恰恰要我们去如此想象。中间部分动摇不定，热情似火，恰似升 F 大调夜曲的中段。它的创作热情和抒情想象没有表现出丝毫的减退。克林德沃特的版本与原版不同，接下来便会举例展示，上面的是肖邦的版本：

遗作 e 小调夜曲创作于 1827 年，是一首无力又无趣的曲子。此外，其中的一些转调也与肖邦的风格相去甚远。最近发现的升 c 小调夜曲也很难说是无价之宝。它具有缥缈的意境和怀旧的气质。以下是此曲在伦敦的出版商阿谢尔伯格出版公司（Ascherberg & Co.）给出的注解：

> 肖邦一首新的遗作发表了，由此引出的第一个问题是"如何证明其真实性？"对于无法确定这首优美的升 c 小调夜曲的确出自肖邦手笔的音乐家和音乐爱好者们来说，首先要指出的是，手稿（扉页印有其副本）上的笔迹与肖邦那众所周知的书写体完全符合；其次，这首特色鲜明的曲子发表之后，著名作曲家、钢琴家巴拉基列夫立即承认其为肖邦的作品。在 1894 年秋于塞拉佐瓦 - 沃拉举行的肖邦纪念音乐会上，他首次在公众面前演奏了此曲，之后又在华沙演奏过。肖邦在巴黎时，曾写信给身在华沙的姐姐路易丝，信中提到了这首夜曲。创作了两首美妙的钢琴协奏曲之后不久，肖邦就写下了这首曲子，当时他还很年轻。此曲有一处引用自他最受赞誉的 f 小调钢琴协奏曲，还有一处略微参考了那首动

听的歌曲《少女的祈祷》，那两首乐曲都是他姐姐的最爱。

1863 年，华沙起义接近尾声时，人们都以为这首夜曲的手稿在洗劫扎莫斯基宫时被毁，直到最近才在一位波兰先生的财物中发现，和各种各样的文件混杂在一起。这位先生是个大收藏家，他的儿子允许波林斯基先生在这堆文件中挑选。他挑出了 3 份肖邦的手稿，其中一份就是这首夜曲。波林斯基先生一封关于此事的书信现在雅诺塔小姐处。

陶西格曾对他的学生约瑟菲[7]说，有一首夜曲是肖邦这位大师在"黄金时期"所作，他指的究竟是这一首，还是 e 小调那首呢？

作品第 57 号摇篮曲发表于 1845 年，题献给埃利泽·加瓦尔小姐。此曲的音乐装饰音艺术达到了神乎其神的境界。全曲是在低音部的主音与属音——即主三和弦与属七和弦——的基础上构建起来的。带有摇动感觉的主题建立在这个固定低音的基础上，产生了极尽魅惑的效果。低音部的节奏始终如一、缺乏变化，像是以阴霾的天空打底，而与之形成鲜明对比的是异常丰富的变奏，犹如绚丽的烟花，时而华丽，时而黯淡，但一切的装扮和设计都颇为精巧。由蛋青色变为湖绿色的转调，朦朦胧胧，妙不可言，消逝在眼前。不久之后，天空中缀满了成双成对的小星星，每一颗都着上了独一无二的颜色。肖邦为那一小段半音的上行和下行注入了崭新的、异常不协和的音色，令人叹为观止。而在冗长的属七和弦结束后，银光闪耀的骤雨初歇，这时我们才意识到整首乐曲事实上是一场美妙的幻觉，是降 D 大调的啼哭，是烟火般绚烂的装饰音所能达到的极致。

尼克斯引用了小仲马对这首摇篮曲的称谓——"沉默之音"，却又将它和土耳其浴相比较，二者均有驱散情绪之效。默特克展示了摇篮曲中某一部分的原版以及克林德沃特的解读，为这些谱例添加了一处脚注：

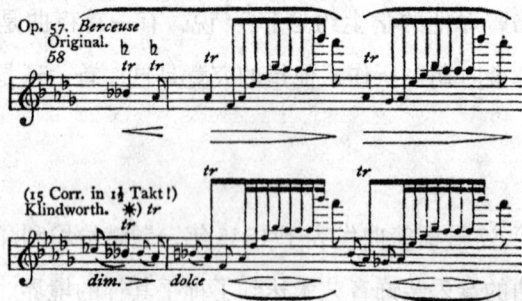

作品第 57 号的两份乐谱节选，一份出自原版，另一份出自克林德沃特的版本。原版中（标有降号的）颤音（朔尔茨的版本此处是还原记号）显示出此处应该采用全音颤音，而按照米库利的说法，颤音要以其主要音为起始音。

作品第 60 号船歌发表于 1846 年 9 月，同样是一首甚为精美的作品。这里一定要引用一下尼克斯的话："一天，大钢琴家陶西格答应为 W. 德·伦茨演奏肖邦的船歌，并补充道：'这次演奏最多只能有两位听众。我将为您演奏出真实的自我。我热爱这首

曲子，但很少演奏它。'此前伦茨已对此曲有所耳闻，却不太欣
赏——在他看来，它是一个冗长的、夜曲风格的乐章，像是疏松
的地基上的一座音型巴别塔。不过后来他意识到自己错了，听完
了陶西格的演奏，他坦陈：'对于这首无精打采、节奏悠长、长
度为9页乐谱的曲子，钢琴家投入了太多的趣味、姿态和动作。'
以至于一曲终了时，他甚至觉得这首本已很长的曲子还不够长，
甚是为之惋惜。"

陶西格对船歌是这样理解的：

> 这里有一对热恋中的恋人；这是一条自在一方的贡多拉
> 上的恋爱场面；可以说，这样的布景通常是恋人相会的象征。

> 此情此景通过三度和六度来表现；始终保持着双音并
> 存——这也同样代表有两个人；始终存有两个声部，两个灵
> 魂。在转调为升C大调处——标注有"温柔、轻盈地"——
> 恋人们接吻、相拥！显然如此！引入主题的3个小节过后，
> 进入到第4个小节，然而在整个再现部，主题只是用来充当
> 伴奏的，在这个基础"之上"，铺设了分为两部分的、如歌
> 的乐段；于是我们听到了一段柔声细语的连续对话。

船歌是用大号画刷涂绘在大张画布上的一首夜曲。它带着斑
驳的意大利色彩——舒曼说，在旋律上，肖邦有时会"背离德国
式，而偏向意大利式"——精湛的抒情技巧更是充分表现了恋爱
的悸动。在我看来，此曲恰似一首献给风光不再的皇后威尼斯的
夜曲。路易斯·埃勒特发现倒数第8、9、10三个小节中间的两

个声部朦胧晦涩。此曲题献给斯托克豪森男爵夫人。

　　肖邦的夜曲——包括摇篮曲和船歌在内——不太适合公开演奏，也不应该在大型音乐厅演奏。较大的空间会流失肖邦敏感温柔的情绪和触及灵魂的乐音。应该在小型音乐厅里，聆听在与他同感的钢琴家指间流淌的夜曲，这样才能表现出夜曲私密的、"夜"的一面。他的很多夜曲都像是用弱音器演奏的保罗·魏尔伦的《秋歌》或《亲吻柔手的钢琴》。究其本质，它们向往着黎明，向往着孤独的藩篱，在那里，这些平静、神秘的曲调——正如叶芝所歌唱的那样，是"叶丛中的闷雷"——有着强烈的感染力，显露出创作者的诗意与痛苦。

第十章

叙事曲：童话剧

对于肖邦在"现代音乐学"中的地位，哈多曾有过恰当中肯的评价。然而他说过："在结构上，肖邦不过是个孩童，只会把玩几种简单的模式，几乎无法向前迈进一步；在措辞上，他却是一位大师，恰如其分的完美风格是一种最具生命力的艺术财富。"对于他的这番话，我们却无法全盘接受。

在这之后，按照哈多的说法，肖邦并非"绝妙的韵律创造者"，而是单行诗人，谱写着精美的乐句。这种说法并不全面。肖邦并不太倾向于相对复杂的、古典派的音乐体系，可尽管如此，他还是创作出了两个优秀的钢琴奏鸣曲乐章——降 b 小调奏鸣曲的前两个乐章。他更喜欢那些理想化的舞曲体裁，波兰舞曲、玛祖卡和圆舞曲对他来说都是信手拈来。但叙事曲不一样，对于叙事曲，他不是效仿者，而是开创者。肖邦的叙事曲通常是八六拍或者四六拍，它们并不是一盘散沙，反而具有严谨的结构，闪耀着天才的光芒，形式和表达明确地结合在一起。"在形式、美感和内容的诗意这三个方面，肖邦的作品中唯有叙事曲至臻化境。通过叙事曲，肖邦将身为艺术家的能力发挥到了极致。"尼克斯评论道。

聆听作品第 23 号 g 小调叙事曲时，我不禁想起安德鲁·朗格[1]的诗句："长途旅行中的雷雨和巨浪。"这首作品正是肖邦灵魂的长途旅行。大提琴一般的广板伴随着静静的延留音，带领我们在肖邦美宅的庭院中驻留片刻。随后，他用梦幻至极的音调开始讲述这个传奇故事。这首叙事曲展现出了惊人而又美妙的事物，像那些关于妖怪的神话传说一样。喷泉对着阳光点头，一朵百合花高高伫立在水中。泉水在韵律十足的单调声音中汩汩流淌，窄臀的女孩长着漆黑如夜的双眼，口中反复吟唱着泉水的歌谣——我可以用自己在这首叙事曲中的所见所闻编出这样一个故事，而你们要么大惊失色，要么迷茫困惑。

对于这样一首乐曲，人们可以断言任何构思，甚至还有这样荒唐的一说，一个英国人阴魂不散地缠着肖邦，恳求肖邦把这首叙事曲教给他。毫无疑问，肖邦有明确的构思；但他是个聪明的艺术大师，没有在波兰游吟诗人密茨凯维奇的立陶宛语诗歌以外留下任何线索。卡拉索夫斯基说过，在莱比锡，舒曼和肖邦见面时，后者曾坦言，是那位诗人同胞的"诗歌激发了自己创作叙事曲的灵感"。这首对称结构的叙事曲所采用的是纯粹的叙述性调子，舒曼认为它是肖邦所有作品中最能鼓舞人心、最为大胆的一首。

对于肖邦的四首叙事曲，路易斯·埃勒特如是说："每一首都是完全独特的，它们唯有一个地方是相同的——富有浪漫色彩的展开和高高在上的主题。肖邦在这些叙事曲中讲述，而不是在传达什么亲身体验。他像是在讲述涌现在灵魂深处而事实上从未出现过的事物，一种期待和渴望。其中或包含忧国忧民的深刻哀思，对处于水深火热中的故土，这股怒焰充分地表现在外，也在内心灼烧着。然而在这些乐曲中，却没有经常在贝多芬的奏鸣曲中呼之欲出的明确事实。这是否意味着肖邦并非贝多芬一样的现实主义者？埃勒特是为数不多的德裔肖邦评论家之一，而他并不总能勾勒出肖邦艺术的主体轮廓。唯有斯拉夫人有望完全理解肖邦。不过比起肖邦的其他作品，这几首叙事曲更容易被世界各地的人们所理解。它们既是波兰的，也是世界的。

g 小调叙事曲是依据《康拉德·华伦洛德》[2] 创作的，作品有条有理，符合逻辑，计划缜密。在主题的创作中或许能够发现联系最为密切的对应。此曲的第二主题为降 E 大调，无论是旋律、音色还是情感都非常动人。第一主题以 a 小调重现，第二主题也在 E 大调上做出了迅速回应，这两点都印证了肖邦对于结构统一性的感受。丰满充实的展开部似乎严格遵循着一种循环模式。华彩段以调性游移的音型为基础，之后出现了圆舞曲风格的主题，变幻莫测，宛若蝴蝶，令人心醉神往。轻灵的经过句导入第二主题，此处的第二主题是被加重渲染了的。满载着疑问的第一主题也得到了再现，伴随着一声突兀的咆哮，急板迎面扑来。

作曲家在这两页乐谱上所表现的强大力量近乎骇人听闻。在另一篇文章中，我曾称其为"龙卷风"。这是情感的暴风雨，具有强烈的阳刚之气。对于这个尾声，我记得德·帕赫曼[3] 以"弱、很弱和最急板"来演奏——对于肖邦的某些方面，他诠释得非常到位。这样的演奏效果异常刺激，使我想到了把小望远镜拿反之后看到的一场龙卷风。按照他自己的理解，俄国钢琴大师做得没错：他的力度并不符合曲子的要求，于是就效仿肖邦，把强弱变化处理得颠三倒四。这不禁使人想起莫谢莱斯对肖邦演奏的描述：

> 他在演奏"弱"的部分时，是那么温柔，根本不需要通过"强"来制造理想中的对比效果。

这首 g 小调叙事曲发表于 1836 年 6 月，题献给斯托克豪森男爵。引子的最后一个小节引起了一些争议。古特曼、米库利和肖邦的另外几名学生宣称那个音是降 E，克林德沃特和库拉克采用了这一说法。哈维尔·沙尔文卡认为应该对克林德沃特的版本加以修订，并在奥格纳（Augener）版本中采用了 D 本位音。内部人士的证词足以证明他是错的。就连威勒比也认为肖邦的本意是采用降 E，并且引证了 28 个小节之后的一个相似音效——尽管他本人更喜欢 D 本位音。他或许还说过，整首乐曲中这样的例子还有不少——参见圆舞曲插段第 1 小节的低音部。尼克斯认为"这个不协和的降 E 音堪称是整首诗的感情基音。它是带着疑问的思绪，好似突如其来的痛苦，击穿了灵与肉"。

除此之外，还有更为确凿的证据。纽约钢琴家费迪南德·冯·因滕在斯图加特见到过肖邦的原始手稿。这份手稿为已故的莱贝特（又名莱维）教授所有，毫无疑问，众人议论纷纷的降 E 音明明白白地写在那里。这是决定性的证据。若是采用寡淡无味的 D 本位音，则会让整个小节失去意义。

库拉克给中板部分定速为每分钟 60 个二分音符。第 3 页第 3

小节的高音部，他采用的是 F 本位音。克林德沃特也是如此，不过某些版本采用的是升 F。最后一页第一行第 2 小节，库拉克以八分音符降 E 音开始这个乐段，而克林德沃特采用的是十六分音符。此曲的结尾非常震撼，震耳欲聋的八度音阶飞流直下，壮丽辉煌。"这首曲子会让诗人诗兴大发。"罗伯特·舒曼如是说。

> 或许肖邦最具感染力的创作就是 F 大调叙事曲中的故事。我曾见到孩子们停下游戏，来聆听这首曲子。它像是一个音乐化的童话故事。四声部是那么明晰，仿佛和煦的春风吹动柔软的棕榈树叶。那气息吹拂着五脏六腑，四肢百骸，多么温柔，多么甜蜜！

如非饱含激情的散文，又怎能描写得了肖邦！路易斯·埃勒特是感情上的浪漫主义者，理论上的古典主义者，前文所引用的话正是出自他的笔下。第二叙事曲虽然是题献给罗伯特·舒曼的，可对方的评价却显得不冷不热。"在艺术性上逊于第一首，"他写道，"但想象力和才思毫不逊色。其中那些热情奔放的插部似乎是后来加进去的。我记得很清楚，肖邦为我演奏这首叙事曲时是以 F 大调结束的，而现在则是以 a 小调结束。"威勒比给这首曲子定调为 f 小调。事实上这首曲子既是 F 大调，又是 a 小调。肖邦在心智上很少出错。以大调结束的话，有损于这首非凡的音诗，肖邦承认此曲的灵感直接来自亚当·密茨凯维奇的《威利斯湖》。威勒比也接受舒曼对于这首叙事曲不如前一首的权威评价。尼克斯则不然。尼克斯理直气壮地发问："两首如此迥异的乐曲怎么可以用这种办法来比较和衡量呢？"

　　事实上的确不能。"第二叙事曲中的美感，无论如何也不会比第一首逊色。"尼克斯继续说道，"还有什么比得上开头那质朴的片段呢？听起来像是取自民间曲库。急板的闯入令人惊讶不已，貌似与之前的部分反差甚大；然而在'初速度'部分——那些质朴片段的展开，或者倒不如说是因之而产生的思索——重现之后，我们所听到的一切都让急板的存在变得合情合理。再次出现的急板引向急切、不安的 a 小调尾声，尾声以质朴、幽静、如今却已蒙上了一层阴影的第一片段一样的调、一样的柔板结束。"

　　鲁宾斯坦非常喜欢这首第二叙事曲。对他来说，此曲的意义在于：

　　　　演奏者不可能会觉得没有必要把这些向听众展现——一阵狂风吹过野花，风儿爱抚着花朵；花朵在抗拒，狂风在肆虐；花朵在恳求，到头来却粉身碎骨。进一步加以阐释的话——野花象征着农家女，而风则是骑士。

　　我认为小行板和急板部分"不无相似之处"。令人惊讶的对比既有戏剧性，同时也是粗砺、强劲的。肖邦对第一主题的处理富有活力，技艺达到了炉火纯青的高度。这首叙事曲片段式的气质恰恰是作曲家晦涩情绪的写照。它讲述着一个隐秘的故事，并具有伟大的、自发的艺术资质——如同升 F 大调第二即兴曲。它通过突兀但绝非荒诞的转折来达到震撼人心的效果。整首曲子的调性色彩变化多端，波动起伏的两个主题对比鲜明。此曲作于马略卡岛，显而易见，作曲家当时身心饱受摧残。

肖邦为第二部分标注了"热情的急板"。库拉克给这部分定速为每分钟 84 歌四分音符，而开头部分则是每分钟 66 个四分音符。他还明智地在展开部第一主题的低音部标注了"渐强"。在急板重现之前九个小节处，和克林德沃特一样，他更倾向于 E 这个音。重现后的第 8 小节开头，高音谱号之后，库拉克坚持用 E 代替 F。克林德沃特认为二者皆可。库拉克也没有像米库利那样在尾声中使用 D 这个音。他更倾向于升 D 而不是 D 本位音。但愿第二叙事曲能够得到更多的公演机会。因为降 A 大调第三叙事曲的存在，这首曲子被人严重忽视了，而前者正如埃勒特所言，道出了人民的心声。

这首叙事曲发表于 1841 年 11 月，取材自密茨凯维奇的《女水妖》，题献给 P. 德·诺瓦耶小姐。关于此曲没有太多要分析的，因为它实在是太有名了。它像是一个快乐的女学生，将魔鬼玩弄于股掌之间，姿态优雅端庄，只会惹人喜爱。"这位举止优雅、天赋异禀的波兰人已经对法国首都的最上层圈子习以为常了"，通过这首曲子，"他的卓越才华会得到公认的"。舒曼如是说。的确，这首曲子高贵气派，欢快优美，饶有趣味，且不仅如此。即便在那些欢快的段落里，依然包含着精妙的讽刺，这种精神娱乐具有更严肃、更强烈的感情。第二主题每次出现都会带着那些断断续续的八度，轻快的旋律富有感染力和节奏感，让人如痴如醉，它们欢快地刺激着幻想，这是多么讽刺啊！

有意无意地操纵那魅惑、炽烈，后又勉强悔过的力量——对于这种行为，如果我们能够通过这样的表达予以认可的话，那么，风骚的优雅似乎正是肖邦的本质。

想要改编那些简单的连接部成了一件难事，它们的魅力让人无法抗拒，肖邦用它们来描绘爱情的诡计。降A大调叙事曲中，持续降A六和弦之后是右手单独演奏星星点点的八度，这个令人难忘的乐段，又有谁能够忘却？通过寂静和犹疑来强调恋人的困惑，难道还能做得更妙吗？

在上文中，埃勒特显然是目睹了一场华美的舞会，还有普通的温柔告白。这首叙事曲的每一个插段都是那么的精致，唯有从灵魂上解读的意义。

库拉克版本第5页，颤音之后的乐段饱受争议。库拉克遗漏了一个小节，他和克林德沃特一样，把它放在脚注里了。在我看来，这样的重复是着重强调的意思，尽管在形式上有些含糊。而升c小调部分的黑暗情绪袭来之前，音乐是那么欢快，实在让人无法抗拒！尼克斯热衷于这首乐曲所传达的暗示和信念："作曲家展现了自己本质上的爱怜之心。"整首作品游荡在悠闲的氛围中，这足以证明肖邦面对大型曲式毫无惧色。音乐中，月光与日光交相辉映。主要的情绪是风骚和甜蜜的满足感。

对位技巧在展开部得到了体现。肖邦总是驾轻就熟地运用着他的才学，却不会给人带来压迫感。升c小调乐段中的转位属持续音，以及宏大的尾声，都是颇具大师风范的。库拉克做出了一些变更。他在第 3 小节中采用了短暂的颤音，而不是克林德沃特所青睐的倚音。克林德沃特用较高音降 A 弹出第二页高音部的颤音。在斯坦格拉贝尔（Steingraber）版本中，库拉克和默特克是这样演奏这一乐段的：

克林德沃特的版本如下：

　　华美的 f 小调第四叙事曲题献给 C. 德·罗斯柴尔德男爵夫人，对于这首曲子，我可以写上一整本书。肖邦在这首曲子中所投入的情绪最具思考性，然而也具有很强的抒情性。这首作品重在抒情，热烈地抒情，兼具自我沉迷、情感压抑的特点——这份羞涩完全是斯拉夫式的！此外，这份专注即便对于肖邦也是格外罕见的。过了第一页，叙事的调子便不见了踪影，取而代之的是相当情绪化的、忧郁的沉思。这是一个人对噬魂的怪异恶疾进行深入思考时的心情。

　　这首叙事曲是《幻想波兰舞曲》的姊妹篇，不过按照尼克斯的说法，它作为叙事曲，"即便和她的'亲姊妹们'相比也毫不逊色"。此曲发表于 1843 年 12 月。f 小调的主题是一段缓慢、悲伤的圆舞曲，之后又重现过两次，它浑身上下珠光宝气，却又被装点得恰到好处，具有一种难以捉摸的魅力。这正是装饰音的登峰造极之境，令人眼花缭乱的音型表达出创作者的理念。还有一些插段，也是过渡段，非常新颖，达到了至高的艺术境界。此曲绝非为表现而表现。A 大调的华彩段像是停下来喘口气，确切来说是叹口气，之后是极为合理的多次模仿，预示着主题的再次进入。引子也经过了深思熟虑的处理，多么美妙。不愧是和声大师的手笔！还有左手的降 D 大调音阶，多么柔美，多么圆满的一页。我特别欣赏这个转调的乐段：

　　狂躁、骇人的尾声之前的 16 个小节，难道还有什么比它们更有戏剧性、更加扣人心弦的吗？二分音符散发着庄严的光辉，酿造出神秘的悲剧氛围！梅特林克的灵魂为之停滞。就是这个插段：

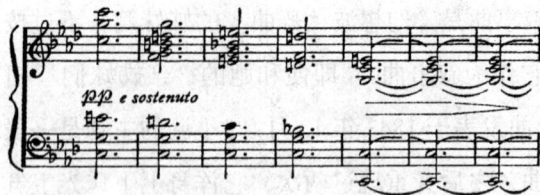

关于这首曲子，德·伦茨讲了一个故事，引用如下：

陶西格对肖邦f小调叙事曲的演绎深深地感染了我。演奏此曲有三大要求：一是从整体上理解乐曲的构思——因为肖邦是根据自己的构思，根据自己最熟悉和理解的生活状况来创作的；二是采用合适的方式；三是要战胜超高难度的复杂音型、纠结和声、艰深乐段。

陶西格达到了这些要求，呈现出乐曲的含义，也表达出其中的感情。这首叙事曲——稍快的行板，八六拍——以第五音阶的大调开始，第7小节在标有延长记号的C大三和弦之前停顿了一下。对于这7个小节的轻松处理，陶西格解释说："曲子尚未开始。"他演奏的主部主题更踏实，极富表现力，全无伤感之情——若是换了别人，很可能会流于伤感——他把富丽堂皇的风格表现得恰到好处。乐器大师要满足的一个必要条件是，懂得如何呼吸，以及如何让听众呼吸——就是让他们有机会去更好地理解。我指的是一个恰到好处的切口——那处停顿，还有一处延迟——陶西格巧妙地称之为"吸气"。这不仅让速度和节奏毫发无损，反而增强了它们的效果。我们现有的记谱符号无法充分表现这处"延迟"，因为它仅仅占据了微乎其微的时值。擦掉桃子的绒毛或者蝴蝶的鳞片——剩下的属于厨房，属于博物学！对肖邦的作品来说也一样，"绒毛和鳞片"就存在于陶西格对这首叙事曲的处理中。

进入了第一个乐段，动机仿佛掩映在花叶丛中。内部是主部主题的音型再现，即复调变奏。它和副部主题赞美诗般的引子通过一条小线索连接在一起。副部主题的转调强硬、突兀，或许有一点过分了。陶西格在这个连接处标注了"快一倍"，四二拍，却由此产生了六连音，越发凸显了赞美诗的效果。之后是"原速"的乐段，主部主题在里面神出鬼没。而陶西格的演奏让这一切变得如此明晰！他完全不知何为"技术困难"，错综复杂、难以捉摸的部分在他那里简直是简单如儿戏——要我说，甚至比儿戏还简单！

我欣赏左手短促的颤音，颤音的效果非常独立，仿佛有另一个人在演奏。还有标有"非常温柔"的华彩，如行云流水一般。它跃上高音区，在A大三和弦之前停了一下，恰似引子在C大三和弦之前的那一次驻留。之后，这一主题又改头换面再次出现——是为变奏——被极为丰富多变的尾声研磨着，而这个尾声考验着艺术家的学问，需要身强体壮之人的力量——总之需要钢琴家拥有最为强健的体魄！陶西格克服了这一系列艰巨的困难，他对这首乐曲的演绎完全可以由乐曲的构思来解释，没有任何画蛇添足的成分。尾声转为竖琴般的音色，停在一个呼应前文之所述的延长记号之前，目的是在属音的港口抛锚，并最终以女巫的三连音三度双音之舞结束。这首乐曲结束得异常精彩。

德·伦茨提到的"延迟"指的是"弹性速度"，大多数肖邦演奏者对它的理解存在严重偏差。德·伦茨在一处注解中引用了梅耶贝尔的话——就是那位曾经在玛祖卡节奏的问题上与肖邦争论过的梅耶贝尔——"谁能把女人贬到乐谱中去？一旦她们摆脱了小节的束缚，就会调皮捣蛋"。

这首最具表现力的作品中蕴含着纯粹、饱满的热情。肖邦在他的艺术中站到了巅峰，这是净化过的、私人化的、让人陶醉的艺术。不知还有什么音乐能像 f 小调叙事曲一样。巴赫的半音阶幻想曲——不要被它古典的外表所迷惑，它是炽烈的灵魂之音——以及贝多芬的升 c 小调奏鸣曲第一乐章，作品第 110 号奏鸣曲的咏叹调，或许还有舒曼 C 大调幻想曲的开头。它们和 f 小调叙事曲一样，是私密的、私人的，而后者同蒙娜丽莎的双手和微笑一样独具特色。高不可攀的地位保护它免遭粗鄙的亵渎。它的魔力让人无法抗拒。

第十一章

古典的洪流

在杰作《两兄弟》定本的著名序言中，居伊·德·莫泊桑为我们列举了形形色色的小说，并令人困惑地探寻着小说的真正形式。如果《堂吉诃德》跻身其中，又怎会有《包法利夫人》的位置？如果名单上有《悲惨世界》，那么于斯曼的《在那儿》又该作何解释？

我之所以要提出这个问题，是为了由小说推及奏鸣曲。如果说斯卡拉蒂创作的是奏鸣曲，那么《热情》要怎么算？如果说韦伯的降 A 大调奏鸣曲堪为奏鸣曲，那么勃拉姆斯的 f 小调奏鸣曲到底算不算奏鸣曲？难道说海顿的曲式才是正统，舒曼的就是异端？让形式主义者去纠结这些难解之谜吧。我们要大大方方地承认：在这方面，虚伪的言辞实在是多如牛毛。我们和任何一个音乐学院的学生都能自以为是地鼓捣出一个形式上的样品，但当我们以那些伟大的作品为例进行研究时，却会发现大师的杰作之所以与学徒和学究的"机械产品"泾渭分明，正是因为他们巧妙地规避了那些坚不可摧的铁律。勃拉姆斯的升 f 小调奏鸣曲并没有低三下四地模仿莫扎特奏鸣曲，因此成了一部原创的艺术作品。起初，贝多芬还逡巡在海顿开辟的康庄大道上，不过若是对他的中期作品进行研究，便会发现这才是真正的贝多芬之声。对于曲式这一问题，并没有什么终审法院，对于文学体裁也是如此。奏鸣曲的历史就是音乐演变的历史。每一位伟大的作曲家，包括舒伯特在内，都曾为之添砖加瓦，去粗取精，破旧立新——有舒曼的升 f 小调奏鸣曲为证——之后便轮到了肖邦。

肖邦奏鸣曲所引发的争议几乎和瓦格纳音乐剧一样多。更荒唐的是，肖邦竟然只写过一首具有古典性质的钢琴奏鸣曲：作品第 4 号，c 小调。此曲早在 1828 年就已谱成，却直到 1851 年 7 月才得以发表，确凿无疑地证明了作曲家对这种形式的疏远。他努力尝试，却一败涂地，以至于接下来两首奏鸣曲的完成成为一种慰藉，因为形式美与组织结构的整体性在这两首奏鸣曲中只留下了浅淡的痕迹。然而，尽管通过第一奏鸣曲几乎无法体会到肖邦珍贵的精华之所在，肖邦对于后面两首奏鸣曲却是倾情投入的。

对于 c 小调奏鸣曲，肖邦写道："我将此曲献给恩师埃尔斯纳。"而评论界的反应何其讽刺！评论家们赞扬这首曲子，是因为它并不具备作品第 2 号变奏曲那样的革命性。这首曲子也是如此，除了四五拍的小广板。第一乐章显得很吃力，一片死气沉沉。人们不禁会惊讶地问，在这一段里肖邦到底在做什么？这里的技术要求也是很高的。小步舞曲非常出色，三重奏部分的音色略微带有贝多芬的影子。慢板乐章节奏怪异，令人不快。同样是面对着怪异的节奏，年轻的肖邦却并不像本杰明·戈达尔[1]在他的小提琴谐谑曲和钢琴奏鸣曲中那样游弋自如。尼克斯认为最终乐章索然无味。我不同意他的观点。这里面蕴含着激动人心的精神气息，模仿的尝试比另外几个乐章更有趣。最重要的是，它是动态的，尾声虽平庸，却很有魄力。这首奏鸣曲是肖邦最无趣的作品，不过从整体上看，它要比后面两首更像是一首奏鸣曲。这是肖邦严格遵循学院派曲式做出的一次尝试。

作品第 35 号把我们从这间教室带到了更广阔的人生与激情的舞台。降 b 小调奏鸣曲发表于 1840 年 5 月。其中有两个乐章堪称杰作：葬礼进行曲构成的第三乐章，是这位波兰作曲家最受欢迎的作品之一，而最终乐章在钢琴乐中也是绝无仅有的。舒曼说肖邦在这首曲子里"把他 4 个最疯狂的孩子绑在了一起"，他说得没错。他认为那首进行曲并不属于这部作品。的确，它的创作要早于其他乐章。哈多非常欣赏前两个乐章，对后两个乐章则是不以为然，不过若是单独拿出来看，后两个乐章也是相当出色的。

这 4 个乐章并没有什么共同之处。肖邦说他意在把怪里怪气的最终乐章塑造成对进行曲的闲言碎语。"左右手同度齐奏是进行曲之后的闲聊。"或许后两个乐章的确可以拧成一股绳，可它们与前两个乐章又有什么共同点呢？调性证明不了什么。尽管其中的"极慢板"庄严优美，"谐谑曲"慷慨激昂，可这首降 b 小调奏鸣曲比起奏鸣曲，反倒更像是一系列的叙事曲和谐谑曲。我们又回到了莫泊桑提出的关键问题上。这部作品是绕不开的，酣战中的肖邦蓄势待发。"快一倍"的部分让人血脉偾张——这一主题的处理要强劲有力、简单粗暴、特色鲜明。此处富有力量，展开的序幕中闪现着浓厚的悲剧色彩。降D大调的旋律抚慰人心，魅力无限，急欲达到华丽热烈的高潮。展开部非常短小，也不谐和，但对于这里的展开，或许技术性要强于合理性——我的意思是，钢琴性强于脑力活动上的音乐性——奇怪的是，之后第一主题并没有再现，于是我们与作曲家一起进入了降B大调的第二主题。从这里开始，一直到尾声中稳固的和弦，完全没有瑕疵、磕绊和隐晦之处。我们翻过了高贵的谱页，满心热切的谐谑曲迎面而来。这一部分依然没有让人失望。

我无数次用热烈、不加批判的言辞来表明自己对这一乐章的敬意。它简直是可望而不可即的，肖邦的作品中，在清晰、简洁、精良的品质方面，唯有升c小调谐谑曲能够与之相媲美。然而这首降e小调谐谑曲却少了几分讽刺，多了几分阳刚，也多了几分自然的甜美。库拉克在第一个降B八度处的标记深得我心。这个开头意味深长。至于第2小节，我从没听过哪位钢琴家能把"渐强"处理得恰到好处，除了鲁宾斯坦。除了他以外，似乎没有人能在一个小节的空间里发挥出足够的爆发力。这里的"渐强"完全是罗西尼式的。坠毁的升f小调把我们抛在了一个多么狂野的国度啊！暴风雨般的双音半音阶、六度和弦，带着令人难以置信的愤怒向前狂奔，谐谑曲恰恰结束在激情之巅。降G大调三重奏是歌曲中的翘楚，摇摆的节奏和乐句的重复一下子就铸成了简朴动听的旋律。随后谐谑曲的再次回归证明了作曲家具有充分的平衡感，并懂得如何调动听众的期待。最严格的平行对位法在这里清晰可见，使这首技巧完善的谐谑曲宛如仙乐——这正是福楼拜理想中的奇迹般的风格。

随之而来的便是死亡气息浓重的葬礼进行曲！欧内斯特·纽曼在其大作《论瓦格纳》中谈到了两种想象规则的根本区别，其中一种以贝多芬和肖邦为例，另一种以瓦格纳为例。而这种划分方式则将葬礼进行曲划分到第三种。纽曼认为瓦格纳的想象更为具体，贝多芬的是"内心图景"，而肖邦的要"模糊得多，也更为发散"。然而在这首曲子里，肖邦难得如此现实。这里有丧钟一样的低音，染上了病态的色调。舒曼认为"其中包含着很多令人厌恶的东西"，李斯特却狂热地盛赞此曲；对卡拉索夫斯基来说，它是"整个民族的悲苦"，而埃勒特则认为"它的声望要归功于两个三和弦的完美效果，它们两个的结合酿成了极富悲剧性的元素。中间乐章完全不具有典型性。至少可以再哀叹一次，为什么没有呢？层层叠叠的黑色绉绢帘之后，至少不应该马上就把白衬衣露出来啊"！这是很残酷的。

经过了开头的轰鸣和幽暗，降 D 大调三重奏带来的慰藉是合情合理的。正如尼克斯所言，它是在"痴迷地凝望着来世的极乐世界"，我并不打算这样说。然而我们知道，如果把这首进行曲单独拿出来看，它给人的印象要远比放在整部作品里更深刻。急板的美妙难以言喻。是鲁宾斯坦，还是陶西格最初将其命名为"夜风掠过墓地"？激荡、嗡鸣、不和谐的三连音充满了怪异的焦虑感，绝对不会被错认为区区练习曲的经过句。这个乐章过于阴沉，曲线中满载着半抑半扬的乐思，奔涌的激流和非人类般的咆哮对某种藐视定义的事物有着极大的表现力。舒曼把它比作"斯芬克斯讽刺的微笑"。对亨利·巴伯代特来说，"这是拉扎尔在用爪子抓挠自己的墓碑"；或者如门德尔松所言，你可以厌恶它，却不能忽视它。它带有亚洲色彩，在我看来像是冷眼侧看积雪的群山起伏的轮廓，暗淡的地狱之光在山的背后起起落落。对于这部艺术作品的华丽背景，所有的想象都被悉数描绘成各式各样的画面。正如亨利·詹姆斯所认为的那样，它不仅具有普适性，还用滔滔不绝的雄辩在人类灵魂间巨大、寂静的深渊上方架起了桥梁。这首奏鸣曲并没有题献对象。

作品第 58 号 b 小调第三奏鸣曲中，那种很难定义的"组织结构的整体性"更加突出，然而它却并不像前一首那样强力，能够激发悲怆之情，主题衔接也没有那么紧密。乐谱第一页内涵丰富，一直到后面的半音六度和弦。这里有明晰的陈述，为展开而铺垫的稳健主题，和弦进行好似干脆利落的行军，随后——这幢大厦上窜至云雾中。蜿蜒虬曲的经过句之后，我们在绝望的边缘遇到了 D 大调的旋律，宛若精巧的蓓蕾。它是一首晨曲，是晨之夜曲——请允许我使用这个自相矛盾的词组。这段旋律带有清晨的色调与清香，爆发之时则化为一座玫瑰花园。这个片段的尾声是无可比拟的。随之而来的一切都更加悲伤：名为"热情"的混乱与繁茂。B 大调部分预示着快乐即将归来，因此我们不禁为之叹息。尾声比起奏鸣曲，反倒更像是一首情诗。肖邦并不是冷冰冰的无韵诗之王。他的十四行诗完美无瑕，却没有混入一点史诗气质。

降 E 大调谐谑曲活泼又迷人，像和风中的风铃草一样轻盈。它的谐谑曲气质非常明显，给人亲切而客观的急促感，回到了韦伯的风格上来。广板带有一种宁静之美，想象丰富，旋律美妙动人。矜持的三重奏催人入眠。光辉灿烂、力量十足的最终乐章是人们的至爱，不过它分量不够，而整首奏鸣曲正如尼克斯所言，"隶属于奏鸣曲这一体裁，却并不是同一类"。此曲发表于 1845 年 6 月，献给 E. 德·佩尔蒂伯爵夫人。

可见，肖邦的这几首奏鸣曲根本就不是奏鸣曲，不过让我们暂且抛开这个称谓，难道要拒绝其中两首所唤起的感受吗？

此外还有一首作品，第 65 号 g 小调钢琴与大提琴奏鸣曲，是献给肖邦的友人大提琴家奥古斯特·弗朗肖姆[2]的。在这里，尽管我不认同芬克对于这部作品过高的赞誉，但我还是认为评论界对它的评价过于严苛。抛开奏鸣曲的称谓不谈——尽管这首乐曲是在勤勤恳恳地模仿这种体裁——它的音乐是极美的。大提琴部分让人心旷神怡。这高贵的乐器与钢琴结合在一起，关于这方面的作品寥寥无几，那么又为何要藐视肖邦的贡献呢？我承认，它穿着一身借来的服装，走路的姿态很僵硬，但这部作品中却有行板，尽管很短小，还有一首精彩的谐谑曲，精心创作的快板和最终乐章。对这部作品最恶劣的抨击莫过于调性的单调乏味。

作品第 8 号钢琴三重奏同样是 g 小调，更加引人入胜。此曲发表于 1833 年 3 月，献给安东·拉齐乌亲王。后来，肖邦和一个学生谈到这首曲子，承认自己发现了一些可以改动的地方。他后悔没有把这首曲子作给中提琴，代替现有的小提琴、大提琴和钢琴三重奏。

这首乐曲的创作过程十分漫长，第一乐章完成于 1833 年。此曲公开发表之后，赢得了庸人的赞美，因为它在形式上比除作品第 4 号以外的任何作品都更接近奏鸣曲。其中，钢琴部分的处理胜于其他乐器。有许多炫技的乐段，但调性的变化还是不够频繁，造成的反差不够鲜明，使得整首曲子依旧没有摆脱单调的影子。肖邦在奏鸣曲式的广阔空间中驰骋时，他的想象并没有变得活跃起来。呼吸着祖国的空气时，他的音乐会变为令人困惑的彩色花束，就好比处于残酷、危险的环境中时，一些生物会保持着单调的颜色。对比一下在叙事曲中疯狂转调的肖邦与在奏鸣曲、三重奏和协奏曲中闷头踱步的肖邦吧！这首三重奏轰轰烈烈地开始，谐谑曲充满了奇思妙想，柔板魅力无穷，而最终乐章欢乐又美好。它偶尔会出现在室内乐音乐会的节目单上，尽管带有一些青春的稚气。

对于肖邦的两首协奏曲，我不想展开论述。e 小调协奏曲和 f 小调协奏曲并不是肖邦最出色的作品，却经常能听到，这是因为独奏乐手有机会演奏。在另外的文章中，我曾详细论述过这两首协奏曲的克林德沃特、陶西格和布尔迈斯特[3]版本。随着时

间的流逝，对于这个棘手的话题，我觉得自己的观点并没有什么
要改正的。埃德加·S.凯利[4]为原版的配器做出了有力的辩护，
称其与钢琴部分的特色搭配得当。罗森塔尔将上述观点付诸实践，
他按照老版本演奏了 e 小调协奏曲，缩减了第一处冗长的全奏。
然而他并不是自始至终都在严格遵守这个版本，在回旋曲的尾声
部分，他采用的是陶西格的八度。虽然我颇为欣赏陶西格的配器，
但这些特别的八度非常刺耳。相比之下，原版中的三连音齐奏就
优美、悦耳多了。

协奏曲的年代顺序引发了争议。问题缘起于 f 小调协奏曲，
它的编号是作品第 21 号，却是在 e 小调协奏曲之前完成的。前
者发表于 1836 年 4 月，后者则是 1833 年 9 月。谱写 f 小调协奏
曲的慢速乐章时，肖邦正热恋着康斯坦茨娅·格瓦特科夫斯卡。
她是他书信中所称的"理想之人"，是这首协奏曲中的柔板。对
我个人的口味而言，降 A 大调小广板乐章的装饰性有点过分了，
虽然动听又安宁。宣叙调描绘得十分精致。对于 e 小调协奏曲，
我觉得自己最喜欢其中的浪漫曲。它没那么华丽，升 c 小调部分
有一种傲慢的美感，而尾声那低语般的奥秘登上了想象之巅。回
旋曲是快活、狡黠、亲切、诚恳的钢琴乐。第一乐章的确是过于
冗长了，一组调子里塞了太多东西，展开部的技巧练习曲性质也
过于强烈。f 小调协奏曲的第一乐章在广度、热情和乐感方面要
远胜于它，可本身又太短了，还没有尾声。对于尾声的缺失，理
查德·布尔迈斯特编写了一个绝妙的华彩段加以弥补，帕德雷夫
斯基照此演奏。它完完整整地总结了这一乐章。玛祖卡般的最终

乐章非常优美，满载着纯净、甜蜜的旋律。总而言之，这首协奏曲要比 e 小调协奏曲更加人性化。

两首协奏曲都衍生自胡梅尔与菲尔德的风格。经过句的设计比先前的大师们还要高明，整体具有插曲般的特点——不过这些插曲的价值和原创性要相对逊色一些。正如埃勒特所言：

> 地位高则责任重——因此肖邦感觉自己不得不满足对一个钢琴家的所有要求，创作协奏曲也是义不容辞的责任。张扬地表现自己并不符合他的本性。他的肺太虚弱了，承受不了穿七里靴[5]大步行进，而曲子经常会提出类似的要求。钢琴三重奏和大提琴奏鸣曲同样也不符合他的本性。他必须亲自触碰琴键，不会有人请他注意坐在身边的乐手们。脱离形式束缚的肖邦才是最出色的肖邦，这时他的创作发自灵魂最深处。

"他必须亲自触碰琴键！"通过这句话便可总结出肖邦为何从未在奏鸣曲和公开演出中成功地树立起自己的个性。他的灵魂是孤独的。乔治·桑深知这一点，才会这样写道："他让一件乐器讲出无穷之语。在小孩子都会弹的十行乐谱里，他却经常能创作出无人能出其右的诗篇，力量与活力无与伦比的戏剧。他并不需要通过大手笔的物质手段来表达自己的天赋。对他来说，用敬畏填注灵魂，萨克斯和奥非克莱德号并非不可或缺；激发信仰与热情，也并不需要教堂风琴或人声。"

这里要提一句，贝多芬同样没有依靠萨克斯或奥非克莱德号的帮助，便唤醒了一个神奇美妙、敬奉神灵的世界。不过在乔治·桑的这番评论里，找碴这种残忍行为是完全没有必要的。她没有接受过专门的音乐教育，对于肖邦世间罕有的钢琴天赋，她的鉴赏力也实在是微不足道，以至于竟然写出这样的话来："终有一天，他的音乐会被改编成管弦乐，而钢琴谱不会有任何改动。"这完全是在胡说八道。肖邦是属于钢琴的，无论是为其他乐器作曲还是用不适合自己的音乐形式创作时，他的缺点都显露无遗。

e 小调协奏曲献给弗里德里希·卡克布兰纳，f 小调协奏曲献给德尔菲娜·波多茨卡伯爵夫人。题献给后者这一行为说明他在迷人的波多茨卡面前可以忘却那唯一的"理想之人"！这些善变的波兰人啊！

据说罗伯特·舒曼在提到自己的早期作品时，不耐烦地摇了摇头。"无聊的东西。"作曲家如是说，即便是面对如此私人的问题，他的批评意识依然存在。肖邦对自己青年时代作品的看法或许可以在为数不多的书信中找到答案。青年肖邦是以全副武装的战士姿态登台亮相的，这种荒谬的想法在对音乐的进化法则一窍不通的人群中广为流传。

肖邦的音乐很容易追根溯源，肖邦之于菲尔德，正如爱伦·坡之于华立·齐维尔斯[6]。他第二个时期的作品全部萌芽于此。从作品第 1 号至第 22 号，明显是为炫技而炫技的。李斯特曾经说过，每一个青年艺术家都会热衷于炫技，身为钢琴家的肖邦并没有摆脱掉对舞台的狂热。他也在作曲，而在当时，钢琴乐已经快要被过分无度的装饰音扼杀了，在那个技巧为王的时代，巴赫的赋格和贝多芬的奏鸣曲只得潜藏在少数人的记忆角落，被置之不理，积满了灰尘。

然后，我们无甚惊奇地发现，这个特立独行的波兰青年并没有畏畏缩缩地踏上通俗的作曲之路，而是勇敢地扬起自己光芒闪耀、富于幻想的旗帜，全欧洲的大师都在自己的领域纷纷败下阵来。他在这珠光璀璨的作品中表现出来的原创性让胡梅尔钦佩不已，让卡克布兰纳啧啧称奇。来自华沙的青年用柔软的手指轻而易举地克服了现存的技术困难。他亟须创造出一些属于自己的东西，而当舒曼看到作品第 2 号的曲谱时，发出了历史性的惊叫。如今我们对他的这份热情倒是颇有些好奇。正是那句老生常谈——一代人寻找答案，一代人理解享用，一代人弃之不顾。

作品第 1 号 c 小调回旋曲献给德·林德夫人，发表于 1825 年，不过在它前面还有两首波兰舞曲、一套变奏曲、G 大调与降 B 大调玛祖卡各一首。舒曼表示，肖邦发表第一部作品是在十几岁时，作品第 1 号和第 2 号间隔两年，其间有 20 部作品诞生。尽管如此，人们还是情不自禁地喜欢上了 c 小调回旋曲。在降 A 大调的部分，我们能够捕捉到他的 f 小调协奏曲的痕迹。他的创作是轻松、欢乐的，与作品第 4 号 c 小调奏鸣曲沉重、阴森的气质大相径庭。这部作品第 1 号曲式结构松散，相较于严格的界限，它太过纵情了些，其非凡之处远胜于舒曼的《阿贝格变奏曲》。

　　F 大调玛祖卡回旋曲又向前迈进了一步。它大约发表于 1827 年，献给莫里奥勒女伯爵。舒曼于 1836 年对它做出了评论。此曲活泼欢快，给人的感觉和节奏都是波兰式的，随便瞥一眼乐谱都会看到熟悉的肖邦印迹——华丽的经过句、开放和弦与半音进行。作品第 14 号 F 大调音乐会回旋曲叫作"勇士舞"，建立在起源于克拉科夫的一种四二拍民族舞蹈的基础上。用尼克斯的话说，它是经过了修饰的波兰舞曲，农民们随着它纵情狂舞。乐曲的重音往往落在小节中本非重音的部分，特别是乐节或乐句的结尾处。肖邦被激发出了甚为斯拉夫的一面，但占据主导地位的却是炫技。此曲的装饰音极为丰富，每一页乐谱都洋溢着勇敢、欢快的精神。管弦乐伴奏比较单薄。此曲发表于 1834 年 6 月，献给恰尔托雷斯卡公爵夫人。作品第 16 号回旋曲带有一个引子，在音乐学院中深受欢迎，虽然这个引子富有戏剧性，但整首乐曲与其说是诗意盎然，倒不如说是干净利落。理查德·布尔迈斯特为这首辉煌灿烂、带有韦伯风格的乐曲编配了管弦乐伴奏。

　　剩下的一首回旋曲是在肖邦身后作为作品第 73 号发表的，创作于 1828 年。肖邦于 1828 年写道，原本打算将它写成钢琴独奏曲。此曲仿佛熊熊烈火，装饰音却趋于狂乱，肖邦诗意的一面荡然无存。他沉湎于生活中那些绚丽的表象。他身为年轻人的豪迈之情在这些变奏曲、回旋曲和幻想曲中大放异彩。

　　舒曼对于《让我们携手同行》主题变奏曲的狂热在我们看来

似乎有夸张之嫌。就我们对变奏曲的理解而言，肖邦在这方面并非天赋异禀。贝多芬、舒曼和勃拉姆斯——还应当包括门德尔松的《庄严变奏曲》——都是这一体裁的大师。变奏曲这种体裁绝不像芬克所想的那样结构单一，倒退至不过儿戏的程度。肖邦游刃有余地把玩着他的主题，但一切不过是表面功夫，只知其表不知其里。他从不像勃拉姆斯那样，手握饱满的雷神之锤，落下重重一击，把核心砸得粉碎。

　　肖邦在他的变奏曲中略微有些女性化，这些变奏曲的确是"儿戏"的样本，虽然其中的阿拉伯风格曲设计得十分巧妙，这些变奏曲本身也相当出色，悦耳动听。作品第 2 号不乏令人惊艳的片段，但它的音乐价值不高。它的出现就是为了轰炸那些低级趣味之人的耳膜，毋宁说是为了让他们大惊失色，一头雾水，要知道肖邦早期音乐作品的力度向来不怎么粗暴。肖邦无疑是超脱于"心"的，而另外的那些变奏曲作曲家们头脑简单，舒曼热烈的赞美正是因此而来。然而这首乐曲为我们翻开了音乐评论之书中颇有趣味的一页。

　　关于这些变奏曲，暴脾气的老家伙雷尔斯塔勃写道："作曲家用华彩经过句削弱主题，又用颤音链子把它扼住、绞死。"这样的评价还是比较中肯的。第四变奏中出现了大跳，"波兰舞曲风格"变奏的光辉灿烂、激情澎湃也是不可否认的。作品第 2 号编配了管弦乐伴奏，有画蛇添足的嫌疑，肖邦将这部作品献给青年时期的友人提达斯·沃伊奇夫乔斯基。

《卖修道衣的人》是埃罗尔德与阿莱维[7]的作品《卢多维克》中的一曲。肖邦在作品第 12 号中对其加以变奏。肖邦通过这首降 B 大调回旋曲所体现出来的灵感是最为薄弱的。这是肖邦与水混合而成的法式糖水。这首乐曲写得颇为雅致，也不算难，可遗憾的是它太做作了。此曲发表于 1833 年，献给埃玛·霍斯福德小姐。1851 年 5 月，无作品编号的《E 大调变奏曲》发表。这几首乐曲不值得费心研究。它们显然是作于肖邦作品第 1 号之前，早于 1830 年，尽管出自早已熟谙键盘乐器之人，从音乐的角度看却还是显得有些青涩。最后一曲是圆舞曲，是这一套变奏曲中最活泼的，主题是德国的。

作品第 13 号，《A 大调波兰歌曲大幻想曲》题献给钢琴家 J.P. 皮克西斯，发表于 1834 年 4 月。肖邦表现出了华美灿烂的一面。此曲的管弦配乐无足轻重，但乐曲的精神、音色和波兰气质深受作曲家本人喜爱。他经常演奏此曲，克莱钦斯基试问：

> 我们倾听着华丽的乐段、瀑布般的音珠、大胆的跳跃，这怎会是悲伤绝望之情呢？这难道不是生气勃勃、激情澎湃的青春吗？这难道不是对人世间所感受到的幸福、快乐和爱吗？忧郁的音符是为了表现和强调主题思想。举例来说，作品第 13 号幻想曲中的库平斯基主题娓娓道来，我们为之黯然神伤，然而作曲家并没有为这种情怀留出太长时间。他用一个悠长的颤音使之戛然而止，随后又用陡然出现的几个和

弦和华丽的前奏将我们引领至一首民族舞曲，让我们加入到马佐夫舍农民夫妇的舞蹈中。最终乐章的小调性质是不是像德国人所说的那样，象征着绝望之人的快乐呢？

随后，克莱钦斯基又告诉我们，波兰有句谚语，"将痛苦置之度外"。它就是这个随着小调音乐狂舞的民族的主旋律。"高昂之美，而非低沉之欢"，这既是波兰民族的品质，也是肖邦的音乐品质。这个提示很有价值。这首幻想曲中的一些变奏终止于欢快活泼的寻梦舞。

f小调幻想曲我们以后再说。无论是从丰富的内容、结构还是作品编号（第49号）来看，此曲都不应放在本章讨论。

作品第46号A大调音乐会快板发表于1841年11月，题献给他的学生弗里德里克·穆勒小姐。此曲具有协奏曲的全部特点，完全就是缩减版的协奏曲——比舒曼名为"没有管弦乐队的协奏曲"的f小调奏鸣曲更像是协奏曲。肖邦的作品中有全奏，独奏部分直到第87小节才真正开始。不过千万不要以为这些冗长的引导乐段对于演奏者来说不过尔尔。这首快板是肖邦最难的作品之一。曲中充满了高难度的大跳，埋伏着危险的双音，主要主题都是生动而富有表现力的。乐曲的音色为了适应公开演奏的需要而进行了相当大的改编，舒曼认为肖邦最初是为钢琴与管弦乐写下的草稿，这样想或许是对的。1830年12月21日，肖邦在维也纳写了一封信，信中说如果他能够写出一首让自己满意的作品，就会和他的朋友尼德斯基[8]一起公开演奏，尼克斯就此发问，这首乐曲有没有可能是这首双钢琴协奏曲的片段呢？事实上，也许是在 1841 年夏天，肖邦把这份手稿送给丰塔纳时，说它是一首协奏曲，能否从这件事中看出一些端倪呢？

尽管此曲为肖邦的声望增色不多，却还是有潜力成为一首出色的、比两首协奏曲中的任何一首都更有男子气概的作品。让·路易·尼科德不但为之编排了双钢琴版，还给它套上了一身管弦乐装扮。他加入了一个 70 小节的展开部。十年前，这个版本由荷兰钢琴家玛丽·赫塞尔斯哈普在纽约首演，已故的安东·塞德尔[9]担任指挥。不得不说，还是原版更好一些。

作品第 19 号波莱罗舞曲带有波兰舞曲的韵味。西班牙味道十分寡淡。它不过是肖邦早期尝试一些舞曲体裁的一个备忘录。此曲发表于 1834 年，比肖邦西班牙之旅的时间早了 4 年。尼克斯认为它是一首早期作品。这首乐曲可以是相当精彩的，埃米尔·绍尔[10]已经证明了这一点。它需要手指灵活的钢琴家来驾驭，主要主题是最具伊比利亚色彩的部分，却拥有波兰舞曲的节奏。此曲题献给 E. 德·弗拉奥伯爵夫人。乐曲为 a 小调，尾声以 A 大调结束。威勒比说它是 C 大调！

塔兰泰拉舞曲为降 A 大调，编号为作品第 43 号，大约发表于 1841 年，没有题献对象。此曲作于诺昂，其中的意大利味道如同波莱罗舞曲中的西班牙味道一样寡淡。肖邦的意大利之旅过于短暂，至少在舞曲风格上对他的影响很小。它缺少必要的蛇类气息，远逊于海勒和李斯特在这一紧张的体裁上的成就。舒曼在评论中说，这首乐曲缺少应有的狂乱。它的气息是北方的，而非南方的，比起亲切、优美的降 A 大调即兴曲要差得远。

据丰塔纳称，c 小调葬礼进行曲作于 1829 年，风格与门德尔松相似。三重奏部分带有巴黎送葬队伍行进的感觉。此曲颇为朴素，一点也不起眼。三首苏格兰舞曲发表时的编号为作品第 73 号第 3 首，都是短小的苏格兰风格的舞曲，仅此而已。其中 G 大调的第 2 首在女子寄宿学校非常流行。

肖邦与弗朗肖姆以《恶魔罗勃》[11] 为主题，共同创作了《大提琴与钢琴大二重协奏曲》。此曲开始于 E 大调，结束于 A 大调，没有作品编号。舒曼认为"肖邦写下整首乐曲的草稿，弗朗肖姆对这一切都表示同意"。此曲于 1833 年发表时，是用于沙龙演奏的。它空洞又无聊，只是比德·贝里奥[12] 和奥斯本的同类作品略强一点儿。这首二重奏的优雅之处总是转瞬即逝，充斥着肤浅的经过句，想必是应景之作——所应之"景"或许就是缺钱。

17 首波兰歌曲作于 1824 至 1844 年间。肖邦在歌曲中表现出了不快的心理状态。卡拉索夫斯基写道，这些歌曲很多都失传了，有些至今依然唱响在波兰大地上，来源不明。《五月三日》被引证为这样一首歌曲。肖邦有个习惯，就是为朋友们演奏歌曲，却忘了把其中的一些歌曲谱写在纸上。收集到的曲子被编为作品第74号。歌词是由他的朋友史蒂芬·魏伟奇[13]、亚当·密茨凯维奇、波赫丹·扎莱斯基[14]和齐格蒙特·克拉辛斯基[15]创作的。A大调的第一首与《少女的祈祷》很像，李斯特把它改编得非常华丽。在《塞维利亚的理发师》声乐课上，玛塞拉·赛布里希[16]自弹自唱，把这首优美的玛祖卡演绎得曼妙动人。

这个歌单上有好几首玛祖卡。这些歌曲大多是平庸之作，《波兰挽歌》和《战前的骑兵》算是例外。《少女之爱》有一个短小的引子，怀旧者可能会从中发现真正意义上的"名歌手"的影子。肖邦歌曲的结构和情感都比较朴素，比起舒伯特、舒曼、弗朗茨[17]、勃拉姆斯和柴可夫斯基在歌曲方面的尝试，几乎只能算是雏形而已。

研究肖邦作品中的技巧学问时，提一些建议或许不足为怪。克莱钦斯基在他的两部著作中给出了大量有价值的提示，伊西多尔·菲利普也出版了一套《日常练习》，从肖邦的作品中分别举出双音、八度和一些乐段作为范例。书中概括了专门的技术性问题。在这些《日常练习》和他所编辑的练习曲集中，他非常实际地处理了许多例子。在肖邦的装饰音研究方面，针对如何弹奏单音和双音颤音以及如何用最简单的办法使装饰音产生行云流水般的效果这两大问题，默特克详细论述了编辑的各个过程。以上可参见斯坦格拉贝尔出版的第179期。菲利普的集子由J.阿梅勒（J. Hamelle）在巴黎出版，乔治·马蒂亚斯在前言中写下了一些颇有趣味的评论。书中还包含了维涅龙于 1833 年绘制的肖邦肖像画。

还有一首作品要提一下。1837 年，肖邦创作了《清教徒》[18]进行曲的第 6 首变奏。这些变奏曲发表时题为："创世六日：音乐会选段。贝利尼《清教徒》进行曲之英勇气概主题大变奏曲，由李斯特、塔尔贝格、皮克西斯、H. 赫尔茨、车尔尼和肖邦为贝尔吉欧加索公爵夫人的扶贫音乐会而作。"李斯特谱写了管弦乐伴奏，从未发表过。他的学生莫里兹·罗森塔尔是唯一在自己的音乐会上演奏《创世六日》的现代钢琴大师，他的演奏光芒四射，技惊四座。肖邦所贡献的 E 大调变奏笼罩在他那伤感的沙龙气氛中。从音乐的角度讲，这是逝去的"钢琴时代"遗留下来的这部伟大作品中最动人的篇章。

最近发表的 a 小调两声部赋格——或者说赋格段，是从娜塔莉·雅诺塔持有的手稿中发现的，她可能是从作曲家的学生、已故的恰尔托雷斯卡公爵夫人处得到的。这首作品颇不起眼，时不时变得很难听——特别是紧密接模仿处——无疑是肖邦师从埃尔斯纳时期的练笔之作。结尾处那莫名其妙的八度持续音和颤音可能完全可以省略——编辑的注释如是说——这样一来，我们不禁猜想，雅诺塔是在一个片段的基础上，像居维叶[19]一样推演出了整首作品。赋格体现不出肖邦的才华横溢。我们的波兰作曲家难道要成为音乐界的休·康韦[20]吗？为什么都是些速写本中的吉光片羽呢？

在肖邦青年时期的这些作品中，我们可以发现他成为伟大作曲家的萌芽，却无法预测他会极大地削弱纯技巧方面的内容，投向诗意、精神的层面。那是后期的事情了。对于虔诚的肖邦信徒来说，早期的作品足以证明他欢乐、胜利的精神，而人们却错误地将他的怨怒和悲观与莱奥帕尔迪[21]和波德莱尔相比较。肖邦是快乐的，相当健康，洋溢着一种可爱的恶意。他的创作初期证明了这一点，也体现出他向最终风格蜕变的过程是多么彻底、多么痛苦。

第十二章

波兰舞曲：战斗的英雄赞美诗

　　哈多称"肖邦在其领域中的一大局限"是"在道德才智方面缺少男子气概",这怎么符合波兰舞曲的力量、壮美和勇气呢?按照罗伯特·舒曼的说法,这些作品是藏在花丛中的大炮,充分证明了肖邦多才多艺,且并不缺少男子气概和激情。肖邦蒙蔽了对他作品的批评家和仰慕者们。他是个敏感纤弱的男子,有时却仿佛化身为魔鬼在演奏钢琴。他和李斯特一样有着魔鬼的一面,不过按照埃勒特的说法,是这个灵魂"理论上的恐惧"驱使他越过理性的悬崖,抑制住滑稽的表现。在所有玫瑰色的肖像画和棒棒糖般的微型画把他描绘成忧虑、诗性之人以后,我们简直无法想象肖邦会是暴躁、近乎残忍之人。然而他有时竟然真的是这样。"贝多芬的激烈和暴躁也不过如此吧。"埃勒特写道。

　　肖邦的朋友和学生们亲眼见证过这位瘦削、优雅的波兰人与愤怒角力,像是被魔鬼迷住了心窍,他们所讲的故事我们也依然记得。我并不是有意夸大他性格中的这一面来为这部平淡的著述增色。肖邦留下了能够证明他阳刚一面的作品。他身材瘦小,坏脾气和本人很不相称。此外，他受到的全部教育和自身的品位也都与暴力场景截然相反。于是，这股能量、怨怒、对命运的怒斥在他的一些音乐作品中得到了宣泄，表现了肖邦的灵魂。

然而有人可能会认为这是女性化的歇斯底里，是缺少男子气概的、懦弱的天性在有气无力地哭喊。那么请看降 e 小调、c 小调、A 大调、升 f 小调和两首降 A 大调波兰舞曲！对于这令人敬畏的一系列作品，我有意省略了那些叙事曲、协奏曲、练习曲、前奏曲和那首伟大的 f 小调幻想曲。体弱多病的肖邦却有着雄狮的灵魂。与最敏锐、最诗意的感情——说到这里，我们不禁想起巴尔扎克的话，"这个美丽的精灵比起音乐家，更像是一个让自己变得敏感的灵魂"——并驾齐驱的，是他的另一种天性，暴躁，执拗。他热爱波兰，对压迫波兰的人恨之入骨。他无疑是将自己的祖国及其犯下的错误理想化了，直到这个主题大肆泛滥。从政治角度看，波兰人和凯尔特人同病相怜。尼克斯指出，如果说肖邦"作为民族诗人时，是讨喜的理想主义者，那么当他作为个体诗人时，就是强硬的现实主义者"。

于是，我们发现波兰舞曲可以分为截然不同的两类：一类是客观的，以威武雄壮的一面为主导，而在另一类中，肖邦展现了喜怒无常、悲伤忧郁的一面。不过波兰元素充溢在所有这些作品中。这些舞曲是肖邦作品中除了玛祖卡之外最具波兰风格的作品。认识了肖邦极为多面化的性格气质之后，我们才发现，世间对他的描写有多少是虚假、愚蠢、扭曲的。他的内心住着一个战士，尽管他难得挥出裹着战甲的拳头。有些时候，他会弃掉手套和温柔的乐句，落下回荡着铿锵巨响的重击。

　　一定要读一读李斯特对波兰舞曲的精彩描述。波兰舞曲起源于 16 世纪下半叶，最初是贵族们偕同其女伴，伴着音乐有节奏地行进。安茹的亨利被选为波兰国王之后的 1574 年，波兰舞曲在他的宫廷里诞生了，并且在硬朗、尚武的气氛中茁壮成长。它成为一种具有政治意义的舞曲，并配有歌词。于是，柯斯丘什科[1]、奥金斯基[2]、莫纽什科[3]和库平斯基，还有名字以"斯基"结尾的作曲家们的一大堆作品接踵而来。它实际上是进行曲，是列队行进时的舞曲，庄严、中速、流畅，完全没有一成不变的套路。李斯特谈到波兰贵族将任性的生活方式带入了宫廷礼节中，波兰舞曲立刻成为战争与爱的象征，军威浩荡的华丽盛况，是一种百转千回、抑扬顿挫、奢华浓艳的舞曲，表现的是勇猛的战士追求着羞赧又妖娆的风情女子。

　　波兰舞曲是四三拍，重音在每小节第二拍。这种舞曲是简单的二部曲式——如果加入三重奏，就是三部曲式——所有主要华彩段的终止都是阴柔的。低音部的节奏型少有变化。它本来是充满阳刚之气的，却用了一个阴性的名字来命名。它之前叫"Polonais"[4]。对于波兰舞曲，李斯特写道：

　　　　这种体裁表达了古老的波兰最高贵的传统情感。波兰舞曲具有真正的、最纯粹的波兰民族性，它的发展历经数世纪，一方面由于王国地跨东西的政治位置，另一方面由于整个民族难以定义的独特天性。在波兰舞曲的发展过程中，一切都相辅相成，能够清楚地把波兰民族与其他民族区分开来。在往昔的岁月里，波兰人果断的坚毅伴随着对爱情对象炽热的奉献。崇高的尊严支撑着他们侠义的英雄气概，甚至连行侠仗义的规矩和民族服饰都对这种舞曲的发展方向产生了影响。

　　肖邦的波兰舞曲是这一体裁发展过程的里程碑。它们来自于肖邦最美妙的灵感。充满活力的节奏甚至能把最困乏、最冷漠的人刺激得兴奋不已。肖邦生得太迟，又过早地离开了祖国，这使得他无法通过自己的观察去融入用来跳舞的波兰舞曲最初的特质。不过，对于从别处学到的与之相关的东西，肖邦用自己的想象和民族性进行了补充。

　　肖邦创作了15首波兰舞曲，尼克斯质疑降G大调那首曲子的真实性。这个列表包括作品第3号大提琴与钢琴波兰舞曲和作品第22号钢琴与管弦乐队波兰舞曲。后面这首波兰舞曲之前是平稳的行板，G大调，八六拍，无伴奏。它曼妙迷人，晶莹清澈，宛若夜曲一般，肖邦表现了温雅至极的一面，抒发了最为恬静的心情：这是一首船歌，几乎没有一丝情感的涟漪，打破平静如镜的湖面。16小节浑然天成的和谐全奏过后，随之而来的是波兰舞曲，位于关系深远的降E大调上；这首曲子华丽耀眼，每一个音符都那么生动，音型新颖丰富，乐章活泼流畅。或许它过于冗长和紧张了些。主题的每一次再现都做出了装饰性的变化。c小调的第二主题带有波兰色彩，富有诗意，而尾声也非常精彩。这部作品非常活泼，不过并非以深度见长。

这首乐曲打上了"巴黎"的烙印，那是 1830 年优雅的巴黎，玲珑剔透、落落大方、温文尔雅。此曲正是作于这一年，发表于 1836 年 7 月，题献给德埃斯特男爵夫人。1835 年 4 月 26 日，在音乐学院的一场为阿伯内克[5]举办的音乐会上，肖邦公演了此曲。根据尼克斯的说法，这是他唯一一次在管弦乐队的伴奏下演奏这首波兰舞曲。1879 年，拉斐尔·约瑟菲在纽约完美地演绎了这首乐曲，它对纽约人来说着实新鲜。

管弦乐队的部分似乎完全是多余的，因为总谱并不是特别精彩，而且有传言说这部分根本不是肖邦负责的。哈维尔·沙尔文卡重新编写了管弦乐配器，他的配器很严谨，也特别好听。他用高超的手法为引子加上了伴奏，让弦乐器用极为微妙的织体在一定程度上表现出主题，并把美妙的尾声交给了木管乐器。号角声巧妙地暗示了 G 大调夜曲的第二主题，甚至连三角铁也隐隐约约地敲了 5 下，而田园牧歌的氛围从未被扰乱。1898 年 4 月，这个改编版由沙尔文卡在纽约奇克林音乐厅举行的塞德尔纪念音乐会上首演。不过我不敢保证这首波兰舞曲在独奏时听起来依然特色鲜明。

不幸的是，作品第 26 号升 c 小调波兰舞曲过于伤感了。还有什么能比开头"壮丽的节奏摇摆"更"热情"吗？通常是羞怯的人用甜蜜的方式演奏这一段，尽管"极强"的表情符号在对面盯着他们。头三行极具英雄色彩，不过愤慨之情很快便消融了，留下的是一种淡漠的诙谐。主题再现之后，我们听到的是真正的爱之动机，温柔得足以向一位公主求爱。这首波兰舞曲于此处结束，对于那样一个激烈的开头来说，这样的结尾未免有些奇怪。

而第 2 首则是以完全不同的情绪开始的。这首降 e 小调波兰舞曲又名"西伯利亚"和"革命"波兰舞曲。它一开始就充满了轻蔑和仇恨的气息。曲中包含着何等压抑、凶险的轰鸣啊！这是火山的呢喃：

这一页乐谱简直是险象环生，而且肖邦有指示，要"极弱地"开头，因而更显如此。由于主题缺乏厚重感，尖锐的高音降 G 如果写成完全和弦的形式应该会好一些。随之而来的是一个附属段落，不过主要主题残忍无情地再现了。B 大调的插段像是缓了口气，带有梅耶贝尔的影子。然而伴随着令人窒息的爆破，波兰舞曲适时再现，所有这一切结束于忧郁、微弱的锁链碰撞声中。作品第 26 号这首可怕的降 e 小调波兰舞曲让人顿生敬畏。此曲发表于 1836 年 7 月，题献给 J. 德绍尔先生[6]。

大名鼎鼎的第 40 号 A 大调"军队"波兰舞曲又是截然不同的。在鲁宾斯坦看来，此曲像是一幅展现波兰之伟大的图画，而与它做伴的 c 小调波兰舞曲描绘的则是波兰的衰败。尽管卡拉索夫斯基和克莱钦斯基将道出一个广为人知的传说的荣誉安在了那首降A 大调波兰舞曲身上，可真正促成这个传说的是这首 A 大调波兰舞曲——波兰肖像画家克维亚特科夫斯基对尼克斯如是说。

传说肖邦作完这首曲子之后，百无聊赖地凝视着夜空，就在这时，房间的门开了，盛装的波兰贵族男女们排成长队走进来，在他身旁缓步而行，此情此景令他惊讶——确切地说是惊骇。作曲家招来了昔日的鬼魂，这让他饱受烦扰，眼窝深陷，逃离了那所公寓。这一切应该是发生在马略卡岛，因为作品第 40 号是在那里创作或完成的。尽管肖邦体弱多病、郁郁寡欢，却还是咬着牙将这首非凡的杰作打磨成了现在的样子。它的名声最响，尽管是肖邦作品中最需要力量的，却是被演奏最多的。此曲题献给 J. 丰塔纳，发表于 1840 年 11 月。这首波兰舞曲闪烁着韦伯式的欢乐之光。

同一号作品中的 c 小调波兰舞曲是一首高贵又混乱的作品，有许多重音，给人的感觉很深刻。还有什么能比这个开头更加深入人心吗？

它描绘的是波兰的衰败。降 A 大调的三重奏带着光怪陆离的转调，酝酿着暧昧的动荡和压抑的悲伤。曲中有灵魂的崇高和勇气。

对于了不起的升 f 小调波兰舞曲，还有什么新鲜的东西可说吗？威勒比说它"喧闹"，而被万斯·汤普森称为"声名远扬的梦游者"的斯坦尼斯拉夫·普里茨拜泽夫斯基简直是在对着它咆哮。它很野蛮，或许是病态的，而李斯特对它的评价最有说服力。在他看来，这是一首梦幻般的诗篇，是"风雨欲来、红霞漫天的时刻"，并带有"结尾处痉挛的战栗"。开头富有感染力，渐渐丰满起来的前奏翻搅着神经。第一主题有一股叛逆的力量，经常被人提起，进而暴露了作曲家愤怒的心理状态。这种回归自我的倾向、痛苦的自省，的确意味着情况很严重。不过想一想这部作品在音乐上的分量吧，思想的洪流勇敢、率性地倾泻而出，几近发狂！

升 f 小调波兰舞曲是对钢琴诗人最大的考验。它极其讽刺——那首美妙的玛祖卡的引子，"两座深渊之间的花朵"，它还有别的含义吗？引入这首诡异舞曲的，是肖邦最令人费解的两页乐谱。A 大调的间奏曲犹如大炮轰鸣，泛音回响，在形式上并不是十分严谨，却非常切合这幅画面。这首玛祖卡充满了询问的意味和细腻的情感。不久之后，暴风雨归来。先是爆发，后又衰微，随着尾声而来的是悲伤的思念，犹疑不定的决断过后，野蛮的激情颤抖着融入夜色中。升 F 调在放声咆哮后，最终归于沉寂，标志着让人焦虑的梦魇终于结束了。这不是"马刀舞曲",而是自我折磨的灵魂在黑暗深渊里的忏悔。

升 f 小调波兰舞曲被编为作品第 44 号,发表于 1841 年 11 月,题献给博沃公爵夫人。各编辑版本之间略有差别。库拉克在从头数第 18 小节第二拍处填上了一个八度。而原版和克林德沃特的版本都没有。克林德沃特版本的第 20 小节也和原版不同,见下图。上面的是肖邦的原版:

作品第 53 号降 A 大调波兰舞曲发表于 1843 年 12 月,据卡拉索夫斯基说,是 1840 年肖邦从马略卡岛回来之后创作完成的。此曲题献给 A. 莱奥。卡拉索夫斯基说这首乐曲讲述的是肖邦在乔治·桑位于诺昂的城堡一座孤零零的高塔中看到作古之人的故事。已经有知情者反驳了这个传说。这首波兰舞曲并不像前一首那样兴高采烈、意气风发。如卡拉索夫斯基所言,它是"军歌类型的"。此曲名为《英雄》,从中能够听到埃勒特所说的"大马士革刀与银质马刺的碰撞"。这首震撼人心的作品具有壮丽的想象,战场上骏马飞驰、蹄声如雷、厮杀惨烈;战火连绵、刀光剑影、烽火狼烟,好一场不共戴天的战争!没有主观表现,只是客观的战争场面,轮廓鲜明、气壮山河之势就已让人热血沸腾。

令人难以置信的是，肖邦曾经按照自己的意图演奏过这首乐曲；唯有键盘的英雄才有可能把握住密集的和弦，迸发出炽烈的音符。不过一段诡异的间奏将三重奏从这首波兰舞曲中剥离了出来，它具有某种让人心烦意乱的力量，甚至犹如幽灵作祟。曲中既有云雾缭绕，又有星光闪耀。然而这首作品由于演奏速度太快，得到了"击鼓"波兰舞曲的绰号，因为炫技大师们的虚荣心而丧失了威严和力量。E大调的八度音阶绵延不绝，仿佛这一段唯一的理念就是速度。听取克莱钦斯基的建议吧，不要让几个八度毁了整首曲子。据约瑟菲和德·伦茨称，卡尔·陶西格用一种无人能及的方式演奏了这首波兰舞曲。尽管它展示了雄壮的战争场面，却依然可以震撼一个人对悦耳和谐的认知，对乐器局限性的认知。这首作品改编为管弦乐版本后，就变得枯燥无味，失去英雄气概了。

作品第61号降A大调幻想波兰舞曲发表于1846年9月，题献给A.维蕾夫人。它是三首大波兰舞曲之一，才开始被人所理解，此前一直受人嘲笑，说它乌七八糟，像是头昏脑热，没什么音乐性，甚至连李斯特都表示："这样的意象没什么真正的艺术价值……在艺术家魔法领域的优雅圈子里，要想接纳这些可悲可叹的幻想，需要十二分的谨慎。"

写下这段话的时候，还是旧时代，艺术是贵族的特权，将"下里巴人"和比较痛苦的情感排斥在外。对于习惯了理查·施特劳斯的现实主义的一代人来说，幻想波兰舞曲似乎只是空想，过于理想化，而且也太新鲜了。它使人想起那些被施了魔法的烧瓶，瓶口冒出一缕青烟，渐渐化为奇异、可怕的形象。这首波兰舞曲完全体现不出两位"前辈"所具有的硬度。它凭借自身的可塑性抹去了传统的波兰舞曲留下的烙印，尽管节奏上依然留有波兰舞曲的影子。此曲或许正如库拉克所言，充满了独白、散布的华彩、即兴的前奏和短促的乐句，然而全曲是一个有机的整体，统一在结构和风格上。

对于肖邦的创作年代来说，它是超前的音乐；和理查德·瓦格纳的音乐一样，它是属于现在的。但是现实主义色彩却略显黯淡了。肖邦的双重身份分别是痛苦之人和波兰先知。他诗意的愿景——波兰会得到自由！——清清楚楚地展示着，虽然他的灵魂被饱受煎熬的身体压迫着，却依然无所畏惧。

在这部作品中，阵阵剧痛混合着胜利的号角。那些曾经让我们父辈饱受困扰的元素——光影的变幻，骚动不安的调式——如今却大受欢迎，因为在新世纪之初，半音才是王道。这首波兰舞曲的尾声充满了胜利的意味，它的高潮和调性使人联想起降 A 大调叙事曲。肖邦依然是其灵魂的主宰——而波兰会得到自由！凯尔特人和斯拉夫人难道命中注定要一直追随爱国主义的磷火吗？李斯特承认这最后一首波兰舞曲的美丽和伟大，此曲结合了这一体裁华丽的特点和独创的处理方式，将威武的一面和忧伤的一面融为一体。

作品第 71 号包括了三首肖邦身后出版的波兰舞曲，由尤利乌斯·丰塔纳向世人公开，其中 d 小调一首发表于 1827 年，降B 大调一首发表于 1828 年，f 小调一首发表于 1829 年。对于肖邦爱好者来说，这几首乐曲颇有趣味。韦伯是已故的这种体裁的大师，从这几首乐曲中能够感受到他所带来的影响。

　　在这三首舞曲中，最后一首 f 小调波兰舞曲是最为强力的，不过考虑到肖邦的年龄，第一首 d 小调波兰舞曲对于刚满 18 岁的小伙子来说堪称壮举。对于肖邦身后出版的那首升 g 小调无编号波兰舞曲，我同意尼克斯的观点，它的创作时间是在 1822 年以后——布赖特考普夫与哈特尔出版社的版本中给出的日期。它的构思颇有艺术性，其"薄如蝉翼的音型"也比肖邦在作品第 71号中成熟得多。这首短小的华丽派作品确实是优雅而精彩，但和他的早期作品一样，缺乏诗意的深度。

　　华沙的《音乐回声》杂志为纪念肖邦逝世 50 周年，于 1899年 10 月发行了一期特刊，刊登了一个名叫克雷夏克的农夫的照片，此人出生于 1810 年，比作曲家晚 1 年出生。对此，芬克评论道，这可不是适者生存啊！这期奇葩的特刊还包括了一首迄今未曾出版的降 A 大调波兰舞曲摹本，此曲作于肖邦十一岁时。据说这首短小的舞曲展现了作曲家的"面相特点"。事实上，这首单薄的波兰舞曲是对这种体裁的一次试探，之后作曲家成为这一体裁的一代宗师。它是这样开头的——里面有肖邦的签名：

作品第 3 号，为钢琴和大提琴而作的波兰舞曲，作于 1829 年，当时肖邦正在拉齐乌亲王家中做客。此曲前面有一段引子，题献给大提琴家约瑟夫·默克[7]。肖邦本人称之为一首华丽的沙龙乐曲。现在来看它连这个都算不上，听起来过时又俗套。有时经过句会透露出肖邦和韦伯的味道——有永动机的意味——大提琴占了上风。此曲显然是为女士的闺房而作。

此外还有两首波兰舞曲。一首是降 b 小调，是 1826 年作曲家动身前往赖纳尔茨[8]时所作，这首极具挽歌色彩的曲子的发行版中有一处脚注如是说。此曲的标题为"再见，纪尧姆·科尔贝格"，其中的降 D 大调三重奏引用了《鹊贼》[9]中的一首咏叹调，并题有一句伤感的"再见"。克莱钦斯基修订了布赖特考普夫与哈特尔的版本。最后一页小巧的半音双音华彩段一看便知是肖邦所作。不过肖特出版社发表的《降 G 大调波兰舞曲》的真实性存疑，它气质肤浅，流于表面。尼克斯底气十足，称其可能是由他人编纂的。大师的痕迹贯穿乐曲始终，特别是在降 e 小调三重奏部分，不过某些糟糕的进行和粗俗的气质绝非出自肖邦之手。这种舞曲体裁，自这位伟大的作曲家仙逝之后，大体上就向着炫技的方向发展了。贝多芬、舒伯特、韦伯，甚至巴赫——在他的 b

小调弦乐与长笛组曲中——也都曾沉溺于这种体裁中。瓦格纳还在求学时就创作过一首四手联弹的 D 大调波兰舞曲，舒曼的《蝴蝶》中也有这样一首美妙的范例。鲁宾斯坦在《舞会》中创作了一首最为辉煌灿烂、激动人心的降 E 大调波兰舞曲。肖邦之后最出色的波兰舞曲作者当属李斯特，他无论是创作还是演奏这种舞曲形式都绝对游刃有余，只不过李斯特的波兰舞曲中具有更多的匈牙利色彩，而非原来的波兰风情。

第十三章

玛祖卡：灵魂之舞

1

　　妖媚，虚荣，幻想，倾慕，挽歌，暧昧的情愫，激情，

征服，系他人之安危、集万千之宠爱的挣扎……一切的一切

在这种舞蹈中交汇。

李斯特如是说。

德·伦茨则进一步引用他的话说："至于玛祖卡，必须让一位崭露头角的一流钢琴家来演奏。"然而李斯特却对尼克斯说，他本人并不太喜欢肖邦的玛祖卡。"里面充斥着位置摆放不当的小节。不过也许没有人能像肖邦这样摆放。"尽管李斯特从不吝惜对这位朋友的盛赞，却也不是一直靠得住。他和肖邦一样善变，有时他不仅不待见肖邦的玛祖卡，更是连肖邦所有的音乐都不喜欢。他向尼克斯坦言，自己弹半个小时琴，权当消遣时，弹的正是肖邦。

对于波兰人的玛祖卡舞曲,这位匈牙利人的评价最为绝妙。这可以与他对波兰舞曲同样精彩至极的描述并列来看。他对玛祖卡的阐述狂野奔放、跌宕起伏、浓墨重彩,结尾处是对波兰女性美丽与魅力的热烈赞美。正如巴尔扎克所言,"天使来自爱情,魔鬼来自幻想"。那是李斯特模仿夏多布里昂精雕细琢的韵文,没有哪首钢琴狂想曲具有如此动人的乐段。Niema iak Polki——意为"波兰女人无与伦比",以及她们"神圣的妖娆"。玛祖卡是她们的舞蹈——其阴柔妩媚正好与英武阳刚的波兰舞曲形成互补之势。

一位英国作家这样描述今天俄国境内的玛祖卡舞蹈:

> 比如在圣彼得堡的沙龙里,宾客们实际上是在跳舞。他们不只是成群结队地来来回回拖着脚走,把衣服弄皱,大发雷霆,称其为一套四对方舞。他们有足够的空间做出正规舞会上的大幅度动作和复杂的舞步形,而且通常具有这样一种天赋,能够将千姿百态表现得无比优雅,极具可塑性。他们认认真真地发展这些需要靠几乎超越艺术范畴的优雅来表现的舞蹈。玛祖卡就是这些舞蹈中最美妙的一种,也是涅瓦河畔舞会上的宠儿。

> 跳这种舞需要相当宽敞的空间,至少有一位靴子上带有马刺的军官,还有优雅,除了优雅还是优雅。舞伴们向前猛冲,马刺铿锵作响,鞋跟在半空中碰撞,强调着音乐的断奏,靴子响亮的撞击声撼动着脚下的地面,随即在锃亮的地板上

滑动，嘶嘶作响，之后敏捷而突然地跳来跳去、转来转去，让人头晕目眩，优雅的屈膝礼、飞快的拥抱，以及其他所有错综复杂、疯狂激烈的动作，在格林卡或柴可夫斯基的杰作的伴奏下，唤醒并激活那沉睡在人类命运深处的古老的英雄气概、中世纪的骑士精神和狂野的罗曼史。对于这样一种让灵魂为之震撼的舞蹈，哪怕只当一名看客，也比亲身参与众多西欧国家社交舞会上死气沉沉、虚情假意的舞蹈所得到的快乐更真实。

玛祖卡（波兰语：Mazurek）尽管只是马佐夫舍省当地的一种舞蹈，却完完全全是斯拉夫式的，拍子为四三拍，重音通常是背离原位的，这源于东方音乐。用布罗津斯基[1]的话说，玛祖卡的原型只不过是勇士舞的一种，"没那么活泼，跳动也没那么厉害"。它充其量是一段舞蹈的趣闻，一个用各种迷人的舞步和舞姿去讲述的故事。它醉人、粗陋、诙谐、诗意，最重要的是忧郁。波兰人就是这样，最快乐的时候要唱最悲伤的歌。因此他们才对小调情有独钟。玛祖卡的拍子是四三拍或八三拍。重音有时会加附点，但并不绝对。这是最常见的节奏，不过肖邦会做出一些变化和调整。小节开头部分的音符通常比较急促。

音阶所采用的是大小调混合——旋律在除去了音级的音阶中交汇。偶尔会遇到带有增二度的匈牙利音阶，而三度跳进则经常

出现。上述这些因素，再加上增四度和大七度的进行，使得肖邦的玛祖卡不但内容新颖独特，还富有异域色彩。与波兰舞曲一样，肖邦也是采用了民族舞曲的框架，并加以发展和扩充，赋予其美妙绝伦的旋律与妙趣横生的和声。他用几十种方式突破和改变了传统的节奏，将步调沉重的农民舞曲升华到诗歌的层面。

　　然而他虽怀有这样的理想，却从未将泥土的味道全然抹去。尽管披着千变万化的伪装，它本质里依然是波兰的玛祖卡，而且按照鲁宾斯坦的说法，它和波兰舞曲一样，是肖邦仅有的能够反映波兰气质的音乐，尽管"在他的所有作品中，我们都在聆听他用最美妙、最具音乐性的方式欢乐地描绘着波兰逝去的伟大，为波兰的衰落而歌唱、哀悼、落泪"。"硬邦邦、缺乏艺术性的转调，令人大跌眼镜的和声进行和突如其来的情境变化"，让古典派的莫谢莱斯感到不舒服的，也曾在莱尔斯塔勃的笔下遭到痛斥。

　　除此之外，玛祖卡最大的问题是泛滥成灾的弹性速度。柏辽兹一口咬定肖邦的拍子跟不上——后面我们还会发现梅耶贝尔也是这样认为的——而事实却恰恰相反。在敏感的评论家看来，这样的节奏是一种曼妙迷人的摇曳——"肖邦在他的小节里伸缩自如"，一位英国评论家写道——而对于古典主义者来说，完全是背离节拍。李斯特对弹性速度的描述是："恰似一阵风吹动树叶，生命在树叶下呈现、发展，而树却保持原样——这就是肖邦的弹性速度。"他还说："它体现在动荡、碎裂、中断的节拍和灵活多变的乐章上，同时也是突兀、渐衰的，就像煽动它的紊乱呼吸一样游移不定。"肖邦自己的定义更是平淡无奇："设想一下，有一首固定时长的乐曲，总的演奏时间是一样的，而细节之处却可以是千差万别。"他是这样解释的。

弹性速度或许和音乐本身一样古老。它存在于巴赫的作品中，存在于往日的意大利歌手的演绎中。米库利说，无论肖邦右手的旋律或者阿拉伯风格处理得多么自由，左手部分总是会严格遵照拍子。"让你的左手担任指挥，要一直按照拍子来演奏。"最先说出这句话的是莫扎特而不是肖邦。钢琴家哈勒曾断言自己已证实肖邦演奏玛祖卡时采用的是四四拍而不是四三拍。肖邦笑着承认这是民族特色。哈勒第一次听肖邦演奏时感到很困惑，他不相信这样的音乐竟能用音乐符号表现出来。他还认为这种风格已经被学生和模仿者们过度渲染了，实在是令人遗憾。如果机械地按照固定节拍演奏贝多芬的交响曲或者巴赫的赋格，就会失去核心韵味。现在难道不该揭露一下关于肖邦弹性速度的谬论吗？

肖邦自然痛恨对他的作品结构的破坏，他会非常严格地要求学生，不应把节拍处理得过于随意。他的音乐需要绝对清晰的表现，分句自然也需要一定的弹性。然而并不需要扭曲节奏，也不需要荒谬、俗气的停顿和愚蠢、激烈的力度变化。说肖邦伤感，那是在污蔑他。他厌恶矫揉造作的多愁善感，一个被巴赫和莫扎特熏陶出音乐品位、从这两位音乐巨匠的作品中吸收营养的人，绝不会沉湎于大起大落的节奏和毫无意义的表情。我们还是不要再迷信凭空消失的时间，以及那美妙无比却知者寥寥的弹性速度了。

若是想演奏肖邦，就用曲线来演奏。外在表现和节拍上，都不能生硬，但不要以"美"的名义，像酒吧歌手一样，用晃晃悠悠、磕磕绊绊的"口才"去表现那些被作曲家巧妙地平衡了的乐句。肖邦的音乐分句法具有内在的平衡性和对称性，它的表现必须通过一种波浪式流动的方式，绝不是四方方、硬邦邦的，而每一个重音都要表现得如同运动员柔韧的肌肉。

音乐作品若是没有了骨架，就会变得绵软无力、溃不成形、毫无个性。肖邦的音乐需要一种节奏感，这种节奏感吸收了西方的一些简单的形式，在我们看来近乎反常。肖邦的弹性速度挣脱了墨守成规的桎梏，然而这并不意味着混乱无序。这种误会愈演愈烈的原因在于当今对经典作品的自由解读。贝多芬甚至是莫扎特交响曲的演奏也不再严格，指挥恶狠狠地砸出一个小节，但随之而来的却是旋律化、情绪化的曲线和变化不定的拍子。那么为什么把肖邦选为恶劣节拍邪恶、唯一的代表呢？若是用演奏门德尔松的方式去演奏肖邦，你演奏的肖邦就被抽空了。若是不按规则演奏肖邦，把重音弄得乱七八糟，那么你演奏的就不再是真正的肖邦，而只是对肖邦的歪曲模仿。唯有斯拉夫血统的钢琴家才能理解弹性速度的秘密。

　　我读过近期创办的一份德国期刊，上面说为了演奏出令人满意的肖邦作品，只要节奏不像演奏其他作曲家作品时那样准确就够了。恰恰相反，我从未在肖邦的作品中——甚至包括最自由的那些作品——发现过哪怕一个乐句的灵感气球在空中飘荡时没有系着节奏和对称之锚。出现在 f 小调叙事曲、降 b 小调谐谑曲中部、f 小调前奏曲甚至是降 A 大调即兴曲中的这类乐段，并非没有节奏。很容易证明 f 小调协奏曲中最为扭曲的宣叙调的基本节奏全无幻想性，而与管弦乐队合奏时，这一点是必不可少的……肖邦从不过分幻想，总是受制于一种明显的审美本能……他诗意的灵感和节制具有简朴性，无处不在，将我们从穷奢极欲和虚伪的怜悯中拯救出来。

肖邦的学生，已故的马赛利娜·恰尔托雷斯卡公爵夫人对克莱钦斯基的激励是价值无量的，因此克莱钦斯基在作品第二卷中提到了上述这些。

尼克斯则引用了肖邦的学生弗里德里克·斯特雷彻夫人（婚前姓穆勒）对老师的描述："他要求分毫不差的节奏，对一切延迟、滞后、不合时宜的弹性速度以及过分夸张的渐慢深恶痛绝。每当遇到这种情况，他就会温柔而略带讽刺地说'请您坐下来'。而人们在演奏他的作品时，恰恰在这方面犯下了严重错误。"

现在我们再回到玛祖卡，德·伦茨曾说这是钢琴上的海因里希·海涅之诗。"肖邦简直是人琴合一的完美典范。他的夜曲和玛祖卡无与伦比，精彩绝伦。"

玛祖卡是最具肖邦风格的作品。讽刺、悲伤、甜蜜、欢乐、忧郁、乖戾、明智、梦幻，诠释着用来描述作曲家的那句话——"他的心是悲伤的，灵魂是快乐的。"那微妙的特质，对于一个西方人来说是很难理解的，波兰人称之为 Zal，它在一些玛祖卡作品中有所体现。而在另外一些玛祖卡作品中，则有着近乎野蛮的、咆哮着的快乐。Zal 是一个有毒的词语，混合了痛苦、悲伤、暗仇和反抗的毒汁。它是波兰人的特质，也体现在凯尔特民族身上。这些民族饱受压迫，又嗜好狂热的抒情，让这份怨怒在内心深处潜滋暗长。李斯特写道："如今，Zal 的色彩反射出银光，点燃了肖邦的全部作品。"这种悲伤恰恰是肖邦的天性得以成长的土壤。面对着阿古伯爵夫人的询问，他正是这样回答的。

李斯特做出了进一步解释，这个奇妙单词的含义包括"极致的温柔，以及听天由命、毫无怨言的遗憾所带来的极致的谦卑"——似乎包含太多东西了。它还意味着"兴奋、刺激、仇怨、充溢着责难的反抗、蓄意报复，以及大仇未报绝不放弃的威胁恐吓，同时吸收着或许无果但终究还是苦涩的仇恨"。

这样一种消耗性的激情必然是无疾而终的。即便他的爱国心化作抒情的呐喊，这份 Zal 终究还是玷污了肖邦快乐的源泉。受其影响，他变得暴躁易怒，在他的抑制力作用下，这份闷燃的盛怒必然使他几近窒息，最终证明它对他本人和他的艺术同样有害。它让他的晚期作品变得更加美丽，如同在疾病的某个特定阶段一样，他的晚期作品病态、狂热，却又无疑是美丽的。这颗珍珠被说成是因病而生，因此那名为 Zal 的精神酵母才会将其病态之美注入肖邦的音乐中。它存在于 b 小调谐谑曲中，却不在降 A 大调叙事曲中。它满溢在 f 小调叙事曲和升 f 小调波兰舞曲中，却不在第一即兴曲中。很多前奏曲和玛祖卡都染上了它内省的暗色，而在升 c 小调谐谑曲中，它恣意盛开——真正的恶之花。海涅和波德莱尔这两位诗人，虽然与斯拉夫人关系甚远，却在各自的诗歌中流露出可怕的、沉寂的 Zal 痕迹。对于一个被践踏的国家来说，Zal 意味着集体的悲伤、民族的愤怒，正因如此，玛祖卡也具有了民族意义上的价值。尽管玛祖卡很简单，甚至像前奏曲一样短促，可大多是高度精练的。它们是舞蹈的前奏曲，往往像一首首短小的诗歌一样，凝聚着浓厚的诗意和热烈的悲叹。

　　肖邦生前共发表了 41 首玛祖卡，分为 11 册，每册包含 3 至 5 首不等。

　　　　作品第 6 号包括 4 首玛祖卡，发表于 1832 年 12 月，题献给波利娜·普拉特伯爵夫人；

　　　　作品第 7 号包括 5 首玛祖卡，发表于 1832 年 12 月，题献给约翰斯先生；

　　　　作品第 17 号包括 4 首玛祖卡，发表于 5 月 4 日，题献给丽娜·佛莱帕夫人；

　　　　作品第 24 号包括 4 首玛祖卡，发表于 1835 年 11 月，题献给德·佩尔蒂伯爵；

　　　　作品第 30 号包括 4 首玛祖卡，发表于 1837 年 12 月，题献给恰尔托雷斯卡公爵夫人；

　　　　作品第 33 号包括 4 首玛祖卡，发表于 1838 年 10 月，题献给莫斯托夫斯卡伯爵夫人；

　　　　作品第 41 号包括 4 首玛祖卡，发表于 1840 年 12 月，题献给 E. 魏伟奇；

　　　　作品第 50 号包括 3 首玛祖卡，发表于 1841 年 11 月，题献给莱昂·希米科夫斯基；

作品第 56 号包括 3 首玛祖卡，发表于 1844 年 8 月，题献给 C. 马伯利小姐；

作品第 59 号包括 3 首玛祖卡，发表于 1846 年 4 月，无题献对象；

作品第 63 号包括 3 首玛祖卡，发表于 1847 年 9 月，题献给乔斯诺斯卡伯爵夫人。

除此之外，丰塔纳于肖邦去世后出版了作品第 67 和 68 号，共包括 8 首玛祖卡，此外还另有几首，其中两首为 a 小调，均收录于库拉克、克林德沃特和米库利的版本中，一首为升 F 大调，据说是查尔斯·迈耶所作，收录于克林德沃特的版本中，以及另外 4 首，分别为 G 大调、降 B 大调、D 大调和 C 大调。这样一来总共是 56 首需要归类和分析。

尼克斯认为作品第 41 号之前和之后的玛祖卡是截然不同的。后面的那些缺少"野性之美"和自发性。随着肖邦对这种体裁的掌握，随着他的感受、痛苦和见识的增加，他的玛祖卡内容也愈发丰富，流露出的厌世意味也愈发浓厚，变得精致复杂，时而显得冷冰冰的，却很少失去波兰民族特有的"冷冽"和色调。这些蕴藏着丰富技巧的玛祖卡恰似十四行诗，且正如舒曼所言，每一首中都有新鲜元素。后期有几首带着无忧无虑的快乐，但这不过是例外。更多的是让人感觉到全人类所共有的品质，但其中的波兰特质会让人难以接近。

这些玛祖卡只是名字而已，只有一部分人是用心去跳舞，剩下的是用鞋跟在跳。在肖邦的全部作品中，它们占据了很大比重，并且具有很强的原创性，却是最不为人所知的。或许当它们离开波兰地图时，就在某种程度上失去了带有民族气息的芬芳。它们是肖邦仅有的户外音乐作品，仿佛耐寒又朴素的野花，通常是生长在野外的。不过即使是在旷野的月光下，也从不缺少那些自我折磨的音符，倾诉着复杂的悲伤之情。不要怪罪于肖邦，因为这是他们民族的印章。这位波兰人是在歌曲中忍受着悲伤所带来的快乐。

2

作品第 6 号的升 f 小调玛祖卡以这种舞曲中标志性的三连音为开端。比起夜曲和变奏曲，肖邦在这首乐曲中羽翼更加丰满，或许是由于体裁的缘故。这是肖邦发表的第一首玛祖卡，旋律优美，略微有些悲伤，却带着一种欢快的生气。第三段的倚音描绘出生动形象的画面——一对对农民夫妇跳着干脆利落的舞蹈。这一组作品中的第 2 首是谁演奏的呢？这首乐曲同样具有"放荡不羁的音符"，以及低音属持续音、微弱的拨弦声和甜蜜又悲伤的升 c 小调旋律。大调中洋溢着热烈的快乐，显得多么自然。第 3 首 E 大调玛祖卡依旧充满了村野的绿意，少男少女们纵情舞蹈。我们听见了一个沉闷的低音——肖邦甚爱这种手法——以及喋喋不休的闲言碎语，好一个热闹的乡村节日。这首玛祖卡拥有丰富多彩的和声和活力四射的节奏。然而接下来的降 E 大调玛祖卡却截然不同。它的和声更为紧密，此外还带着悲伤。此曲中围绕着一个乐思不停地旋转，似是受困于固定的悲伤，这是作曲家第一次采用这种手法，但并不是最后一次。

作品第 7 号让世人注意到了肖邦。这号作品招来了莱尔斯塔勃的痛斥，他写道:"如果肖邦先生向大师展示这部作品，大师很可能把它撕成碎片丢在脚下，当然我们的做法只是象征性的。"1833 年的批评还是颇有风度的。后来的一期《彩虹》杂志上登载了对作品第 10 号练习曲的刻薄评论，莱尔斯塔勃在杂志中印上了署名为肖邦的一封信，不过这封信的真实度非常可疑。在这封信中，肖邦说这位评论家"坏透了"。尼克斯表示，波兰钢琴家并非这封信的作者。这封信给人的感觉是某个愤怒却又怀着好意的女性友人在宣泄感情。

作品第 7 号以降 B 大调玛祖卡开篇，是肖邦所有玛祖卡中最著名的一首。曲中带有强烈的律动，放荡不羁，气质优雅，这一切是那么引人入胜。生气勃勃的弹性速度，结尾处还能听到农民的舞步。这首欢乐、无畏的乐曲让人快乐地生活，快乐地舞蹈。下一首始于 a 小调，像是在坟墓上舞蹈;即使后来转为大调也不会显得违和，因为它实在是太沉重了。第三首 f 小调，一开始便是富有节奏感的宣言，将我们带回到现实中。乐句起首的三连音意义重大。低音部显得颇为坚定，像吉他一样。以降 D 大调的属音为开端的那一段充满了活力和想象力;左手负责独奏。这才是真正的玛祖卡。

下面的一首是降 A 大调，抒发了一连串的情绪。它的那份自

信很快便融入更加温柔的色调中，A 大调的插段引人深思。第 5 首，
C 大调，由三个乐句组成。对于这号作品来说，它像是某种尾声，
充满了生气勃勃的幸福回声，又像是一抹醒目的侧影轮廓。

作品第 17 号第 1 首降 B 大调玛祖卡，气势雄壮，洋溢着骑
士精神，我仿佛听到战士挥舞军刀的嗖嗖声。农民仿佛消失了，
要么就是朝敞开的窗子打哈欠，这时他的主人却在跳一种更有宫
廷气派的舞蹈。我们听到连续的七和弦，设计得富有节奏感，给
这首舞曲增加了一丝严肃的味道。

尼克斯认为这第 2 首玛祖卡或许可以命名为"请求"，它是
那么的可怜、有趣、动听。此曲为 e 小调，具有一种楚楚动人的
哀怜气质。G 大调部分非常美妙。最后几行更是激情满满，却一
点也不刺耳。库拉克注释说某些版本的第 5 和第 6 小节之间没有
连音符。克林德沃特使用了这个连音符，但他在 B 音上标记了"加
强"。在肖邦的音乐中，同样音高的两个音上的连音符并不一定
是连接的意思。第 3 首降 A 大调玛祖卡透露出悲观、险恶、暴躁
的意味。三重奏虽然是 E 大调，却表现出了一种冷酷无情的幽默
感，即便回到主题也无济于事。真是一页黑暗的乐谱！a 小调的
第 4 首，肖尔茨称之为"小犹太人"。

肖尔茨曾记录并整理肖邦的一些趣闻逸事，取标题为"弗里
德里克·肖邦"。他给克莱钦斯基讲述了这样一个故事：

　　　　肖邦对标题音乐不屑一顾，不过在他的作品中，有不止

一首富有表现力和个性的作品可以归为此类。有谁不知道作品第17号中那首题献给丽娜·佛莱帕的a小调玛祖卡呢？我们的艺术家离开祖国之前，这首曲子就以"小犹太人"之名在我们国家广为人知了。

　　这首作品以肖邦独特的幽默感为特色。一个犹太人穿着拖鞋和长袍，走出小旅馆，看见一个倒霉的农夫，也是他的主顾，醉倒在马路上，翻来覆去，牢骚不断，于是这个犹太人站在门口喊："这是怎么了？"就在这时，富裕市民喜气洋洋的婚礼队伍从教堂走来，其间夹杂着各种各样的叫喊声，还伴随着生气勃勃的小提琴和风笛声，似是在反衬此前的一幕。大队人马路过之后，烂醉如泥的农夫——一个试图用酒精来麻痹自己的人——又开始发牢骚。这个犹太人回到屋内，摇了摇头，又问道："刚才那是怎么了？"

这个故事给人的感觉是既幼稚又平常。这首玛祖卡相当悲伤，第4小节小巧的三连音像是执勤的哨兵在盘问，也出现在了最后的乐句中。可那又怎么样呢？我也能作出一首标题音乐，想要阳春白雪还是下里巴人，随您喜欢，可它绝不是肖邦的风格。举例来说，尼克斯认为这首舞曲阴沉、悲凉，表现的是私人的情感体验，还有"刺耳的音符袭来，无情地吵醒了梦中人"。这样看来，只能从整体上推断音乐的内容。情绪的基调或许能够表达出来，但在肖邦的作品中，绝非百分之百正确。

　　如果我有足够的自信，我可以说，是绝望造就了它，因为我十分清楚，每个人对这个故事的理解都是不一样的。对我来说，这首 a 小调玛祖卡充满了排山倒海的绝望之情，不论它究竟意味着什么，曲中蜿蜒的半音、显然延长了的终止——采用的是六和弦——表现出病态的优柔寡断，后又转化为一种绝望的喜悦。它暧昧、不安的调性引发了这些情绪。

作品第 24 号以 g 小调玛祖卡作为开始，这首玛祖卡因技术难度相对较低而受人喜爱。不过乐曲中小调部分带有异域色彩的增二度音阶需要一定的脑力，三重奏部分也需要投入感情。在接下来的 C 大调玛祖卡中，除了奇怪的内容，我们还发现了混合调性——利底亚和中世纪教会调式的混合。曲中的三重奏颇有东方色彩。整首乐曲给人留下一种朦胧的、不满的印象，副歌则使人想起柴可夫斯基多次在作品中运用到的俄罗斯纤夫之歌。克林德沃特使用的是变体。不同版本中的节奏标记也有一些不同，库拉克认为米库利的版本太慢了。与练习曲和前奏曲不同的是，肖邦的玛祖卡中并没有标注速度。这些作品丰富多变，令人难以捉摸，我敢肯定，就连肖邦自己也从未以完全相同的方式将其中的任何一首作品演奏两次。它们是情绪的产物，是旋律化的空气植物，随着微风吹拂的节奏摇曳生姿。节拍器是给学生用的，而德·伦茨会说，节拍器与弹性速度是水火不容的。

作品第 24 号第 3 首是降 A 大调玛祖卡。这是一首真正的舞曲，动听又不深邃，尾声颇具装饰性。而下一首才是重点！犹如一颗璀璨的宝石，一首色彩斑斓的美妙诗歌。这首降 b 小调的玛祖卡延伸出勾人的丝线，将我们紧紧缠住，带入到令人惊艳的旋律中心，那旋律洋溢着浓烈的芬芳，让人陶醉。音型带着热情的气息，一闪而过的三十秒羞涩地给了我们迎头痛击，进入大调时，我们才意识到肖邦那诱人的魅力。再现更加花哨，小巧、温柔的齐奏开始，以坚定的正和弦结束这一乐段，给人一种近乎解脱的感觉。随之而来的是曼妙迷人、节奏感十足的舞步，伴随着光影的变幻，甜蜜的忧郁在前方驾驭着欢乐，自己却溃不成形，直到第一主题传来，舞蹈、舞者和脚下这个实实在在的地球都随之消逝，仿佛大地因失去太阳而自杀。最后两个小节只可能出自肖邦之手，那是一种无以名状的叹息。

　　现在，赞美的合唱开始攀上炽热的八度。作品第 30 号的 c 小调玛祖卡又是大师笔下一首美妙、真诚的乐曲。"热情的"部分逐渐加深的感情简直是妙不可言！那份悲悯刺痛人心。这是肖邦诗人的一面，这位诗人和彭斯一道，诠释着人民的淳朴气质，用济慈般的色彩和浓烈的浪漫主义情怀蒙蔽着我们，用雪莱般的智慧将我们提升到先验的碧空中。而键盘则是他唯一的工具。正如舒曼所写的："伟大的天才习惯在管弦大军的陪伴下登台亮相，而肖邦并非如此；他只有一个小分队，但其中的每一个灵魂都属于他，属于这最后的英雄。"

　　这首舞曲只有 8 行乐谱，却意味深长。克莱钦斯基将 b 小调的第 2 首称为"杜鹃"。这首活泼的乐曲带有马佐夫舍风格的轻快旋律，却还有着巧妙的和声进行。降 D 大调的第 3 首生气勃勃，活泼明丽，断然摆脱了舞曲的条条框框。大小调轮番交替的主题带有纯正的波兰气质。优雅的三重奏和动听、华美的风格让这首舞曲颇受青睐。尾声仿佛一首讽刺短诗。当我们还沉浸在小调旋律中时，它突如其来，而这种突兀恰恰是诙谐机智的。可以想象一下，肖邦在创作到这里时嘲讽地噘了噘嘴。柴可夫斯基在一部小型管弦乐组曲中借用了这一招，用在中国人部分的尾声中。这号作品中的第 4 首是升 c 小调。我再一次感受到了汹涌澎湃的热情。这首作品内容丰富，强烈的节奏和稳固的结构使其特色鲜明。这是一首大玛祖卡，尾声虽粗粝——连绵不断、不加修饰的五度和七度——却实现了既定的意图。

作品第 33 号这一组很流行。开篇一首为升 g 小调，很简短，而且颇为压抑。B 大调的慰藉并不像呈现在纸上的那样真实。这首玛祖卡非常情绪化，但又是温情脉脉的。第 2 首是 D 大调，活泼、优雅，充满了无拘无束的活力。对于这首明媚又不过于深奥的玛祖卡，维亚尔多－加西亚的人声改编非常成功。这号作品中的第三首是 C 大调，德·伦茨记述说，它差点在肖邦和梅耶贝尔之间引发激烈冲突。他将其命名为"思想的墓志铭"。

德·伦茨演奏结束后，梅耶贝尔说此曲为四二拍。肖邦气红了脸，回答说是四三拍。"我要把它编入我新歌剧的芭蕾舞中，证明给你看。"梅耶贝尔反驳道。"它就是四三拍。"肖邦叱责道。随后便亲自演奏起来。德·伦茨说那两个人不欢而散，双方都固执己见。后来在圣彼得堡，梅耶贝尔听到了这段传言，便告诉德·伦茨，自己是热爱肖邦的。"我从未认识过像他一样的钢琴家或者钢琴作曲家。"梅耶贝尔对拍子的认识是错误的。尽管肖邦把最后一拍弄得很模糊，可它确实存在。这首玛祖卡只有4行，非常美妙，和那首短小的前奏曲一样美妙。下一首玛祖卡同样是一首驾轻就熟的作品。b小调中充满了隐秘朦胧的万种风情、险象环生的的情绪转换、咆哮轰鸣的宣叙调、令人窒息的悲叹控诉。一再回归主题，带来了形形色色的、充满了奇思妙想的情景。

其中最典型的一个是波兰诗人热连斯基[2]提出的，据克莱钦斯基称，诗人曾以这首玛祖卡为主题创作过一首诙谐的诗。在他看来，这是一部波兰喜剧，一个喝醉的农夫和饱受其虐待的妻子表演了一个小场景。酩酊大醉的农夫回到家，唱着"唉，我啊"，低音部传来低沉的隆隆声，那音型是在回答高音部。他的妻子责备他，他就动手打她。这里是降B大调。她在B大调中哀叹自己的命运。随后她的丈夫喊道："消停点儿，老刁婆子。"此处用八度来表现，完全是对话形式，妻子泼辣地回答道："我就不。"低音部传来粗鲁的抱怨声，模仿以上场面，这时男人突然叫了起来，也就是这首曲子最后的8个小节："老婆，好老婆——过来吧，我原谅你了！"这一部分非常大气地表现了十足的男子汉气概。

如果这粗俗的现实主义解读让人不以为然的话，克莱钦斯基还举出了乌耶斯基[3]的一首诗——《龙骑兵》。客栈里，一名士兵正在向一个姑娘献殷勤。她从他身边逃开，她的情人认定她背叛了自己，在绝望中溺死。结尾的"敲响，敲响，敲响那丧钟！马儿驮着我奔赴深渊"，要比前面那个场景更有诗意。即便不把剧本加进去，这首玛祖卡本身也是非常美妙的旋律。它那悲伤的 B 大调主题渲染得非常精妙，让人完全沉醉在明确、流畅的旋律中。

作品第 41 号的升 c 小调玛祖卡深得我心。它的音阶富有异域风情，节奏强而有力，曲调被生活浸染了些许悲伤，却从未丧失勇气。此曲的主题听起来很坚决，无论在中音部、低音部，还是在充满和声和齐奏的尾声中，效果惊人。八度从侧面烘托主题，直到它消失。这里有着节奏的极致体现。第 2 首 e 小调玛祖卡就没有那种毅然决然的感觉了。尼克斯称，此曲是在帕尔马[4] 创作的，其抑郁消沉的特点完全可以用肖邦当时的健康状况来解释，因为这首曲子简直令人潸然泪下。

关于作品第 41 号，1839 年肖邦在诺昂写给丰塔纳的信中说："你知道吗，我新写了 4 首玛祖卡，其中一首是在帕尔马写的，e 小调，另外三首是在这儿写的，分别是 B 大调、降 A 大调和升 c 小调。在我看来，这几首曲子非常可爱，就像年迈的父母看最小的孩子一样。"第 3 首是一首活泼、嘹亮的舞曲。第 4 首是降 A 大调，适合在音乐厅中演奏，与肖邦的几首华丽的圆舞曲相类似。编辑们在校勘这一重大问题上出现了偏差。此曲活泼有趣，富有装饰性，但流露出的感情并不深刻。

作品第 50 号第 1 首，G 大调，给人的感觉是健康活泼的。良好的幽默感格外突出。库拉克特别提到，此曲在某些版本中以"极弱"结束，这似乎不太协调。降 A 大调的第 2 首非常迷人，是完美的贵族玛祖卡范例。降 D 大调的三重奏，降 b 小调的应答段，以及主题再现时的优美，让这首曲子成为值得研究和重视的作品。德·伦茨在接下来的升 c 小调玛祖卡中捕捉到了巴赫的影子：

> 开头像是写给管风琴来演奏的，结束则是在一个专属沙龙中；它是肖邦引以为荣的作品，处理得比其他作品更完美。我告诉肖邦，从结构上来看，这首玛祖卡中 E 大调到 F 大调的乐段就好比《魔弹射手》中阿加特的咏叹调，他听了非常高兴。

德·伦茨指的是开头巴赫式的变声。这首舞曲的质地比我们之前谈到的任何一首都更细密、更精致。或许显得有些刻意，不过，夫复何求？肖邦必然要成长，他的玛祖卡作品和这种体裁本身一样脆弱、局限，必然也要体现出类似的精神和思维成长历程。

作品第 56 号的 B 大调玛祖卡从一开始就非常精致。降 E 大调间奏的小反复富有装饰性，展现了对位技巧，而相对来说情感便淡化了。这首曲子极具炫技性，却不像另外一些曲子那样平易近人。卡拉索夫斯基选择了 C 大调的第 2 首作为例证："作曲家似乎是在寻觅某个能让自己欣喜若狂的时刻，结果却发现心头的那份忧郁愈发深邃了。"C 大调部分的头几个小节带有农民风格，但 a 小调和后面的部分很快便扰乱了亲切的气氛。模仿的乐段理论上是很安逸的。如今的肖邦已经能够驾轻就熟地掌控自己的工具了。作品第 56 号第 3 首玛祖卡是 c 小调。此曲非常长，缺乏整体性。B 大调的"小憩"算是个例外，这一段是用头脑创作的，而不是用心或者脚后跟创作的。

与作品第 41 号中的那首升 c 小调玛祖卡斩钉截铁的意味相类似的是下一首，作品第 59 号中的 a 小调玛祖卡。肖邦并没有重复自己，这是艺术上的一大奇迹。一次微妙的转向将我们带离熟悉的道路，来到一篇陌生的林间空地上，这里的花朵散发着稀罕的芳香。这首玛祖卡和下一首都与另外那些隐约相似，却始终具有新颖的偏离之处，新鲜的和声，突如其来的旋律或者出乎意料的结尾。譬如哈多认为这号作品中的降 A 大调玛祖卡是这三首中最美的。

在这首乐曲中，他发现单单一个乐句中就有变化多端的重复，而且运用得合情合理。在我看来，这首玛祖卡像是对那首动听的同调玛祖卡——作品第 50 号第 2 首——的发挥和阐释。六度双音和更为复杂的分句并没有让后期这首玛祖卡比之前的那首高出一筹，但不可否认的是，这首作品非常优秀。然而接下来的升 f 小调玛祖卡，尽管像是忧愁的凝望，可即便技巧上没有提高，至少在趣味性上是有提高的。虽然它缺少尼克斯所谓的"野性美"，可是在构思和处理上，难道不比作品第 6 号的升 f 小调玛祖卡高出一大截吗？熟悉的三连音出现在第三小节中，是贯穿始终的主角。

多么迷人啊！看那升 F 大调部分的结尾吧。它以大调结尾，三连音最终淡出，仅仅是一片影子，转到了升 D 音，却是最终的胜利者。肖邦达到了他创意的巅峰。时间和曲调从不等人，如今却被肖邦玩弄于股掌之间。悲怆、精致、大胆，恰如其分的忧伤，预判这一切是否悦耳的艺术，以及许多其他因素，合在一起，让这首玛祖卡成为不朽的杰作。

尼克斯认为作品第63号的三首玛祖卡回归了早期清新、诗意的风格。"这几首的确颇有趣味。"他写道，"从音乐家的角度看，还有什么不新鲜、不美丽、不迷人的地方吗？尖锐的不协和音，半音的经过音符，延留音和先现音，重音的位移，纯五度的进行——简直是恐怖的学院派——却猝然转为出乎意料的离经叛道，难以言喻，全无逻辑顺序可言，想要跟上作曲家的思路实在是困难重重。但这一切只不过是为了达到目的而采用的手段、对私密体验的个性表达。很多这样的细微之处——如果仅考虑规模的话，的确够细微的——实际上却包含着无尽的情感内容。"这些话更像是出自一位勇士而非学究之口！

作品第63号第1首充满了活力。此曲为B大调，丰富多样的音型和节奏使其从同类作品中脱颖而出。下一首f小调更具挽歌色彩。这首舞曲的主题和手法都很简洁，并不困难。第3首极为美妙，为升c小调——完全是那首升c小调圆舞曲的饰品。我敢说没有人能抗拒这首玛祖卡的雄辩之声。此曲的技术含量并不算高，却深深地打动了路易斯·埃勒特，他情不自禁地写道："在现有的艺术领域造诣再深的人，也不可能写出比这更完美的八度卡农。"

1855年，肖邦的遗作4首玛祖卡得以发表，被编为作品第67号，这4首是肖邦在不同的时间创作的。第1首为G大调，克林德沃特认为创作于1849年。尼克斯给出的时间要早很多，是为1835年。我认为后者是正确的，因为这首乐曲听起来更像是肖邦年轻时的作品。此曲活泼快乐，而且相当肤浅。第2首为g小调，人们对它比较熟悉。此曲非常动听，尼克斯认为创作于1849年，而克林德沃特认为是1835年。这回尼克斯依然是正确的，不过我怀疑是克林德沃特不小心把数字搞错了。第3首为C大调，作于1835年。对于这一点，传记作家和编辑二位的看法一致。此曲的确是早期的情感宣泄，无甚价值，不过舞蹈的曲调还是很不错的。第4首为a小调，作于1846年，更加成熟，不过也实在是没什么好说的。

作品第68号是丰塔纳曲集的第二部，作于1830年。第1首为C大调，毫不出奇；作于1827年的a小调那首则要好得多，更轻盈，更精致；第3首为F大调，作于1830年，很无力，微不足道；第4首为f小调，作于1849年，有意思的是，尤利乌斯·丰塔纳称之为肖邦最后的作品。肖邦去世前不久将它写在纸上，不过当时他已经病得很重，无法在钢琴上试弹了。此曲自然也是病快快的，病态地执着于乐句的再现、紧密的和声以及从第一段音型到A大调的豪放的偏移。不过它形成了一个阴郁而讽刺的环圈，而我们在演奏完这首名副其实的坟冢之声后，都希望能健健康康而非疾病缠身地告别肖邦。

这一页乐谱中满载着衰败的预兆。肖邦过于虚弱、犹豫，兴奋不起来，在这里，他只是一个脆弱的、提前耗尽了生命的年轻人。有几处强颜欢笑的重音，却被消融的薄雾所吞噬，这是古往今来最敏感的一个头脑的消融。我们可以重复这样一句话："可怜的肖邦啊！"丝毫不带李斯特的谦逊，也不带德·伦茨的讽刺。

克林德沃特和库拉克对这首玛祖卡的结尾意见不一。两人各有道理。库拉克、克林德沃特和米库利的版本中囊括了两首 a 小调玛祖卡。这两首都比较平淡。其中一首的创作时间不为人知，题献给"他的朋友埃米尔·加亚尔"；另外一首，据尼克斯称，首次出现在肖特出版社的一份音乐出版物中，时间约为 1842 或 1843 年。这一组中我比较喜欢前者，曲中有很多八度，以一个悠长的颤音结束。克林德沃特的版本中还有一首玛祖卡，是这一组的最后一首，为升 F 大调。此曲实在不像是出自肖邦之手，非常做作，引起了钢琴家恩斯特·保尔对其真实性的质疑。以下内容由尼克斯引用自 1882 年 7 月 1 日的伦敦月刊《音乐记录》：

> 保尔经过调查发现，这首曲子和查尔斯·迈耶的一首玛祖卡一模一样。这首据称为肖邦所作的玛祖卡是由戈特哈德出版的，他称自己是从一位波兰伯爵夫人手里买到的手稿——或许是拥抱着肖邦走完生命最后一段路的那 50 个人中的某一个——据说这位女士因为经济过于窘迫，还卖掉了肖邦的亲笔签名。此曲显然是赤裸裸的伪作。

早期的 4 首玛祖卡中，G 大调和降 B 大调两首作于 1825 年，

D 大调一首作于 1829—1830 年间，于 1832 年进行了修改，C 大调一首作于 1833 年，这首最具典型性。G 大调这首没什么价值。尼克斯评论说，此曲有一处和声错误。降 B 大调这首，开头的乐句使人想起 a 小调玛祖卡，此曲在布赖特考普夫与哈特尔版本中被编为第 45 号。这首降 B 大调玛祖卡尽管创作时间较早，却相当美妙。C 大调玛祖卡雄浑又果断。D 大调玛祖卡经修改后得到了提高。曲中的三重奏升高了一个八度，贯穿始终的双音使乐曲更加厚重、丰满。

"斯拉夫人在小调中哭笑、舞蹈、哀悼。" J. 舒赫特博士在其肖邦专论中写道。在这里，肖邦显露出的不仅是他的民族性，还有自身那迷人又难解的个性。在这种尚未成熟的舞曲那战栗的空间里，上演着人类灵魂的剧目，这灵魂在呐喊着一个垂死的民族、一个垂死的诗人的悲伤与反抗。这些玛祖卡犹如格言警句般精辟，波动起伏，疯狂又温柔，其中一些散发出柔和、忧郁的光芒，仿佛穿透了雪花石膏——这是真正的鬼火，将我们引向怀疑与恐怖的沼泽。然而作为向导的灵魂是无与伦比的，他不修边幅、快活惬意，因此我们也在这些精致的、令人目眩神迷的舞曲中放浪形骸。

第十四章

征服者肖邦

　　肖邦的谐谑曲是自己的原创,以贝多芬和门德尔松为代表的类型对他全无意义。不论这是诚恳还是严肃的玩笑,就内容来看,肖邦所采用的这个标题是很有误导性的。贝多芬的谐谑曲充满了一种旺盛的幽默。曲中的他很少表现出诗意,往往是闲谈,有时会暗示出生命的奥秘。在《英雄交响曲》的作者看来,肖邦的魔性元素、自嘲的狂欢和冲天的怒焰并不适应谐谑曲这一体裁。事实上,波兰人建立了一种全新的音乐结构,并大胆地称之为谐谑曲,和叙事曲一样,他将令人心烦意乱的、无与伦比的音乐倾倒进它的弹性模子中。

　　肖邦很少达到登峰造极的境界。他的箭头有火焰在燃烧,却飞不远。然而在一些音乐作品中,他已经触及了神性的边缘。他至少在一首谐谑曲、一首叙事曲、f小调幻想曲、降b小调奏鸣曲前两个乐章、几首练习曲和一首前奏曲中达到了宏大高远的境界。他的表达是个性且美丽的,还有我们奉若神明的表现力,在这种神化的力量面前,满心疑惑的批评家也只能颔首低眉。肖邦在他的谐谑曲中，往往既是先知，也是诗人。他愤怒、烦恼，脸上却是难得一见的女巫般的暴怒。我们看见暗自痉挛的痛苦灵魂，却原谅了创作出来的音乐中的那份扭曲。这4首谐谑曲是灵魂的记录，是倾泻在纸上而不会说出口的自白。仅仅通过这些，我们几乎可以重新勾勒出真实的肖邦、内在的肖邦，他羸弱的外在为他音乐中的悲剧论题做足了准备，我们对此早已习以为常。

　　第一谐谑曲就是一个绝佳的范例。先是几小节的引子——尼克斯称之为门廊——然后是主部主题、三重奏、一个短小的展开部、巧妙再现的主题，最后是精致的尾声。这座音乐圣殿从建筑角度讲并非天衣无缝，它更倾向于拜占庭式的华美而非希腊式的凝重。然而肖邦把它变得尊贵、宏大，带有一种古色古香的沉重。它的内里是浪漫的、现代的、私人的，但外部所呈现出来的是闪光的伊斯兰尖塔，是稀奇古怪的东方建筑形态。

　　这首b小调谐谑曲的音符是酸涩的，混杂着悲伤与厌恶，然而复杂的音型却分毫未减。墙壁岿然不动，浑然不惧穿堂而过的重重风暴。埃勒特觉得这首谐谑曲好似龙卷风。它的爆发力时断时续，演奏起来既匆忙又费力，因此钢琴家不太喜欢。愤怒的声音响彻在前几页的乐曲中，很多时候需要双手突然抬起，仿若仰天长啸，以求天降烈火，熊熊燃烧。高潮爬上狂怒之巅，直到抒情的B大调插段。此时，爱的蜜舌唱起了歌。这段旋律的音型颇为零散，温柔得让人心醉神迷。然而在恶魔之力的笼罩下，和平并没有持续太久，终曲的狩猎染上了地狱般的色彩。尖锐刺耳的不协和音过后，轰鸣的半音阶引领着注定毁灭之人渡过这条绝望的冥河。

至于肖邦的构思，我们只能猜测了。他勾勒出了这首作品的轮廓，也许来自瞬间的灵感迸发，猫抓出来的灵魂裂痕，或者是由于他在花园里和莫里斯·桑就羊车的所有权问题吵了一架。

克林德沃特的版本更可取。库拉克按照他的做法，在 B 大调部分采用了双符干。第一动机再现之前的倒数第 6 小节，库拉克在低音部使用了升 A。克林德沃特和其他一些版本给出来的是 A 本位音，效果没那么强烈。这首谐谑曲在演奏时如果去掉那些重复，可能会更好一些。尾声部分环环相扣的半音阶惊心动魄。

随着心情的变化，有时我会在 b 小调谐谑曲中发现一些让人敬而远之的元素。这却不符合作品第 31 号降 b 小调第二谐谑曲坦率的面貌。埃勒特高呼道，这是在幸福的时光中创作的，然而德·伦茨开篇引用了肖邦的话："这绝对是一间停尸房。"

开头轻蔑的挑衅全无前一首鄙夷又激烈的嘲讽。我们能够感觉到悲剧正在逼近，序幕拉开之后很快就将大难临头。然而标志性的雷鸣却并不可怕。我们也没有上当。一段截然不同的旋律在我们眼前铺展开来。它未作休息，而是继续前行，然后突然急坠而下，仿佛一道霹雳直插入地底。这个故事再次被讲起，引领我们来到最美妙的 A 大调部分，中间没有片刻的停留。"天才"是三重奏的代言。还有什么比升 c 小调融入 E 大调的那个插段和汹涌澎湃的结尾更迷人呢？这段幻想以丰富多变的调性、伸缩自如的节奏和名副其实的力量而闻名。尾声让人眼花缭乱，不知所措。

　　在舒曼看来，这首谐谑曲具有拜伦式的温柔和勇敢。卡拉索夫斯基称其具有莎士比亚式的幽默，它也确实是一部富有人性、受人欢迎的艺术作品。它内在的血液比另外三首谐谑曲更醇厚、更温暖、更鲜红，和降 A 大调叙事曲一样为人们所深爱。从另一方面来说，它也比较容易理解。

　　作品第 39 号升 c 小调第三谐谑曲是在马略卡岛创作或完成的，是最富有戏剧性的一首谐谑曲。说实话，这些经过了打磨的乐句毫无琐碎之感，尽管讽刺潜藏在一个个小节中，依稀带着一份狂热——充满了谜样诱惑的轻蔑。哈多认为这部作品清晰明了，绝对和谐，我完全同意他的看法。此外他还注意到，肖邦所有段落的建立基础，"要么是以相似的形态重复的单个乐句，要么是交替出现的两个乐句"——这是波兰民歌的一种传统习惯——他宣称"贝多芬都没能使用这种平行乐句法把自己的风格表达清楚"，不过他也承认，肖邦的手法意在"清晰明确……可能会被看作是民族特色"。这同样也是完完全全的个人特色。

　　开头几页掷地有声的八度雄伟阳刚、铿锵有力。他没有优柔寡断、消极忧郁地看待生活，而是展现出了极端的自信和毫不掩饰的狂暴怒火。三重奏中众赞歌的设计创作让人拍案叫绝。那份虔诚带有一丝圣餐仪式的意味。这里的对比达到了极高的艺术境界——断裂的和弦清脆悦耳，发出响亮的和声。尾声激情如火，以大调终止，就前面的部分来看，这样一个结尾实在是出人意料。

这首升 c 小调谐谑曲尽管是出了名的粗粝，有很多躁动不安的段落，却绝无亵渎之意，而是一部伟大的艺术作品。它虽没有第二谐谑曲那种内在的自由，却比 b 小调谐谑曲更节制、更独立。

作品第 54 号 E 大调第四谐谑曲由一系列巧妙的细微之处和高潮组成，没有另外三首那样深沉多变的情绪，却更接近于纯粹的谐谑曲。它轻盈流畅，将阳光禁锢在开放的小节背后。对于这首曲子，舒曼便不能再这样问："如果'玩笑'裹着黑纱走来走去，那么'严肃'要如何穿着？"这就是一种高级的知识修养和玩笑。尼克斯认为此曲很零碎。我觉得在另外几首谐谑曲悲苦的低语过后，这些童话般的小节是很令人愉快的。依旧是同样的"反叛精神"，却没有丝毫的傲慢。升 c 小调的主题富有抒情之美，尾声带着音阶，光辉灿烂。古典主义者和肖邦的崇拜者们似乎都封杀了这首曲子。这种不可知论的态度依然没有在钢琴演奏界销声匿迹。

鲁宾斯坦最欣赏前两首谐谑曲。b 小调谐谑曲为人诟病的原因是它的练习曲性质太浓厚。可即便有这样那样的缺点，这些作品在钢琴作品中的地位依然是无与伦比的。

它们的发表时间和题献对象如下：

作品第 20 号，发表于 1835 年 2 月，题献给 T. 阿尔布雷希特先生；

作品第 31 号发表于 1837 年 12 月，题献给德·菲尔斯滕斯坦伯爵夫人；

　　作品第 39 号发表于 1840 年 10 月，题献给阿道夫·古特曼；

　　作品第 54 号发表于 1843 年 12 月，题献给德·卡拉曼小姐。

德·伦茨说肖邦将升 c 小调谐谑曲题献给他的学生古特曼，是因为这个大个子的拳头是拳王级别的，从开头数第 6 小节中左手的那个和弦能够"在桌子上砸出一个洞来"，他还颇为天真地补充道："关于这位古特曼先生，我们只知道这些——他是肖邦的一大发现。"肖邦正是在这位古特曼先生的怀里辞世的，尽管德·伦茨说了那些话，古特曼显然一直是肖邦的"爱徒"，直至去世。

现在我们面对的是作品第 49 号 f 小调幻想曲，肖邦作品中最壮丽的一首——"壮丽"这个词已经被用滥了。罗伯特·舒曼评论道，四海为家之人必须"牺牲掉祖国土壤中微小的趣味"，之后他注意到肖邦后期的作品"开始失去萨尔马提亚的一些特色，在一定程度上向神圣的希腊人树立的普世理想靠拢，这也同样体现在莫扎特身上"。

f 小调幻想曲基本上没有莫扎特式的晴朗，而是张扬着一种形式美——不论是从私人角度还是从爱国的角度看，都没有因过于激烈而受损，旋律即便因忧郁而变得不安，却依然具备令人惊

艳的高贵和激动人心的壮美。抛开贝多芬奏鸣曲不谈，我虽不是
钢琴这一乐器方面的专家，却能够底气十足地断言，这首幻想曲
是最伟大的钢琴作品之一。它被人忽视了半个多世纪，从没得到
过钢琴家、批评家和公众的正确评价，现在终于被人们理解了。

它发表于 1843 年 11 月，据作曲家的一封书信所言，或许是
在诺昂创作的。题献对象是 C. 德·苏佐公爵夫人——肖邦的这些
伯爵夫人和公爵夫人真是数不胜数啊！尼克斯起初并没有看出这
首乐曲的价值，在他看来，它就像是一个骚动的巨人。它如巨人
一般，躯干是某种浮士德一样的梦，这是肖邦的浮士德。进行曲
笼罩着死亡的气息，包含着一些危险的不协和音，庄严地引领着
我们登上三连音的楼梯，到头来却突然让我们坠入了钢琴的深渊。

第一主题几乎和贝多芬的 f 小调奏鸣曲一样，在道义上表现
得那样强力、热烈。在这里，肖邦显然没那么固执。贝多芬会以
这样一个方案为基础建造一座大教堂，但肖邦对旋律的创作从不
吝惜，他急匆匆地突入降 A 大调插段，这是英雄的恋曲，却错误
地标记着"柔和"，演奏要富有沙龙的娇柔气质。它在这间奇异
的镜厅里回响了三次，然而没有哪一次是应该用爱抚般的手法演
奏的。

我们需要的是陶西格那青铜般的手指。指尖流淌的三连音引
出这首伟大的、令人震撼的歌曲，以 c 小调开头，接着是双手反
向八度，将大地劈成两半。绝妙的和弦回响过后，隐约有大军在
迅速撤退。起起伏伏的三连音再次开始上行，到达了难以企及的
音高，同时 c 小调的第一主旋律再次响起，然后转调升入降 G 大

调，却又坠入了万丈深渊。

我们所支持的究竟是怎样一项伟大又绝望的事业呢？B 大调预示着和平的到来，这就是饱受煎熬的主人们为之奋斗的那份奖赏吗？这些庄严肃穆、遥不可及的小节背后，莫非锁着某个孤独的公主？有那么一阵子我们所体会到的是无价的满足。喧闹的降 G 大调八度从璀璨的星空流入第一主题的大海之后，三连音的部族又重新开始了战斗。紧接着又冲入降 D 大调，c 小调的歌曲以 f 小调再现，奇迹得以重现。神谕般的八度撼动着宫殿的地下室，战士们匆匆经过，他们消失之后，整齐的步伐声依然清晰可闻，三连音用染上了半音色彩的水汽遮掩着他们的退却。接下来是这个奇妙的旧世界传说中的柔板——帷幕即将落下——一个微弱又甜美的声音吟唱起短小的、哀求般的华彩，波澜壮阔的降 A 大调琶音过后，我们听到两声和弦的巨响，仿佛柔软、巨大的音之丘，这首"爱与战争的叙事曲"也就此终结。

征服者是谁？被解救的是那位"双眸晶莹翠碧，脸庞白皙如月"的女士吗？还是说这一切都是德·昆西[1]的"梦幻赋格"被翻译成了音乐——一个响亮的、不可思议的版本？和德·昆西一样，它暗示着恐惧帝国的幻影，我们在梦中隐隐感觉到这种恐惧，梦中的空间广阔无际，响彻着幽灵的击鼓声。

啊！这样的评论不过是一厢情愿罢了。弗朗茨·李斯特把从肖邦那里听来的这首幻想曲的构思告诉了弗拉基米尔·德·帕赫曼。很久很久以前，绝望的一天即将结束，心灰意冷的钢琴家正伴着钢琴低声哼唱。突然传来的敲门声恰似爱伦·坡笔下那种阴森的轻叩，他感知声音的神经中枢异常敏锐，立刻在键盘上用同样的节奏模仿出来。这首幻想曲的头两个小节描绘的正是这阵敲门声，而第 3、4 小节象征着肖邦音乐上的邀请，请进，请进！

这一切一再重复，直到李斯特、乔治·桑、卡米尔·普莱耶尔夫人（婚前姓莫克）等人穿过一扇扇敞开的、晃动的大门。他们踏着进行曲中那些庄严的小节走进来，围绕在肖邦身边，而肖邦在躁动不安的三连音之后就开始用神秘的 f 小调歌曲诉苦。但和他吵过架的乔治·桑却跪在他面前恳求原谅。这吟唱直接化为了哀求般的降 A 大调段落——将我企图用以描述它的那套说辞抛到九霄云外——这股洪流从 c 小调开始变得愈发汹涌澎湃，直至高潮，随着第二首进行曲的到来，入侵者们迅速消失。

这部作品余下的部分大多是重复和展开，除了 B 大调的"持续慢板"——希望肖邦焦灼的灵魂能够在这里寻觅到片刻的安宁。这份解读是肖邦本人借李斯特之口表述的，虽然与理想相差甚远，却堪称权威。由于它过于平淡，我便安慰自己道：复述这个故事时，或许也有这两位历史学家的添枝加叶吧。不管怎样我还是坚持自己的看法。

f 小调幻想曲对很多人来说也会有着丰富的意义。肖邦在此曲中体现了前所未有的强烈热情、精神力量和高亢的谐音，此前他的手法从未像这样富有艺术性，也从未如此彻底地摆脱过狂乱的纠缠。这首乐曲是他最大的一张画布，虽然它和降 b 小调谐谑曲一样，并没有一气呵成的乐段，但其中的音乐语言极为丰富，没有填塞的成分。它能够让人全神贯注地听下去，直到最后一个小节。就整体性、形式的正统性和大胆地削减主题素材这三方面来看，这部超凡的作品离贝多芬更近了。

　　然而很少有人敢于如此敞开心扉，肖邦在这里也并不像在玛祖卡中那样私人化，但脉搏却在这部作品的肌理之中炽烈地跳动着。从艺术本身的角度来看，它算不上完美。它的重量要在人性的天平上衡量。行将就木之际，肖邦的视野空前地广阔明亮，他领悟到了宇宙强力的心跳。他即便不能主宰自己的肉身，也能够主宰自己的灵魂，并力争将自己的梦塑造成经久不衰的乐音。他并非常胜将军，但他的胜利却是人类宝贵的财富。我们不愿相信，竟然有人对肖邦那充满魔力的音乐所发出的回音无动于衷。他或许会变得老派，但他的美却会像莫扎特一样成为永恒。

第一章　波兰：青年时期的理想

[1] 莫里斯·梅特林克（Maurice Maeterlinck），比利时剧作家、诗人、散文家，1911 年获得诺贝尔文学奖。

[2] 法国巴黎市区内最大的墓地，也是世界上最著名的墓地之一，有许多名人葬于此地。

[3] 奥古斯特·克莱辛格（Auguste Clésinger），法国雕塑家、画家。

[4] 这 4 位都是研究肖邦的著名学者。

[5] 亨利·西奥菲勒斯·芬克（Henry Theophilus Finck），美国音乐评论家。

[6] 米利·阿列克谢耶维奇·巴拉基列夫（俄语：Милий Алексеевич Балакирев），俄国钢琴演奏家、指挥家和作曲家，"强力集团"成员之一。

[7] 弗里德里希·卡克布兰纳（Friedrich Kalkbrenner），德国钢琴家、作曲家。

[8] 史蒂芬·海勒（Stephen Heller），匈牙利作曲家、钢琴家。

[9] 欧内斯特·纽曼（Ernest Newman），英国音乐评论家、音乐学家。

[10]《魔弹射手》，卡尔·马利亚·冯·韦伯（Carl Maria von Weber）创作的 3 幕歌剧，又译《自由射手》。1821 年在柏林首演，剧本由 F. 金德根据德国民间故事编写。剧情是护林人马克斯与林务官之女阿加特相爱，但他必须在射击比赛中

获胜才能升任林务官并和阿加特成婚。已将自己灵魂出卖给魔鬼的护林员卡斯帕尔为了换取自己免受惩罚，企图使马克斯成为他的替身。马克斯在第一天的比赛中不幸败北，他受卡斯帕尔的引诱，不惜去狼谷向魔鬼索取魔弹。

[11] 米考伯，狄更斯笔下的虚构人物。在贫穷和债务的苦海中载浮载沉，几经没顶，身世悲惨而又滑稽。他们始终乐观，快乐地活着，并不为负债而烦恼，而且始终深信，美好的一天终会降临。

[12] 约翰·尼波默克·胡梅尔（Johan Nepomuk Hummel），奥地利作曲家、钢琴家。

[13] 伊格纳西·简·帕德雷夫斯基（Ignacy Jan Paderewski），波兰钢琴家、作曲家、政治家。

[14]《让我们携手同行》，莫扎特《唐璜》主题变奏曲。

[15] 安东·鲁宾斯坦（Anton Rubinstein），俄罗斯钢琴家、作曲家、指挥家。

[16] 卡尔·陶西格（Carl Tausig），波兰钢琴家、作曲家。

[17] 强尼，约翰的昵称。

[18]《情感教育》的第一稿写于 1843—1845 年，但福楼拜并不满意，将它束之高阁。小说的副标题是《一个年轻人的故事》。

[19] 卡罗尔·库平斯基（Karol Kurpiński），波兰作曲家、指挥家、教育家。

[20] 约翰·菲尔德（John Field），爱尔兰著名钢琴家、作曲家，首创了夜曲体裁。

[21] 贾科莫·梅耶贝尔（Giacomo Meyerbeer），德国作曲家。

第二章　登峰造极

[1] 埃尔纳尼，美国歌剧名，全剧分 4 幕，分别为：阿拉贡山塞和席尔瓦的公馆内埃尔维拉小姐房中、席尔瓦的公馆、查理曼大帝坟地、埃尔纳尼的宫殿，剧终前一对情人的诀别之歌《在痛苦中等待》《别死吧！我的夫君》分别由埃尔纳尼和埃尔维拉演唱。

[2] 迦太基（Carthage，该词源于腓尼基语，意为"新的城市"）坐落于非洲北

海岸（今突尼斯），与罗马隔海相望。最后因为在 3 次布匿战争（Punic Wars）中两次失败，被罗马打败而灭亡。是到突尼斯旅游的必游之地。位于突尼斯城东北 17 公里处，濒临地中海，是奴隶制国家迦太基的首都。今天看到的迦太基残存的遗迹多数是罗马人在其占领时期重建的。从残存的剧场、公共浴室和渡槽等遗迹可知当时工程之浩大、设计之精确。在迦太基古迹附近一座新落成的现代化博物馆，馆内保存并陈列着大量珍贵的历史文物。1978 年，联合国教科文组织将迦太基遗址列入第一批"世界文化与自然遗产"的名单中。突尼斯政府在这个遗址建立了国家考古公园。

［3］艾克托尔·路易·柏辽兹（Hector Louis Berlioz），法国作曲家，法国浪漫乐派的主要代表人物。

［4］约翰·阿丁顿·西蒙兹（John Addington Symonds），英国历史学家。1860 年毕业于牛津大学贝里奥尔学院，两年后为莫德林学院公费研究生，开始研究法律，后转而从事文学。由于健康欠佳，曾多次前往欧洲大陆漫游。1877 年在瑞士山区定居，其间也常去意大利旅行。主要著作是《意大利文艺复兴》，共 7 卷，1875—1886 年间出版。此书资料丰富，内容广博，观点新颖，为学术界所称道，是继布克哈特的《意大利文艺复兴时期的文化》之后，关于文艺复兴的又一重大著作。另为但丁、米开朗琪罗、薄伽丘、莎士比亚、惠特曼等文化名人立传，并有若干诗集行世。

［5］阿里·谢弗（Ary Scheffer），荷兰画家，出生于多德雷赫特。阿里·谢弗的父亲也是一个画家。在阿里·谢弗所生活的时代，浪漫主义已经开始流行，在当时的法国，德拉克罗瓦、泰奥多尔·席里柯等人色彩亮丽的浪漫主义风格广受欢迎。然而阿里·谢弗却并没有表现出对浪漫主义的兴趣，始终坚持自己的风格。早期，画家阿里·谢弗经常从但丁、拜伦、歌德等作家的文学和诗歌作品中寻找灵感，创作了《浮士德疑古》《玛格丽特在魔宴》《玛格丽特离开教堂》《花园城》和《玛格丽特之井》等作品。后来，阿里·谢弗的创作逐渐转向了宗教题材。阿里·谢弗还是一位多才多艺的画家，曾研究过肖邦、李斯特等知名音乐家的作品。

1858 年 6 月 15 日，画家阿里·谢弗在阿让特伊去世。

[6] 费迪南·希勒（Ferdinand Hiller），德国作曲家。

[7] 西吉斯蒙德·塔尔贝格（Sigismond Thalberg），瑞士钢琴家、作曲家。

[8] 乔治·奥斯本（George Osborne），爱尔兰作曲家、钢琴家。

[9] 约翰·彼得·皮克西斯（Johan Peter Pixis），德国钢琴家、作曲家。

[10] 乔治·马蒂亚斯（Georges Mathias），法国作曲家、钢琴家、教师。

[11] 路德维希·乌兰德，德国浪漫主义诗人。他是日耳曼语文学的奠基人之一，
著有《诗集》（1815）等。所写的叙事诗和抒情诗多采用历史传说，美化中世纪，
同时也反对当时的封建专制统治，具有民歌风格，流传很广。晚年从事学术研究，
著有关于德国和法国的古代诗歌的论文。

[12] 普莱耶尔是法国钢琴家、出版商、钢琴制造商，他的夫人也是一位钢琴家。
肖邦在巴黎的第一场和最后一场音乐都是在他的音乐厅举办的。

[13] 威廉·亨利·哈多爵士（Sir William Henry Hadow），英国音乐教育家、音
乐学家。

[14] 伊格纳兹·莫谢莱斯（Ignaz Moscheles），德国钢琴家、作曲家。

[15] 保莉娜·维亚尔多（Pauline Viardot），婚前姓加西亚，法国次女高音歌唱家、
教育家、作曲家。

第三章　从英格兰、苏格兰到拉雪兹神父公墓

[1] 阿尔弗雷德·詹姆斯·霍普金，英语音乐家、音乐学家和音乐古董商。1840
年，霍普金斯成为约翰·布罗德本特父子有限公司的钢琴厂的学徒并终身效力于
此。尽管他在钢琴和管风琴方面只接受了非常有限的音乐训练，却在演奏肖邦的
作品上赢得赞誉。他在《雅典娜》和《音乐时代》上写了很多关于音乐民族学和
音乐古董学的书评。1891 年，他在对皇家艺术学会的康托讲座上做了有关音乐
乐器、乐器结构和功能的讲座。

[2] 威廉·查尔斯·麦克雷迪，英国演员。

[3] 缪尔·伍德,苏格兰音乐家、钢琴制造商、音乐出版人、业余摄影家。

[4] 杰姆斯·海德维克,苏格兰诗人,记者和报纸业主。他创立了著名的格拉斯哥报纸《公民晚报》。

[5] 斯特拉德拉,巴洛克中期意大利作曲家。他是自由佣金作曲家,与杰出的诗人合作,创作各流派作品逾三百首。

[6] 卡罗琳·赛因·维特根斯坦王妃是一位和李斯特纠缠了四十多年的波兰贵妇。她也是一名业余记者和散文家。据推测,她是几本李斯特出版物的实际作者。从她和柏辽兹的大量信件可以清楚看出,她钦佩并鼓励着柏辽兹。柏辽兹曾献曲《特洛伊人公主》给她。

[7] 命名日是和本人同名的圣徒纪念日。主要在一些天主教、东正教国家庆祝。对命名日的庆祝是基督教国家从中世纪开始就有的一项传统。命名日源于基督教会对圣徒和受难者举行纪念的节日。现在不同的国家有不同的命名日体系。该习惯在波兰非常流行(上西里西亚和卡舒除外),但也存在于天主教的地区,如巴伐利亚。

[8] 泰奥菲尔·戈蒂耶(Théophile Gautier),法国唯美主义诗人、散文家和小说家。早年习画,后转而为文,以创作实践自己"为艺术而艺术"的主张,他选取精美的景或物,以语言、韵律精雕细镂,创造出一种独特的情趣。《珐琅和雕玉》(1852)正是这一风格的代表。其他重要诗集还有《阿贝都斯》(1832)、《死亡的喜剧》(1838)、小说《莫班小姐》(1836)等。

[9] 特奥菲尔·克维亚特科夫斯基(Teofil Kwiatkowski),波兰画家。

[10] 龙勃罗梭,意大利犯罪学家、精神病学家,刑事人类学派的创始人;生于维罗纳犹太人家庭;曾任军医、精神病院院长、都灵等大学的教授。他重视对犯罪人的病理解剖的研究,比较研究精神病人和犯罪人的关系,运用人类学的测定法作为研究精神病犯罪人的其他犯罪人的方法,对于犯罪人的头盖骨和人相,特别加以注意。

第四章　艺术家

[1] 卡尔·菲尔茨，特兰西瓦尼亚钢琴家和作曲家。他是肖邦的学生，同时也是个神童。他被认为是肖邦最有才华的学生，在李斯特、弗里德里希威克、贾科莫·梅耶贝尔、莫谢莱斯、音乐评论家路德维希·雷尔斯塔勃和同为神童的安东·鲁宾斯坦中广受赞誉。13 岁开始在欧洲巡演。在巴黎、伦敦和维也纳音乐会上大获成功后，因患肺结核在威尼斯早逝，提早结束了前途一片光明的事业。

[2] 布林利·理查兹，威尔士的作曲家，用化名"卡尔·卢伊尼"发表了一些作品。理查兹最有名的作品是歌曲《上帝保佑威尔士王子》（1862 年），写给英国即将继位的国王爱德华七世。

[3] 卡尔·米库利（Karol Mikuli），波兰钢琴家、作曲家、指挥家、教师，肖邦的学生。

[4] 托马斯·泰勒弗森（Thomas Tellefsen），挪威钢琴家、作曲家，1844 至 1847 年间师从肖邦。

[5] 路易斯·莫罗·戈特沙尔克，美国作曲家和钢琴家，因演奏自己创作的浪漫钢琴作品而得名。

[6] 恩斯特·保尔（Ernst Pauer），奥地利钢琴家、作曲家、教育家。

[7] 穆齐奥·克莱门蒂（Muzio Clementi），意大利作曲家、钢琴家、指挥家、钢琴乐器的开发者、钢琴制造家、音乐出版商和教师。

[8] 查尔斯·哈勒（Charles Hallé），德裔英国钢琴家、指挥家。

[9] 莫里兹·罗森塔尔（Moriz Rosenthal），波兰钢琴家、作曲家。

[10] 亨利·赫尔茨（Henri Herz），奥地利钢琴家、作曲家。

[11] 杜勒，德国作曲家，浪漫主义时期著名钢琴演奏家。师从朱利叶笃、车尔尼、西门·塞赫特。

[12] 弗朗兹·哈维尔·沙尔文卡（Franz Xaver Scharwenka），波兰血统的德国钢琴家、作曲家、音乐教育家。

[13] 让·路易·尼科德（Jean Louis Nicodé），德国钢琴家、作曲家、指挥家。

［14］亨里克·维尼亚夫斯基，波兰小提琴家和作曲家。虽然现在很少被关注，维尼亚夫斯基却被誉为欧洲最好的音乐家之一。

［15］斯坦尼斯拉夫·普里茨拜泽夫斯基（Stanisław Przybyszewski），波兰小说家、剧作家、诗人。

［16］万斯·汤普森（Vance Thompson），美国文学评论家、小说家、诗人。

［17］哈夫洛克·霭理士（一译埃利斯，又译霭理斯），19 世纪末至 20 世纪初英国著名的性心理学家、思想家、作家和文艺评论家。作为具有划时代意义的科学家，他终身从事人类性科学和性心理学研究，致力于探究性和人类精神世界之间的关系，是性心理学研究的先驱，贡献有目共睹。而作为具有开拓意义的思想家，他在哲学、宗教、社会学、美学和文学批评上的著述同样令世人刮目相看，为冲破和摆脱宗教、道德和习俗对人类思想的禁锢发挥了重要的作用。

［18］马克斯·西蒙·诺尔道，犹太复国主义的领导者、医生、作家、社会评论家。

［19］保罗·魏尔伦（Paul Verlaine），法国象征派诗人，他的诗歌以优雅、精美且富有音乐性而著称。

［20］亚当·密茨凯维奇（Adam Mickiewicz），波兰浪漫主义的代表诗人。

第五章　诗人与心理学家

［1］引自济慈的《夜莺颂》，此处所引用的译文出自江冰华的《英美名诗选译》（西安：陕西人民出版社，1984 年）。

［2］引自柯勒律治的《忽必烈汗》，此处引用的是飞白的译本。

［3］莫里斯·德·介朗（Maurice de Guérin），法国诗人。

［4］马卡柔斯，希腊神话中太阳神赫利俄斯和女神罗德之子。

［5］约瑟芬·佩拉当（Joséphin Péladan），法国小说家，神秘主义者。

［6］参见《圣经·旧约·士师记》第 14 章参孙杀狮子取蜜的故事。

［7］阿尔伯特·拉维尼亚克（Albert Lavignac），法国音乐理论家、作曲家。

［8］迭戈·委拉斯开兹（Diego Velázquez），文艺复兴后期西班牙最伟大的画家。

［9］《奥尔拉》，法国作家居伊·德·莫泊桑写于 1887 年的一部幻想性短篇小说。这是莫泊桑最早的幻想作品之一。《奥尔拉》第二版是以一种未完成的日记的形式来表述，日记内容让人担心作者已经陷入精神错乱中。《奥尔拉》这部作品初步显示了作者精神错乱的症状，之后莫泊桑企图自杀，并最终逝世于 1893 年 7 月 6 日。

第六章　练习曲：大型试验

［1］丽娜·拉曼（Lina Ramann），德国作家、教师。

［2］弗朗索瓦-约瑟夫·费蒂斯（François-Joseph Fétis），比利时音乐学家、作曲家、教师、音乐评论家。

［3］汉斯·冯·彪罗（Hans von Bülow），德国指挥家、钢琴家、作曲家。

［4］胡戈·里曼（Hugo Riemann），德国音乐理论家、作曲家。

［5］卡尔·赖内克（Carl Reinecke），德国作曲家、指挥家、钢琴家。

［6］乔凡尼·巴蒂斯塔·皮拉内西（Giovanni Battista Piranesi），意大利雕刻家、建筑师。

［7］让-巴蒂斯·卡米耶·柯罗（Jean-Baptiste Camille Corot），法国画家。

［8］路易斯·埃勒特（Louis Ehlert），德国作曲家、音乐评论家。

［9］利奥波德·戈多夫斯基（Leopold Godowsky），美籍波兰钢琴家、作曲家、音乐教育家。

［10］亚历山大·德雷夏克（Alexander Dreyschock），捷克钢琴家、作曲家。

［11］阿卡迪亚原为古希腊地名，是一片世外桃源般的乐土。

［12］伊西多尔·菲利普（Isidor Philipp），法国钢琴家、作曲家、教育家。

第七章　微缩的情绪：前奏曲

［1］J.C. 凯斯勒（J. C. Kessler），德国钢琴家、作曲家。

[2]瓦迪斯瓦夫·塔尔诺斯基伯爵（Count Władysław Tarnowski），波兰作曲家、钢琴家、作家、翻译家。

[3]卡尔·奥古斯特·彼得·科内利乌斯（Carl August Peter Cornelius），德国作曲家、文学家。

[4]马佐夫舍是历史上位于波兰东部的一个地区，首府华沙。1999 年，马佐夫舍省成立。

[5]阿图·弗利德海姆（Arthur Friedheim），俄国钢琴家、指挥家、作曲家，李斯特的学生。

第八章　即兴曲与圆舞曲

[1]引自罗伯特·布朗宁的诗歌《异国思乡》（Home-Thoughts，from Abroad）。

[2]盖哈特·霍普特曼（Gerhart Hauptmann），德国剧作家、小说家，1912 年获得诺贝尔文学奖。《沉钟》是他的一部戏剧作品。

[3]《地毯上的图案》（The Figure in the Carpet），亨利·詹姆斯一篇小说的标题，"图案"与"音型"在英语中同为 figure，此处应是双关。

[4]应为降 A 大调。

第九章　夜之忧谜：夜曲

[1]海因里希·弗里德里希·路德维希·莱尔斯塔勃（Heinrich Friedrich Ludwig Rellstab），德国诗人、音乐评论家。

[2]阿拉贝拉·戈达尔（Arabella Goddard），英国女钢琴家。

[3]扬·克莱钦斯基（Jan Kleczyński），波兰钢琴家、作曲家、记者、国际象棋大师。

[4]丽诺尔，爱伦·坡的长诗《乌鸦》中，男主人公失去的爱人的名字。

[5]本名应为威廉·冯·伦茨（Wilhelm von Lenz），德裔俄国官员、作家，与19 世纪中期多位浪漫派作曲家为友，其中包括肖邦、李斯特、柏辽兹等。

[6] 米哈乌·威尔霍斯基（Michał Wielhorski），波兰裔俄国作曲家。

[7] 拉斐尔·约瑟菲（Rafael Joseffy），匈牙利钢琴家、作曲家、教师。

第十章　叙事曲：童话剧

[1] 安德鲁·朗格（Andrew Lang），苏格兰诗人、小说家、文学评论家，对人类学亦有所贡献，以研究神话和民间传说闻名于世。

[2] 密茨凯维奇创作的长诗，讲述了立陶宛民族英雄康拉德·华伦洛德为了雪耻报仇诈降条顿骑士团，从内部打击敌人使其遭到惨败的故事。

[3] 弗拉基米尔·德·帕赫曼（Vladimir de Pachmann），俄国钢琴家，以演奏肖邦的作品著称。

第十一章　古典的洪流

[1] 本杰明·戈达尔（Benjamin Godard），法国小提琴家、作曲家。

[2] 奥古斯特－约瑟夫·弗朗肖姆（Auguste-Joseph Franchomme），法国大提琴家、作曲家。

[3] 理查德·布尔迈斯特（Richard Burmeister），德国钢琴家、作曲家、音乐教师。

[4] 埃德加·S. 凯利（Edgar S. Kelly），美国作曲家、指挥家、教师、音乐作家。

[5] 七里靴是欧洲民间传说中一种神奇的靴子，穿上之后一步能走七里格（旧时长度单位，约合 3 英里或 4.8 公里）。

[6] 托马斯·华立·齐维尔斯（Thomas Holley Chivers），美国诗人，爱伦·坡的朋友，两人从 1840 年开始通信，文学理论和诗歌创作十分接近。

[7] 雅克－弗朗索瓦－弗洛蒙塔尔－埃利·阿莱维（Jacques-François-Fromental-Élie Halévy），犹太裔法国作曲家。歌剧《卢多维克》是埃罗尔德未完成的遗作，由阿莱维补完。

[8] 托马斯·尼德斯基（Tomasz Nidecki），波兰作曲家，肖邦在华沙音乐学院时的同学。

［9］安东·塞德尔（Anton Seidl），匈牙利指挥家。

［10］埃米尔·冯·绍尔（Emil von Sauer），德国作曲家、钢琴家、乐谱编辑者、教师。他于1917年获得贵族称号，晚于本书成书时，因此本书中仍称其为"埃米尔·绍尔"。

［11］梅耶贝尔的一部歌剧。

［12］夏尔·奥古斯特·德·贝里奥（Charles Auguste de Bériot），比利时小提琴家、作曲家。

［13］史蒂芬·魏伟奇（Stefan Witwicki），波兰浪漫主义诗人。

［14］约瑟夫·波赫丹·扎莱斯基（Józef Bohdan Zaleski），波兰浪漫主义诗人。

［15］齐格蒙特·克拉辛斯基（Zygmunt Krasinski），波兰贵族、诗人、剧作家。

［16］玛塞拉·赛布里希（Marcella Sembrich），波兰花腔女高音歌唱家。

［17］罗伯特·弗朗茨（Robert Franz），德国作曲家，作品以歌曲为主。

［18］意大利作曲家温琴佐·贝利尼（Vincenzo Bellini）的歌剧作品。

［19］居维叶（Georges Cuvier），法国动物学家、博物学家，有"古生物学之父"之称。

［20］休·康韦（Hugh Conway），英国小说家，作品以短篇小说为主。

［21］贾科莫·莱奥帕尔迪（Giacomo Leopardi），意大利浪漫主义诗人、散文家、哲学家、语言学家，他的很多作品具有浓郁的悲观色彩。

第十二章　波兰舞曲：战斗的英雄赞美诗

［1］塔德乌什·柯斯丘什科（Tadeusz Kościuszko），波兰军队领导人，波兰、立陶宛、白俄罗斯和美国的民族英雄。他领导了反抗俄罗斯帝国和普鲁士王国的科希丘什科起义，还参加了美国独立战争。

［2］米哈乌·克莱奥法斯·奥金斯基（Michał Kleofas Ogiński），波兰作曲家、外交家、政治家。

［3］斯坦尼斯拉夫·莫纽什科（Stanisław Moniuszko），波兰作曲家、指挥家。

[4] Polonais 是法语阳性形容词，意为"波兰的""波兰人的"，现在所用的 Polonaise 是其阴性形式。

[5] 弗朗索瓦·阿伯内克（François Habeneck），法国小提琴家、指挥家。

[6] 约瑟夫·德绍尔（Josef Dessauer），奥地利钢琴家、作曲家。

[7] 约瑟夫·默克（Joseph Merk），奥地利大提琴家。

[8] 当时属普鲁士，故采用其德文地名。此城镇现位于波兰境内，名为杜什尼基 – 兹德鲁伊。

[9] 罗西尼的一部歌剧。

第十三章　玛祖卡：灵魂之舞

[1] 卡其米尔·布罗津斯基（Casimir Brodzinski），波兰诗人。

[2] 塔德乌什·波伊 – 热连斯基（Tadeusz Boy-Żeleński），波兰剧作家、诗人、评论家、翻译家。

[3] 科内尔·乌耶斯基（Kornel Ujejski），波兰诗人、作家。

[4] 马略卡岛的主要城市和港口。

第十四章　征服者肖邦

[1] 托马斯·德·昆西（Thomas De Quincey），英国散文家、文学批评家。"梦幻赋格"（Dream Fugue）是他的散文《英国邮车》（The English Mail-coach）第三部分的标题。

参考文献
|Reference

［1］尼克斯，《肖邦其人其乐》，伦敦：诺韦洛，尤尔出版社。

［2］弗朗茨·李斯特，《弗雷德里克·肖邦》，伦敦：里夫斯出版社。

［3］莫里茨·卡拉索夫斯基，《弗雷德里克·肖邦其生活及书信》，由艾米丽·希尔俄译英，伦敦：里夫斯出版社。

［4］亨利·芬克，《肖邦及其他音乐论文》，纽约：查尔斯·斯克里布纳之子出版社。

［5］克莱钦斯基，《弗雷德里克·肖邦作品及恰当诠释》，惠丁汉译，伦敦：里夫斯出版社。

［6］克莱钦斯基，《肖邦杰作》，娜塔莉·雅诺塔增版，纽约：查尔斯·斯克里布纳之子出版社。

［7］查尔斯·威洛比，《弗雷德里克·弗朗索瓦·肖邦》，伦敦：桑普森·洛·马斯顿出版社。

［8］班内特·约瑟夫，《弗雷德里克·肖邦》，伦敦：诺韦洛，尤尔出版社。

［9］爱德华·加百利，《肖邦的音乐传统》，墨西哥城，1894 年。

［10］奥德利夫人，《弗雷德里克·肖邦：其生活，其工作》，巴黎：普隆出版社。

［11］西波里特·巴碧黛特，《试论音乐批评》。

［12］舒赫特，《肖邦及其作品》，莱比锡：坎特出版社。

［13］尼格利，《弗雷德里克·肖邦的生活及作品》，莱比锡：布赖特考普夫与哈特尔出版社。

［14］弗朗茨·许弗，《音乐研究》，纽约：麦克米兰出版社。

［15］路易斯·埃勒特，《世界音律》，海伦·特雷巴译，纽约。

［16］德·伦茨，《我们这个时代的伟大钢琴演奏家》，马德琳娜·贝克译，纽约：谢尔默音乐出版社。

［17］罗伯特·舒曼，《音乐作品和音乐家们》，范妮·雷蒙德里特尔译，纽约，舒伯特公司出版社。

［18］安东·鲁宾斯坦，《音乐杂谈》，约翰·摩根夫人译，斯坦威音乐厅，查尔斯·特雷巴出版社。

［19］索文斯基，《波兰音乐家》，巴黎：克莱克出版社。

［20］孔德·乌金斯卡，《弗雷德里克·肖邦三部曲》，巴黎：卡尔曼－李维出版社。

［21］布洛尔特，《一个现代者》。

［22］乔治·桑，《关于我的生活和书信的故事》，巴黎：卡尔曼李维出版社。

［23］亨利·詹姆斯，《乔治·桑》，《法国诗人与小说家》，纽约：麦克米兰出版社。

［24］斯蒂芬－波勒，《三巨头》，序言由席维斯特书写，巴黎：欧内斯特·弗拉马里翁出版社。

［25］弗拉基米尔·卡尔迪纳，《乔治·桑的一生及其作品》，巴黎：奥伦多夫出版社。

［26］阿道夫布里松，《肖邦的两个学生》。

［27］爱德华·汉斯力克，古斯塔夫·柯亨，《音乐中的美》，伦敦：诺韦洛，尤尔出版社。

［28］亨德森，《音乐是如何发展的》，纽约：弗雷德里克·阿·斯托克斯出版社。

［29］亨利·芬克，《瓦格纳和他的作品》，纽约：查尔斯·斯克里布纳之子出版社。

［30］威廉·阿普索普，《随谈》，波士顿：科普兰出版社。

［31］欧内斯特·纽曼，《瓦格纳研究》，纽约：帕特南之子出版社。

［32］克莱比尔，《民俗音乐研究》，纽约：特里布恩出版社。

［33］特奥多尔·库拉克，《施莱辛格版分析注释》。

［34］霭理士，《新精神》，伦敦：华特史考特出版社。

［35］埃米尔·法盖，《福楼拜》，巴黎：阿歇特出版社。

［36］霭理士，《心迹》，伦敦：华特史考特出版社。

［37］李博，《情绪的心理因素》，纽约：查尔斯·斯克里布纳之子出版社。

［38］切萨雷·龙勃罗梭，《天生我才》，纽约：查尔斯·斯克里布纳之子出版社。

［39］《音乐快报》，1889 年到 1900 年文档，纽约。

［40］拉特兰·鲍顿发表在《伦敦音乐标杆》的《肖邦的作品》。

［41］塔诺夫斯基，《肖邦》，娜塔莉·雅诺塔，1899 年。

［42］沃尔特·佩特，《乔尔乔内流派》。

［43］朗西曼，《肖邦与病人》，《伦敦周六评论》，1899 年 9 月 9 日。

［44］爱德华·丹路瑟，《著名作曲家和他们的作品》，波士顿：JB 小米公司。

［45］瓦拉谢克，《原生态音乐》。

［46］斯坦尼斯拉夫·普里茨拜泽夫斯基，《肖邦和尼采个人心理分析》，柏林：
方塔娜出版社，1892 年。

［47］阿道夫·卡尔佩，《音乐解析》，莱比锡、伦敦和巴黎：波斯沃斯公司；波士
顿：伍德音乐出版社。

［48］弗朗索瓦·马尔蒙泰尔，《著名钢琴家》。

［49］弗雷德里克·肖邦，《音乐之声》，华沙，1899 年 10 月 15 日。

［50］克里斯·奥斯特洛夫斯基，《亚当·密茨凯维奇诗作全集》，巴黎：菲尔曼
狄多兄弟出版社，1859 年。

［51］亚瑟·叔本华，《作为意志和表象的世界》。

［52］弗里德里希·尼采，《理查德·瓦格纳》，纽约：麦克米兰出版社。

［53］马里恩·克劳福德，《不朽之人》。

［54］乔治·马蒂亚斯，写给伊西多尔·菲利普的《肖邦作品每日练习》序言，

巴黎：J. 阿梅勒出版社。

[55] 亚历山大·麦克阿瑟，《钢琴研究》。

[56] 史巴努斯，《肖邦纪念表》，《约斯塔茨报》，1899 年 10 月 15 日。

[57] 夏洛克，《钢琴奏鸣曲》，伦敦：梅休因公司。

[58] 魏茨曼，《钢琴演奏与钢琴作品的历史》，贝克译，纽约：谢尔默音乐出版社。

[59] 魏茨曼，《最后的炫技》，莱比锡：坎特出版社。

[60]《肖邦——及其他音乐家们》，《伦敦音乐新闻》，1899 年 10 月 14 日。

[61] 奥斯卡·毕，《肖邦》，《钢琴的历史及钢琴演奏家》，纽约：达顿公司。

[62] 鲁宾斯坦，《钢琴大师们》。

[63] 利奥波德·施密特博士，《肖邦》，《柏林日报》。

[64]《肖邦与舒曼》，《音乐公报》，墨西哥城。

[65] 约翰·考兹，《肖邦散板及所谓的肖邦指法》，《音乐记录》，波士顿，1898 年。

[66] 丽娜·拉曼，《弗朗茨·李斯特》，布赖特考普夫与哈特尔出版社。

[67] 卡尔·米库利，米库利版本编辑前言。

[68] 阿道夫·库拉克，《钢琴演奏美学》，纽约：谢尔默音乐出版社。

[69] 欧根·伊索拉尼，《肖邦》，《柏林邮报》，1899 年 10 月 17 日。

[70] 亨德森，《肖邦》，《纽约时报》，1899 年 10 月 29 日。

[71] 科尔贝勒，《肖邦注释》，《穹顶》，伦敦：独角兽出版社。

[72] 伊斯拉菲尔，《不负责任的话》，《穹顶》，伦敦：独角兽出版社，1899 年 10 月。

[73] 朗西曼，《肖邦与浪漫主义》，《星期六评论》，伦敦，1900 年 2 月 10 日。

[74]《肖邦舞曲》，其中还有一些肖邦的书信，《伦敦每月音乐记录》，1900 年 2 月。

[75] 卡巴内斯，《肖邦的病症》（来自从未出版过的档案），《医疗档案》，巴黎，1899 年：第 21 卷，673—685 页。

[76] 另外还参考了莫谢莱斯、海勒、门德尔松、柏辽兹、汉塞尔特、舒曼、鲁宾斯坦、马蒂亚斯、勒古韦、塔诺夫斯基、雷尼尔以及其他人的书信回忆与日记。

参考文献｜Reference

［77］作者要特别感谢以下各位的慷慨建议与帮助：拉斐尔·约瑟菲、弗拉基米尔·德·帕赫曼、莫里兹·罗森塔尔、雅罗斯瓦夫·杰林斯基、埃德温·莫尔斯、爱德华·齐格勒以及伊格纳西·帕德雷夫斯基。

· 315 ·